民主政の規範理論

憲法パトリオティズムは可能か

毛利　透

Eine normative Demokratietheorie

Über die Möglichkeit des Verfassungspatriotismus

von MORI Toru

勁草書房

まえがき

「公論は、国法上のフィクションとして、規範的民主政理論においては反事実的な重要存在としての統一性を保持している。だが、メディア研究やコミュニケーション社会学の経験的探究においては、この実在性はとっくに消滅している。……人はしかし、この双方の視点を考慮に入れなければならない」(Jürgen Habermas, *Strukturwandel der Öffentlichkeit*, Neuaufl., 1990, S. 31)。本書は、現代において可能な民主政についての規範的理論を探究しようとするものである。それは、例えば「民主政とは、結局選挙で多数をとった勢力に権力を委ねる政治形態である」という理解への挑戦であるといってもよい。このような理解は、選挙をも許さぬ独裁政治との対比では十分正当化しうるものであるといえようが、民主政についての直観的観念を十分に説明するには、何か欠けるところがあるように思われる。何よりも、選挙結果がそれに先立つ自由な政治的議論を前提にして初めて正当とみなしうるという、通常の想定を十分カバーしていない。そして、そのような選挙結果になぜ敗れた勢力がしたがわなければならないかという問題も十分説明することはできず、結局は前政治的な「国民」概念が必要とされることになる。しかし、「国民」各々が同意して「国家」を作り上げたというのは、どこまでいってもフィクションである。

民主政治を、それ自体が「国民」を形成するプロセスであると理解するのが、「憲法パトリオティズム」という規範的標語の目指すところに他ならない。しかしだとすれば、そのために求められる民主政もまた——繰り返しフランクフルトのジャーゴンを用いることを許していただければ――「反事実的」なほどの規範的要請を含むものでしかありえない。しかし、「事実がいかに違うように見えようとも」（三島憲一「〈反事実的〉な理性の位置①」未来一九八八年二月号より）、自由権を有する我々がそれを使用することと政治支配の正統性の間に連関が存在しなければならないと、やはり「伝統の鎖の切れた」「近代」に住む我々は想定して民主政治を論じているのではないか。この連関を自覚的に論じることは、その「反事実性」とともに、その現代日本における必要性をも弁証することになるのではないか。

本書の第一章は「憲法パトリオティズム」概念をめぐるドイツの論争を取り上げ、そこからの示唆を考慮しつつ第二章では民主政論について四人の論者、すなわちニクラス・ルーマン、ユルゲン・ハーバーマス、ハンナ・アレント、ヘルマン・ヘラーを詳しく分析している。そこでは、多元的社会において可能な「熟議の民主政」、公共での議論から出発する政治のあり方を、諸論者を批判的に分析・複合させつつ構築することが試みられる。そして第三章では政治資金問題を、第四章では直接民主政をめぐる問題を、ともにアメリカを主な舞台として扱い、法的帰結に規範的民主政観がいかに影響してくるかを析出しようとしている。このように、前半の理論的検討ではドイツ、後半の具体的問題の分析ではアメリカと、主な議論の対象とした国が分かれたが、これは民主政の内容についての大きな枠組みでの議論において私がハーバーマスを機軸として思考してきたこと、しかし具体的な自由と民主政の関係をめぐる問題では、何といってもアメリカでこそラディカルな主張がなされ、ある程度実践されていることによる。もちろん、前半二章の考察が後半二章の分析視角を規定しているのはいうまでもないが、後半での論争の具体的検討にあたっては、できるだけオリジナルの諸論稿に即した整理をこころがけた。むしろそのようにすることで、具体的憲法問題の扱いにおいても実は前半二章の考察が大きな意味を持ってくることを浮き彫りにでき、アメリカの議論に影響を受けている日本の憲法学に対してもいささかの問題提起が可能となるのではないかと考えたのである。第三章ではプリュラリズムと共和主義を対立的に描き、第四章ではむしろ両者の共約性を示唆する叙述となっているが、これもそれぞれの論点でのアメリカの議論のおこなわれ方の反映であると同時に、私の視点がこの対抗のどちらにも百パーセントくみするものではないことのあらわれでもある。

あらかじめ本書を貫く一組の概念対を示しておけば、それは自由と決定との緊張ということになろう。「自由な決定」とは何を意味するのか、そこにこそ論ずべき点があると私は考えている。

なお、democracyにあたる日本語としては「民主政」という用語を用いることを原則とした。これは、それが政治の一形態を表すものだという理解を明確にしておこうと考えたからであるが、特に思想としての性格の強い箇所では通常の「民主主義」という用語も使用することがある。また、市民の政治的議論の場を意味するドイツ語のÖffentlichkeitに相当する日本語としては、原則として近年普及している「公共圏」ではなく、単純に「公共」を用いている。これは、その開かれた場としての性格を軽視しないための選択であり、本文の叙述が示すように、概念の空間的含意を否定する趣旨ではない。なお、外国語文献からの翻訳引用は、訳書を付記してある場合でも、それを参考にしつつも私の責任でおこなっている。引用文中の強調、括弧書きは、特に注記のない限り原文のものである。

民主政の規範理論

——憲法パトリオティズムは可能か

目次

目次

第一章　憲法パトリオティズムとは何か
――国家の基礎づけをめぐって

一　「ドイツ人としてのアイデンティティ」を求めて

1　憲法パトリオティズムの提唱

ドルフ・シュテルンベルガーは一九八二年に „Verfassungspatriotismus“（「憲法パトリオティズム」）と題する講演をおこなったが、(1) その背景には一九七〇年代半ばのいわゆる「傾向の転換」以来西ドイツで急速に盛んになっていた、「ドイツ人のアイデンティティ」をめぐる議論があった。そこでは既にこの問題についてナチスの過去が決定的に重要であることが意識されていたのであり、この意味で「歴史家論争」と共通の論点が提出されていた。(2) だが、戦後西ドイツの歴史は常に、ナチスの過去を背負いしかも分断国家に暮らすという異常事態をどう受けとめていくのか、という問題との取り組みだったといってもよいだろう。では、どうしてこの時期に特に「ドイツ人」としての意識向上が叫ばれるに至ったのか。

社会学者M・ライナー・レプジウスは、次の三点を挙げている。まず、東ドイツの承認によって再統一要求の意味が薄れ、西ドイツが暫定国家というだけではない自己同一化を求め始めたこと、第二にそうして「国民国家化」するにつれて、西ドイツ設立以来のヨーロッパ統合への希望も薄れたこと、第三に外国人の増加により、社会の民族的同質性が現実に失われたこと、である。(3) もちろんこの他にも、経済成長の鈍化などの原因が挙げられるであろうが、いずれにせよ社会の保守化傾向は明白であった。そんななか、ボン基本法によって「つくられた」西ドイツにおいて、「西ドイツに生きる」ことの意味が広く議論されるに至ったのである。シュテルンベルガーの主張の理解のためにも、この時期の議論の一端をみておくことにしよう。

2 議論の背景

ベルナルト・ヴィルムスは、戦後西ドイツにおいてナツィオンの話題が政治の議論から排除されてきたと指摘した上で、次のように述べる。「しかし我々はなお生きている。その現実が意識のなかに押し入り、そうして学問、政治評論、そして政治意識におけるナツィオンの議論の復権が生じているのだ」。彼は、「ナツィオナルなアイデンティティの新しい意識ための前提は、修正された歴史記述である」として、道徳的、イデオロギー的な叙述＝『一九四五年の勝者』の見解」からドイツ史を解放しようとするいくつかの試みを検討した後、「我々の政党政治の構造の根本的問題」へと分け入る。(4)

「ドイツ連邦共和国において『自由で民主的な基本秩序』は、この構造の政治的基礎という意味での基本コンセンサスとみなされているが、しかしそれによって現実の共同性の基礎を持てると考える人は、誤っている」。なぜなら、この「基本秩序」は共同体の人間にとって不可避的な状態ではなく信条によって「持つ」ものであり、したがってその解釈をめぐって不断の政治的議論が生ずる。「そして制度的には、この共同性は連邦憲法裁判所にまで縮む。これは政治的アイデンティティを満足に形成することはできない」。そもそも、個々人が選ぶようなものは、個人的アイデンティティを強化する働きは果たせない。「人が何であるかの意味、つまり単なる『持っている者』ではない『である者』の意味での固有の共同性は、ドイツ人にとっても、ナツィオンである(5)」。「ナツィオンとは、客観的な、ごまかすことのできない状態であり、古い表現を使えば、運命である(6)」。そのようなナツィオンへの同一化は、ドイツにおいてはナチスの戦勝国の視点からの解釈によってタブーとされてきたが、その偽りの排除によってドイツ人はアイデンティティ危機に陥っているのであって、今日のアイデンティティ論議はその危機への正当な対応なのだとされる。

「徹頭徹尾こしらえもの(7)」とも評された西ドイツの政治体制に、保守派がアイデンティティを求められないのはいわば当然であろう。しかし、ドイツの過去から教訓を得る者は、今日における運命共同体としてのナツィオンへの無批判な同一化には疑問を持たざるをえない。イリング・フェッチャーは、「我々はあまりにも長く、我々が何者であり、どこから来たのかを問うことを排除してきた」としてドイツ人としてのアイデンティティを求める動きに理解を示した後、しかしその一部が「西側的な（表層的な市民的な）文明と、ドイツ的な（深遠な神秘的な）文化との対立性」などを指摘していることに警告して、そのような国民文化の特殊性を主張することの「危険は、我々においては、他の国々におけるよりも大きい」とする。彼らの「ナツィオナルなナルシズムのために極めて気に障る、ナチスの残虐行為の認識にまさに鑑みると――失敗した歴史的発展の産物に過ぎなかった物が、短絡的に再びドイツ人の徳として復権させられるのではないかと私は恐れる」。この問題の「絶対的『解決』は『人を魅了する』かもしれないが、それは（高い確率で）死をもたらしうる。『ドイツの政治文化についての議論』において、人々の具体的な日常の必要が考慮されるべきだということが繰り返し要求されるとしたら、それは確かに一つの進歩なのだ」。そして彼は、いかに表層的といわれようが、「魅惑的な、血にまみれた非寛容」よりも「様々な種類の個人がいるなかでの平和な共同生活」を可能にするものとしての「寛容」の精神を主張するのである。[8]

だが、急速に膨らんだ「ドイツ人のアイデンティティ」論は、そのような日常の政治で全てが片づけられていくことへの不満、いらだちをも背景に持っていた。政治とは、単調な議会政治、その中での諸利益のバーゲニングに終始するものではないはずだ。しかし、すでに革命への夢は破れている。この状況下では、一部の左翼が、特に西側との対比の上でドイツの特殊性を積極的に主張することにもなる。[9] また、ナツィオナルな感情に訴えて少数派を「国家の敵」として排除することをやめるというのは、戦後西ドイツが獲得した最大の政治的美徳であろうし、これが簡単に崩れさるとは思えない。しかし、社会の多元化が現実に進行するにつれ、それを一つにまとめるものの存在が問われるのは当然でもあるし、諸個人を解放する自由が「むしろ重荷として、アイデンティティ発見とそれに基礎付けられた生活の仕方の困難化として[10]」感ぜられるとしたら、既に存在する何らかの集団的アイデンティティに寄り掛かろうとする者が増大することも十分考えうる。

3　シュテルンベルガーの憲法パトリオティズム論

では、このようななかで、ナチスへの反省にたって「自由で民主的な基本秩序」の保持を基本原理としてかかげる西ドイツ政治体制への国民の統合は、いかにして可能なのか。シュテルンベルガーの憲法パトリオティズムは、この要請に応えるものであった。

彼は、「パトリオティズムのエートスは、ヒトラーによって確かに傷ついたが、しかし彼の支配によって見捨てられはしない」と述べる。[11] パトリオティズムはナチスによって党派的に歪められ、いわば乗っ取られたのである。彼は、「パトリオティズムはナショナリズムよりも古い」ことを示した後、古代よりパトリオティズムの対象としての祖国は、まさに「我々がその中で自由の空気を吸うことができる」ものとして敬愛の対象となってきたのだとする。したがって、「我々がそれをきちんと正しく理解するならば、それは（今日においても――引用者）十分に通用する」。今日の言葉に翻訳すればこうなる。「『自由で民主的な基本秩序』が、そのような愛着もしくは忠誠を呼び起こし期待させうるだろう」。つまり、単なる条文としてではない、内容を伴った基本秩序としての「憲法」が、「パトリオティズムによりどころと内容を与え、もしくは特に与えるべきである」ということになる。(12)

彼は一方で、ナチスへの反省を棚上げしようとする動きに対しては、そこで自由のないナショナリズムが跋扈したことをあらためて意識させ、西ドイツの基本秩序がナチスとの断絶に基づくべきことを強調する。(13) しかし他方、そのような基本秩序にアイデンティティを求めることを容易にするため、彼は歴史を遡る。しかもそこでは、「国家」の価値は古代の「共和国」にまで遡れるものとして疑問の対象とはなっていない。「人権は、国家の、というのは他ならぬ立憲国家の内部での市民の権利としてのみ現実化される」。彼が民主政について語るときにも、主眼は、国家権力をいかに構成すべきかであり、いわば議会をつくる選挙で国民の積極的役割は終わる。したがって、彼はラディカルな民主政を求める議会外活動には批判的である。権力を危うくする大衆運動は、権力によって守られる自由をも危うくする。(14) 彼の憲法パトリオティズムは、「支配からの自由」を求める進歩派に、これまでに知られたなかでの最良の国家体制だとして、現在の立憲国家体制に愛着をもつよう呼びかけるものでもある。(15)

シュテルンベルガーの主張が、議会中心的なボン基本法の政治体制をそのまま擁護するものであることは明白であろう。(16) 彼は「自由で民主的な基本秩序」を歴史的に位置づけることでそれに非日常的価値を与え、同時にそれを眼前にある政治秩序と同一視することで、それに具体的内容を与え、愛着をもちやすいものにしたといえる。(17)

4　概念の展開可能性とそれがもたらす困難性

しかし、パトリオティズムの対象が「自由で民主的な基本秩序」なのだとされる以上、それは論理的には現実の国家体制を超えていくポテンシャルを持っているといえよう。と同時に、理念が抽象化されるにつれて、それにアイデンティティを求めることの困難は増大することになろう。アレクサンダー・シュヴァンの主張はこの方向を目指すものである。

シュヴァンは、「我々は新しいアイデンティティを必要とするのか」と題する論文において、次のように述べる。最近のドイツの新しいアイデンティティを求める動きは、戦後西ドイツの政治文化を占領軍の押しつけだとして否定する点において危険である。「再ナツィオナル化の傾向は、……ドイツ民族とヨーロッパを不幸へと突き落としてきたドイツ史の伝統の綱と結びついている」。「その民主的な秩序と自由を保持していく限り、連邦共和国は理念的、憲法政治的、そして安全保障政治的に西側のなかに束ねられる。これが、他の何物にも優先する我々のアイデンティティである」[18]。ドイツ人はそもそも一八七一年以前には統一国家を持っていなかったし、「今日、国民国家はもはや絶対的な単位ではない」。「我々にとって、運命的不可避性は全く存在しない」。多元社会においては、「我々はいろいろな忠誠や同一化と共に生きる——生きなければならないのだが、しかしまた、生きられるのである」。したがって、地域主義と国家を超えた統合の進展は、「ドイツ問題」を考える際の「不可欠の前提」である[19]。

国内の多元性を承認した上で西側との結びつきが強調されるとき、それを支えるのはもちろん、「人間の尊厳、自由、寛容、社会的正義、そして法、自由の保証、利益の調整によって守られる平和といった、ヨーロッパで生まれた理念」を歴史への反省とともに思い起こすことである。この理念を世界に主張していくことが西欧の任務とされる。我々に必要なのは、この、諸民族の多様性を包含したヨーロッパのアイデンティティへと結びつくこととなる[20]。

シュヴァンが後に（一九八七年）、自らの論文で憲法パトリオティズムという用語を使うときにも、それは西ドイツの現実からは離れた抽象的な理念への愛着という色彩が濃い。両ドイツの統一追求は、憲法パトリオティズムによって担われるときにのみ価値があるのであって、そのような統一には、自由な西ヨーロッパにしっかりと西ドイツが結びつくことこそ結局最良の政策となる、という。[21]

だが、自由と民主政を内実とする西側の「政治文化にとって、批判と自己批判への開放は基本的要素として、まさに酵素として同時にうちたてられている」のであって、自己の基礎の問い直しが当然要求されるのだとすれば、そこで可能なのは「反省的アイデンティティ、すなわち意識的で自由な、理性的で人間の尊厳をもった、個人および集団のアイデンティティ形成、意味発見、指向」のみとなる。しかも、第二次世界大戦まで「ドイツは……持続的な自由で民主的な国家制度を基礎づけることができなかった」のであり、「我々のまだ若いドイツ民主政は、とりわけアングロサクソンおよびフランスの歴史伝統に支えられている」のだとすれば、ドイツ人にとってそこにアイデンティティを求めることの困難さはますます明らかである。[22]西ドイツにおける「ドイツ人のアイデンティティ」を求める動きは、このような抽象的理念への同一化では国家を担うことはできないという保守派の反発を意味した。彼らはドイツ史を依拠するに足るものと見ようとする。シュテルンベルガーはそれに対し巧みに現体制を擁護するが、そこで出された「憲法パトリオティズム」の主張は、突きつめていけば、現実の国家への批判を含むものとなるはずである。「歴史家論争」以後ユルゲン・ハーバーマスは、戦後ドイツにおいて唯一可能なパトリオティズムは憲法パトリオティズムであるとのテーゼを強く打ち出し、これによりこの概念の主たる提唱者としての地位をシュテルンベルガーから奪うことになったが、では彼はいかにしてこの困難な課題を果たそうとしているのか。

第一章第一節の注

（1）　Dolf Sternberger, Verfassungspatriotismus, in: ders., *Verfassungspatriotismus* (1990), S. 17.

（2）　「ドイツ人のアイデンティティ」をめぐる論争については、後掲注（4）のヴィルムス論文および後掲注（18）

のシュヴァン論文で挙げられている文献を参照。「歴史家論争」については、ユルゲン・ハーバーマス／エルンスト・ノルテ他（徳永恂他訳）『過ぎ去ろうとしない過去』（一九九五）、佐藤健生「遠ざかる『過去』をめぐって」思想八三三号一〇八頁（一九九三）およびその注（1）で挙げられている諸文献を参照。なお、毛利透「人種分離撤廃の現実と法理論（一）」国家学会雑誌一〇六巻七・八号五一一頁、五三二頁以下（一九九三）では、同論争でのユルゲン・ハーバーマスの主張を簡単に分析した。

（3） M. Rainer Lepsius, „Ethnos“ oder „Demos“, in: ders., *Interessen, Ideen und Institutionen* (1990), S. 247, 251.

（4） Bernard Willms, Politische Identität der Deutschen, *Der Staat* 21 (1982), S. 69, 74ff. ここで検討されているのは、当時の西ドイツ歴史学界でおこなわれていた「ドイツの特殊な道」論争である。この論争については、松本彰『「ドイツの特殊な道」論争と比較史の方法』歴史学研究五四三号一頁（一九八五）、佐藤健生「ドイツ近現代史の『特殊な道』考」（拓殖大学）研究紀要十三号五頁（一九八七）参照（後者は同論争と歴史家論争との関連にも触れる）。

なお訳語についてだが、本章で重要な位置を占める Nation は、本章第四節でいうところの前政治的意味を持つ場合、およびそれとの対比が問題となっている場合には（いささか論点先取的になるが国民と訳すわけにはいかないので）ナツィオンと表記する。Volk も同様の場合には民族と訳した。

（5） Willms, *Ebd.*, S. 83f.

（6） *Ebd.*, S. 72.

（7） 三島憲一「精神と政治の道具的ならざる関係をめぐって」現代思想一九八六年一〇月号五〇頁。

（8） Iring Fetscher, Die Suche nach der nationalen Identität, in: Jürgen Habermas (Hrsg.), *Stichworte zur Geistigen Situation der Zeit*, 1. Bd. (1979), S. 115, 120ff, 129ff.

（9） *Ebd.*, S. 118.

（10） Alexander Schwan, Deutschland und der Westen, in: Klaus W. Hempfer und Alexander Schwan (Hrsg.),

Grundlagen der politischen Kultur des Westens (1987), S. 3, 6.

（11） Sternberger (Anm. 1), S. 19.

（12） *Ebd.*, S. 20ff. シュテルンベルガーの主張については、栗城壽夫「立憲主義の現代的課題」憲法問題四号七頁、九頁（一九九三）参照。

（13） 彼は後に、歴史をごまかしなしに観察することこそパトリオティシュな行為であるとして、一九八五年五月八日のヴァイツゼッカー大統領演説を評価している。Vgl. Dolf Sternberger, Anmerkungen beim Colloquium über ›Patriotismus‹ in Heidelberg am 6. November 1987, in: ders., *Verfassungspatriotismus* (1990), S. 32, 35.

（14） Sternberger (Anm. 1), S. 25ff.

（15） Vgl.Sternberger (Anm. 13), S. 36ff.

（16） シュテルンベルガーは、政党の政治における指導的役割も正当化している。Vgl. Sternberger (Anm. 1), S. 27f.

（17） ハンス・リーツマンは、シュテルンベルガーの主張を「民主政状況下においても、議論から離された撤回しえない国家理性の等価物を確立し、計算不可能な政治プロセスの全てにおいてそれを保証する」試みだと述べる。Hans Lietzmann, „Verfassungspatriotismus" und „Civil society". Eine Grundlage für Politik in Deutschland?, in: Rüdiger Voigt (Hrsg.), *Abschied vom Staat — Rückkehr zum Staat?* (1993), S. 205, 211. この部分の叙述には賛同できるが、彼のシュテルンベルガー理解は、全体に保守的にかたよりすぎているように思われる。この点は、論文の一つの主眼が彼とユルゲン・ハーバーマスとの対比にあることにも起因しているようである。なお、リーツマンはシュテルンベルガーとアレクサンダー・シュヴァンを同じ思想と分類している（*Ebd.*, S. 210f.）が、本文での叙述から明らかなように、私はこの分類には与していない。シュテルンベルガーのより穏当な理解として、vgl. Jürgen Gebhardt, Verfassungspatriotismus als Identitätskonzept der Nation, in: *Aus Politik und Zeitgeschichte*, B14/1993, S. 29.

（18） Alexander Schwan, Brauchen wir eine neue Identität?, in: Albrecht Randelzhofer und Werner Süß (Hrsg.),

Konsens und Konflikt: 35 Jahre Grundgesetz (1985), S. 309, 310ff.

（19）*Ebd.*, S. 514f.

（20）*Ebd.*, S.516ff.

（21）Alexander Schwan, Verfassungspatriotismus und nationale Frage, in: Manfred Hättich (Hrsg.), *Zum Staatsverständnis der Gegenwart* (1987), S. 85.

（22）Schwan (Anm. 10), S. 11f, 23. とはいえ、シュヴァンはアメリカ・フランス両革命に先立つものとしての「理性的個人の自由」を基礎にした近代啓蒙思想にはドイツも参加していたとして、間接的にはドイツも西側の政治体制の伝統の中にあると述べている。*Ebd.*, S. 15.

二　前政治的所与としてのナツィオンと国家？

1　イーゼンゼーの皮肉

しかし、ハーバーマスの主張の検討に移る前に、第二節と第三節では、政治学者や社会学者からラブコールを受けた憲法の専門研究者が、「憲法パトリオティズム」なる主張にいかに対処したのかを見ておくことにしよう。ここでは国家と憲法との基本的な関係が問題となってくるのであり、憲法をいかにとらえるかの論者の基礎理論が浮上する。国家が憲法をつくるのか、憲法が国家を基礎づけているのか、あるいは両者は両立するのか、これらの論点を、憲法の専門研究者はどのように考えているのか。本章では特に、憲法に対する国家の先行性を強調するヨゼフ・イーゼンゼーと、憲法をその国家の文化的発展度合の表現と考えるペーター・ヘーベルレを取り上げて考察の対象としてみたい。もっとも、ヘーベルレは憲法パトリオティズムについて正面から応答していないが、読み進んでもらえれば、彼の理論を本章の検討対象とする必然性は承知してもらえると思う。

すでにウルリッヒ・ショイナーは、一九七二年に、戦後ドイツの国法学が「憲法がその秩序であるところの共同体の存在と運動ではなく、憲法の意味（Sinn und Bedeutung）」から始まり「国家的な統一と共同性」への意識が減少していること、「ナツィオンの観念が色あせている」ことを指摘していた。それは「かつての国家思想、ナツィオン感情の過剰への今なお効力を持っている反動」のあらわれであると同時に、「政治理論の多元主義」という「現在の精神的状況」の対応物でもある。そのなかでは政治的行為の判断基準は、国家の歴史的伝統からはえられず、もっぱら憲法から引いてこられることになる。「基本法は、今日では……国家現象の基礎となった」[1]。しかし、歴史的伝統と全く離れたところで、ドイツという国家の存在の根拠はえられるのか。一九八〇年代以降の憲法パトリオティズムの主張に対し、最もはっきりとした態度表明をおこなっている憲法研究者は、ヨゼフ・イーゼンゼーである。

イーゼンゼーは、「祖国としての憲法」という皮肉をこめた表題の論文（一九八六年）において、この問題を扱う。再統一の夢の遠のいた暫定国家に住み、ヨーロッパ統合も国境を取り払うものではないと悟った西ドイツ国民は、結局自らの祖国は何かという問題を排除するに至った。現在の問題は、「国家が提供しえないとしたら、ドイツ人のアイデンティティは一体何か」である。ところが、「民族が自意識を得るための通常の道」としての「固有の歴史による道」はドイツ人には閉ざされている。「ヒトラーの影は歴史的な距離とともに大きくなり、（ドイツ史の——引用者）全てを覆っている」。「ドイツ史の全ての道はアウシュヴィッツへと通じている」というような理解が広まっている所では、歴史への自己同一化など到底不可能である[2]。

「故郷を失った自己同定のポテンシャルは、新しい、罪を背負っていない偉大なものへと向く。つまり、憲法である」。「連邦共和国のドイツ人は、基本法のなかに自らの精神的統一を見出そうとする」。「それは、全ての者が尊重する、偉大なタブーである」。もともと暫定秩序の法として、むしろ技術的な性格を強く持って出発したボン基本法は、この状況のなかで、次第に単なる法を超えた権威を持つに至った。「こうして、最高の法律から政治的統合プログラムへの……基本法のメタモルフォーゼが生じている」。基本法は国家の全ての活動を指導する「自己目的化したシンボル」となる。守られるべきは国家ではなく自由で民主的な基本秩序であり、「今日もなお可能なパトリオティズムは、『憲法パトリオティズム』である」、とされる。(3)

しかし、基本法への国民の表面的コンセンサスの裏には、その解釈をめぐるディセンサスがある。特に、このような状況ではあらゆる政治的主張が自らの正当性を基本法に求めようとするから、このディセンサスは大きく深くならざるをえない。そして、一九六八年の「ドイツの文化革命」以後社会の多元化は現実に深化しているのである。このなかで「自由と平等の、民主政と法治国家の可能性の条件」、「憲法のテーマというより前提」としての「立憲国家における国家的なるもの」の復権が生じるのは当然である。憲法によって本当にアイデンティティをえられるのかが不明になるとき、視点は憲法を支える共同体の特性へとおりていく。それは「ドイツにおける国家性の個性、その地政学的、歴史的、文化的特性」である。「憲法の提供しうる合理性」だけでドイツ人が生活していけるかは定かでない。自らを「憲法によって存在すべき」ものではなく「歴史と状況によって不可避」なものとして受け入れる方が、連邦共和国のドイツ人のコンセンサスは確実なものとなるであろう。(4)これがイーゼンゼーの判断である。

以上からもわかるように、イーゼンゼーは西ドイツの現状を、社会の多元化が国家統合を危うくしている状態だと考えていた。社会の多元化自体は立憲国家では当然許されることである。だが、国家に仕えることが名誉ではなくなるとき、その多元化は国家の脱統合へと導かれる。そしてこれは、「国家の倫理的基盤」を研究対象から除外した戦後の西ドイツ憲法思想の必然の結果なのである。「統治者および被治者の義務」を国家の基礎として考えるのはドイツ国法学の伝統だったのだが、「『西側』の理念は二度の世界大戦でのその武器と同じくらい勝利を収めたことが明らかになった。『ドイツ的』理念は、結局憲法政治的に降伏した――もちろん無条件にではないけれど」。だが、「基本権的自由は社会的行為における倫理的自律と自己責任である」ことを忘れて抽象的な自由を叫ぶだけでは社会はなりたたない。現状はそのあらわれだということになる。(5)

2　所与の統一体としての国家

イーゼンゼーはこうして、立憲主義の可能性の条件として、倫理的基礎を持った国家の先行性を説く。しかし、問題は、どうして市民に徳と名誉心を与えるものが国家でしかありえないのかであろう。憲法への自己批判的愛着が社会を成立させる可能性もないとはいえないのではないか。だが、イーゼンゼーははっきりという。「『憲法パトリオティズム』（D・シュテルンベルガー）、連邦共和国におけるパトリオティズムの代用提案、はそれだけでは社会のコンセンサスと国家的統一意思を持続的に基礎づけ、支え、維持することはできない」。なぜなら、合理的な法的秩序としての憲法は、集団の感情的必要を満たすことはできないからである。(6) ここには、人間は理性のみによっては持続的に結合することはできない、という前提が存在している。

では、彼は国家をどのように理解しているのか。イーゼンゼーの考えでは、「（一七七六年から一七八九年のアメリカ合衆国、一八七一年のドイツ帝国におけるように）たとえ国家の設立と憲法制定が時間的に一致しても、憲法は国家統一が打ち立てられるべき諸条件に関連するが、他方で国家となることは前もってつくられた構造モデルとして受け入れられている」。つまり、国家こそが憲法の条件であり、「憲法は国家をつくらない」。(7) 逆に、「国家とは、憲法の内容と射程とを決定する事物の本性である」。「国家へと統一された民族、国家民族（Staatsvolk）のみが行動可能であり、したがって自らに憲法を与えることも可能である」。(8) つまり、国家は「民族の国民的統一」を前提とするが、それ自体は「国家の処分から全くもしくは部分的に離れた所与」、例えば「地理的・地政学的状況、歴史的な由来と経験、文化的特殊性、『民族』経済的必要、自然的・政治的必然性」などによって条件づけられている。「持続的で解消できない運命および危険共同体」という「国家的統一の本質」への国家構成員の意識は、そのような前憲法的所与によって条件づけられており、また、その意識が生き生きとしていることが国家統合を保障する。「一体意識は、合理的な立憲国家、近代国家の地平の彼方に位置し、『祖国』としての国家結合を実証する心情的価値によっても生きる[9]」。

イーゼンゼーはこうして、合理性を超えた所与への愛着を国家の基礎として持ち出すが、それは上に見たように、西ドイツにおけるその減少への危機意識と表裏の関係にあった。それゆえ、「憲法のなかに消費しつくされない国家の本質への問い[10]」が問われないことへの不満を彼は隠さなかったのである。だが、国家の基礎として西側の価値への同一化を掲げた分断・暫定国家において、「まさにドイツ民族に固有なもの」を求めるには苦労がいる。そして特にナチスの過去をどのように処理するかは、イーゼンゼーに対しても難問として立ちふさがる。既述のとおり、彼はナチスによってドイツ史、ドイツ国家思想の伝統から価値剝奪がなされることに苛立っているが、他方で「歴史家論争」での保守派の主張のように、ナチスを勇ましく相対化することもない。むしろ彼は、国家の理念を古代の共和国にまで遡ることでこの問題を迂回する。

国家を「諸個人の総和としてではなく、国家的に結合した、統合された『一般性』としての市民の全体」としての、そのなかで「公共の福祉（共通善）」(Gemeinwohl) が実現されるべきものとしての「共同体」と考える思想は、「ギリシア・ローマ古代」にまで遡るものである。そのような共同体のなかでのみ人間の「良き生活」は可能になる。そのエトスの一つは「公職」(Amt) の制度に表れているが、「公共の福祉の理念やその公職の制度へのあらわれは、ヨーロッパの共和的伝統を決定づけている。そこから——幾重もの媒介を経て——立憲国家が生まれたのである」。しかし、近代の立憲国家思想はこの出自から離れ、「それによって公共の福祉の道具としての国家は公共の福祉の主体としての国家への視線をさえぎっている」。伝統への注意の喚起によって、「運命・責任共同体としての、共同体の時代および憲法に即した理論の解明」を、彼は求める。[11] 政治的争いにおいて、市民には「一般的利益」「共通の最終目標」を目指すという徳目が課されることももはや論をまたないであろう。[12] ドイツ国法学は、比較的最近までこのヨーロッパの伝統を受け継いでいた点において特徴的だったのである。[13]

こうして、ドイツの伝統は救われる。また、「合理的および感情的統合要素は両立しないものではない。古代ローマ共和国以来の共和的伝統は、両者を一体化している」[14] として非理性的なものに国家の基盤を求めることの危険も除去され、同時に正当化される。

3　東欧革命後の憲法パトリオティズム批判

しかも、突発的に、西ドイツはもはや分断・暫定国家ではなくなった。イーゼンゼーの国家理論は、一九八九年以後の東欧革命も次のように描きだす。そこでは、「国際的な絡み合いの時代においても、国家と憲法を構築する基盤は、今なおナツィオンである」ことが示された。「ナツィオナルな国家」としてのポーランドやハンガリーは憲法を取り替えるだけで革命を生き延びたが、ソビエト連邦・ユーゴスラビア・チェコスロバキアといった多民族国家は社会主義の重しがなくなるや解体した。「一つのナツィオンの断片」としての東ドイツもまた、消滅するしかなかったのであり、その結果ドイツは再び「ナツィオナルな国家」となった。このような「ナツィオンのルネッサンスは、左翼知識人を驚かせ、ショックを与えた」。また、そのように運命づけられた統一であるから、どのような憲法上の手続きをとるかは二次的問題にすぎず、早く確実に国家統一をおこなうことが最優先される。それゆえ彼は、国民のあいだに論争を起こす危険のある新憲法制定による統一ではなく、基本法第二三条による東独編入を支持する。だが、もちろん、ドイツ統一は単なる基本法の妥当領域の拡大ではない。「統合の指導理念はドイツ民族の連帯である」。「連帯統一体」としてのナツィオンが「国家倫理的基盤」を提供する。「自由は、……憲法パトリオティズムの空中でではなく、現実の国家の土台の上で生きている」ことが示された(15)。

このように東欧革命において自らの理論が実証されたと考えるイーゼンゼーは、当然のことながら一九九〇年代にも、変化する状況に対応しつつ自らの基本的主張を繰り返している。民主政の基盤でもある「連帯共同体」は、国籍法のみによっては生まれない。「国法上の意味での Volk の背後には、前国家的・前法的存在としての Volk がある。この意味での Volk がナツィオンである」。それは法によってつくれるものではない。「ナツィオンは、自らに帰属する諸個人を自ら定める。我々は我々なのだ」。このナツィオンに依拠する国家のみが安定的に存続しうる。そして「なぜ人間のあるグループが、他の全ての者を排除して自らをナツィオンとみなすのかは、理性的に議論することはできない」。「ナツィオンにおいて、人間の非合理的な、立憲国家の合理性要求からは逃れる欲求が実効性をもつ」。ナツィオンは、個人と人類という共に普遍的な概念の中間に位置し、それらのみによっては生きられない人間の非合理的欲求を満たそうとするのである。

統一によってドイツもまたこのナツィオンによって担われていることが示されたが、それでもなお彼の目からは、ドイツの少なくとも言論界においては、ナツィオンからの逃避が支配的であると映る。「他の国民は……自らに誇りを持とうと欲するのに、ドイツ人は羞恥と嫌悪を引き起こす途方もない犯罪へと留められている」。だからドイツ人は自らのアイデンティティから逃げ続ける。彼はまた、ドイツにおいて国旗・国歌や国の建築物・祝典といった国家の象徴的自己描出が過少であることにも苛立ちを隠さない。王国では国王が国家の統一・伝統を容易に可視化することができる。しかし例えばアメリカ合衆国を見ればわかるように、「ザッハリッヒな国家形態」である共和国でも国家の象徴作用は可能であるし、また必要である。国家は存続のために、多元的社会に対して自らのアイデンティティを可視的に示す必要があるのだ。だがドイツでは、国家の象徴的自己描出はナチズムや現実の社会主義による濫用で信用を落としてしまった。しかもイーゼンゼーは、その過少性の根幹にはより重大な問題があると見る。つまり象徴されるべき「ドイツ国民の精神的一体性、その国家性の意味を形成する実体」「ドイツ人のアイデンティティ」がはっきりしていないから、その象徴的自己描出もできないのである。ドイツ人には「ナツィオンとしての本能」が欠けており、反省によって自覚的にそれを問う必要がある。感覚的に自明でないから、それを感覚に訴えることもできないのだ。とりわけ歴史的伝統との結びつきはナチズムによって断絶させられている。もっとも、西ドイツ建国当初はこの断絶は今日ほど絶対的なものではなかった。アーデナウアー時代の人々はドイツ史とより精緻に向き合っていた。ヒトラーをドイツ史の絶対的悪としたのは、「国家社会主義をもはや個人的に体験していない」世代による「六八年の文化革命」である。そして、この「ドイツ人の非難における一致」と並行して、それに積極的コンセンサスを与えるものとして登場したものこそ憲法パトリオティズムであった[16]。

「ナツィオンからの離反を促進するための言葉によるてこが、『憲法パトリオティズム』である」。この段階で、イーゼンゼーはこの概念をより詳細に分析する。つまり、この概念の成功は、その多義性による。それが祖国への愛を憲法によって豊かにするという意味（シュテルンベルガー）であれば、反対する必要はない。現に基本法の諸原理は西ドイツのアイデンティティの重要な要素であった。しかし、それがパトリオティズムの対象そのものを憲法に転換しようとするもの（彼によれば、ハーバーマスの主張）であれば、それは「政治的な自己理解を空間的時間的現実におけるナツィオンや国家から解き放つ」ことになり、「純粋な規範の高み、さらにはこれら規範についての理念へと舞い上がる」ことになる。それが証拠に、この「現実の祖国やナツィオン一体性の代用品としての憲法パトリオティズム」の主張者は、ドイツ再統一においては彼らが賛美していた基本法の妥当領域の拡張ではなく、新たな憲法制定を提唱した。その方が「政治的により望ましい」「別の共和国」をつくれるという希望を持っていたからである。憲法パトリオティズムとは、実定憲法とも関係ない、「最適な憲法という理念」、つまりはその概念を主

張する「知識人サークルの政治的傾向の実現」を目指すものに他ならないのだ。(17)

一九九〇年代のドイツにとって最大の政治課題の一つはヨーロッパ統合への対処であったが、この問題へのイーゼンゼーの対処も国家を基礎としている。通貨統合にまで至ったヨーロッパ統合は合理性を求めて始められた機能主義の支配する領域であり、「あらゆる非合理なものをはねつけ」ているが、まさにそこから「ナツィオンとしての意識、政治的一体への意思は成長するのである」。「ヨーロッパ連合はこのエトスに基づいてはいない。それゆえ、それは市民の視点からは運命的な決定を自らおこなうこともできない」。ヨーロッパ議会を強化してもEUの民主的正統化の強化にはつながらない。「ヨーロッパ議会は、ヨーロッパ国民が存在しない以上、国民代表ではなく、諸国家会議である」。各国別議席配分の人口比率での不均等性はこのことを証明しているし、実際の選挙でも国ごとの問題が争点となる。今でも政治的に重要な問題について民主的意思形成をおこなえる前提は各国にしかなく、したがって民主的正統性は各国政府を通じてしか付与されない。EUは、一国ではもはや担いきれない問題を肩代わりすることで、国民国家の政治的一体性を補助する役目を負っていると考えるべきで、あくまで——そもそも民主的正統性を必要としない——経済的な機能的一体性として国家と併存していくべきである、とされる。当然、ヨーロッパ憲法など必要ないし不可能である。憲法は国家がつくるものであるが、その国家は、「哲学的思弁」においてはともかく現実にはEUのように条約や契約によってできるものではない。そしてここでも憲法パトリオティズムは批判される。「ナツィオンの概念の憲法パトリオティズム的な代替」として「開かれた討議への全員の参加」によって形成される「市民社会」が提唱され、それはヨーロッパ連合に委譲可能ともいわれるが、しかし「超国家的討議は現在、政治的階級や行政機構に限られており、自由な民主政における意思形成が発する所である市民の討議は（そのレベルでは——引用者）生じていない」。憲法パトリオティズムでは「ナツィオンのエトスを形成する、集団特有の連帯」を根拠づけることはできないのである。(18)

4　イーゼンゼーへの批判的視点

このように、イーゼンゼーは抽象的な「自由で民主的な基本秩序」のみによっては持続的な政治的結合はなしえない、と説く。憲法の妥当性の基礎には、憲法によってはくみつくせない国家性が先行しており、その国家の倫理的基盤には、所与としての統一体意識、ナツィオン意識が含まれている。彼の主張では、戦後西ドイツの憲法意識の発展は否定的に評価されることになった。しかし、西ドイツが「こしらえもの」としての憲法に自らを定位しようとしていたとすれば、それはやはり一つの「偉大な」冒険だったのではないか。イーゼンゼーはそれを、人間の本性に反した不可能な夢の追求として否定する。そして、分断・暫定という異常事態が終わりを告げ、ドイツが一つのナツィオンからなる一つの国家となったからには、その冒険は歴史的役割も終えたとされることになろう。「自らの大きさを恐れて」きたドイツ人も、「再統一」のなかで確認された現実感覚」によって「変更することのできない」所与である「一民族」として自らを受け入れることが可能になるかもしれない、と彼は期待する。[19] だが、この冒険への価値づけには別のものがありえるだろう。実際、ドイツの現状を見ればすぐわかる通り、「国際的な絡み合いの時代」たる現在、一つのナツィオンに基づく国家という想定はフィクション性をますます強めている。彼が、アカデミズムの憲法研究者としては全く異例にも、[20] 今日に至るまで憲法パトリオティズムに執拗に言及し批判し続けているのも、その概念のなかに今日のドイツを特徴づける、彼からすれば危機的な状況が露呈していると感じているからであろう。しかし、逆にいえばこのことは、彼の概念枠組みが今日の立憲国家の置かれた状況に適合的なのかという疑問も生じさせることになろう。

さらにいえば、既述のとおり、イーゼンゼーは一九六八年の「若者の反乱」以後の西ドイツ社会を否定的に評価していたが、この時代にこそ社会の多元化は現実に進んだのであり、この点からは彼の許容する多元性の範囲が疑問となる。「ナツィオンとしての統一体意識」などというあいまいな概念によって社会の開放性が制限されるのでは、自由な国家の根幹が揺らぎかねないだろう。彼が（西）ドイツにおける国家の象徴的自己描出の過少を嘆くとき、ナチズムや東ドイツでのその過剰性への批判的視点は抜け落ちてしまっている。そして彼は国家象徴を侮辱するような表現や、そもそも公共での批判的政治活動に対して冷淡である。抽象的理念ではなく、家族や職業における地道な経験からこそ妥当な政治的判断が下せるというのだが(21)、今日の批判的活動の多くは、まさにそのような場で生じた問題意識に発している。この問題意識が私的ではなく政治的な問題と認知されるために、公共での活動は不可欠なのである。彼が市民からの多元的な問題提起に対して消極的なのは明らかであるが、だとしたら国家からの一方的な「ナツィオンの利益」の主張に対してどのように対抗すればよいというのか。むしろ、現在のドイツの統治体制は、まさにこの社会の多元性を高い程度で認めているからこそ安定的に持続してきたのではないのか。現状を脱統合の危機と見るのは、統合が本能的におこなわれなければならないという彼の前提の方が、立憲国家になじまないからではないのか。

興味深いことにイーゼンゼーは、「憲法制定権力者としての国民（Volk）」という概念は、憲法以前には行為可能な国民は存在しないのだから神話であるとし、それは神話であるゆえに「市民の理性」ではなく「非合理的なもの」に実定憲法を定位しようとする試みにとって効果を持つが、「真理を探究」すべき「学問がそれを補助する必要はない」という。この主張は、ボン基本法制定過程の民主的正統性欠如への批判と統一時における新憲法制定要求とを共に退けるためのものであるが(22)、だとしたら他方で彼が積極的に「非合理的」前法的存在として要求するナツィオン一体性なるものもまた、学問にとって無益な「神話」ではないのかという疑問が当然浮上しよう。ユーゴスラビアの悲劇は、むしろこの神話が政治的に利用されたことの結末ではなかったのか。そしてイーゼンゼー自身も、「非合理的」要素を政治的に学問に導入しているのではないかという疑いを禁じえなくなる。

第一章第二節の注

（1） Ulrich Scheuner, Staatszielbestimmungen (1972), in: ders., *Staatstheorie und Staatsrecht* (1978), S. 223, 223ff, 237f.

（2） Josef Isensee, Die Verfassung als Vaterland ―Zur Staatsverdrängung der Deutschen, in: Armin Mohler (Hrsg.), *Wirklichkeit als Tabu* (1986), S. 11ff.

（3） *Ebd.*, S. 14ff, 20, 23, 25. なお、彼が憲法パトリオティズムとして引くのはシュテルンベルガーの論文であるが、明らかに、その用い方より抽象化された意味が念頭におかれている。彼自身、本文で述べたように、後にはシュテルンベルガーとハーバーマスの概念を明示的に区別するようになる。

（4） *Ebd.*, S. 28ff.

（5） Josef Isensee, Die verdrängten Grundpflichten des Bürgers, *DÖV* 15 (1982), S. 609, 610, 615. Vgl. ders., Republik ―Sinnpotential eines Begriffs, *JZ* 1981, S. 1. この箇所からは、「ここ（国家共同体――引用者）においては、無関心な態度で全体への共同責任から逃げることは、個人には許されていない」のであって、そのような国家に対する消極的な態度こそがワイマール共和国の悲劇を生んだのだとする、ルドルフ・スメントの指摘が想起される。もちろん、「政治世界のなかに自らの位置を探し、自らをそのなかへ『統合』」することは個人の「自由な努力」によるのであるが、それはまた「神の意思に沿った使命」を果たすことでもある。また、スメントにとっては、統合過程はいちいちそれと意識されない方が「健康的」である。この点については後で触れることになろう。Rudolf Smend, Integration, in: ders., *Staatsrechtliche Abhandlungen* (2. Aufl. 1968), S. 482, 485f.

（6） Josef Isensee, Staat, in: *Staatslexikon, 5. Bd.* (7. Aufl. 1989), S. 133, 152.

（7） *Ebd.*, S. 151.

（8） Josef Isensee, Staat und Verfassung, in: *Handbuch des Staatsrechts, 1. Bd.* (1987), S. 591, 592ff.

（9） *Ebd.*, S. 634f.

（10）　*Ebd.*, S. 599.

（11）　Josef Isensee, Gemeinwohl und Staatsaufgaben im Verfassungsstaat, in: *Handbuch des Staatsrechts*, 3. *Bd.* (1988), S. 3, 6ff. Vgl. Ulrich Scheuner, Die Legitimationsgrundlage des modernen Staates, *ARSP Beiheft* 15 (1981), S. 1, 6ff.「公職」(Amt) の思想については、日比野勤「憲法における正当性とコンセンサス」国家学会雑誌一〇五巻一一・一二号八〇九頁、八五七頁以下（一九九二）参照。なお、ここでイーゼンゼーは完全社会としての国家思想の伝統としてアリストテレスとトマス・アキナスを引いており、明らかにトマス主義から強い影響を受けている。トマス主義の国家思想については特に、水波朗「国家の本質」『トマス主義の憲法学』二五一頁（一九八七）参照。

（12）　Isensee, *Ebd.*, S. 18f. もちろん、ここでの „Republik" という言葉は、現在の王制のない国というような形式的基準によるものではなく、倫理的基盤を持った国家のあり方を示すものである。Vgl. ders., *Republik* (Anm. 5).

（13）　Vgl. Isensee, *Die verdrängten Grundpflichten*…… (Anm. 5); Scheuner (Anm. 1), S. 241. イーゼンゼーが共和国の伝統から、「基本権は、道徳的基本義務のための法的容器である」Isensee, *Republik* (Anm. 5), S. 8 というとき、再びルドルフ・スメントが想起される。Vgl. Rudolf Smend, Bürger und Bourgeois im deutschen Staatsrecht, in: ders., *Staatsrechtliche Abhandlungen* (2. Aufl. 1968), S. 309. イーゼンゼー自身、スメントを、近代憲法理論のなかで「共同体としての、社会生活の現実としての、文化連関としての、国家」を考察しえた例外であると評価している。Isensee (Anm. 11), S. 10. もちろん、イーゼンゼーが立憲国家における個人の自由の一次性を認め、国家は自由の公共善に沿った使用を期待することはできるが、自由の「正しい」使い方を強制するようなことはできないとし、個人の基本義務はあくまでアピールにすぎないとしていることも付言しておくべきであろう。それが自由な国家の「冒険」なのである。とはいえ、彼の力点はむしろ、国家は手段の限定を言い訳にしてはならず、共同体の危機に際しては「公共善についての最終責任」者として非強制的手段を動員して市民に基本権の望ましい行使を求めるべきであるという点にあるように思われる。Josef Isensee, Das Dilemma der Freiheit im Grundrechtsstaat, in: *Festschrift für Martin Heckel* (1999), S. 739, 742-747, 751-754, 770-773. だとすると、国家からの「あるべき市民像」の提示はかなりの程度認められることになろう。

（14）　Isensee (Anm. 8), S. 635.

（15）　Josef Isensee, Staatseinheit und Verfassungskontinuität, *VVDStRL* 49 (1990), S. 39, 41ff., 48ff.; ders., Wenn im Streit über den Weg das Ziel verlorengeht, in: Bernd Guggenberger und Tine Stein (Hrsg.), *Die Verfassungsdiskussion im Jahr der deutschen Einheit* (1991), S. 270; ders., Nationalstaat und Verfassungsstaat, in: *Festschrift für Gerd Roellecke* (1997), S. 137. なお、イーゼンゼーのこのような理論は、外国人の参政権を認めないという憲法解釈上の実際の帰結を導いている。Vgl. Josef Isensee, Abschied der Demokratie vom Demos, in: *Festschrift zum 65. Geburtstag von Paul Mikat* (1989), S. 705. 地方自治体レベルでの外国人参政権を違憲とした連邦憲法裁判所判決（BVerfGE 83, 37; 83, 60）への彼の関わりについては、高田篤「外国人の参政権」法律時報六四巻一号八三頁（一九九二）参照。

（16）　Isensee, *Nationalstaat und Verfassungsstaat* (Anm. 15), S. 144-152, 155; ders., Staatsrepräsentation und Verfassungspatriotismus, in: Jörg-Dieter Gauger und Justin Stagl (Hrsg.), *Staatsrepräsentation* (1992), S. 223.

（17）　Isensee, *Nationalstaat und Verfassungsstaat* (Anm. 15), S. 157f.

（18）　Josef Isensee, Europäische Union ――Mitgliedstaaten, in: Akademie der Wissenschaften und der Literatur, Mainz (Hrsg.), *Europa: Idee, Geschichte, Realität* (1996), S. 71, 83-96.

（19）　Isensee, *Staatsrepräsentation und*…… (Anm. 16), S. 238f.

（20）　他の憲法研究者の憲法パトリオティズム批判として、vgl. Detlef Merten, Verfassungspatriotismus und Verfassungsschwärmerei, in: *VerwArch* 83 (1992), S. 283; Otto Depenheuer, Integration durch Verfassung?, in: *DÖV* 1995, S. 854.

（21）　Vgl. Josef Isensee, Grundrecht auf Ehre, in: *Festschrift für Martin Kriele* (1997), S. 5, 25f.; Isensee, *Das Dilemma der Freiheit*…… (Anm. 13), S. 763f.

(22) Josef Isensee, *Das Volk als Grund der Verfassung* (1995), S. 43-85, 105f.

三　文化による立憲国家の基礎づけ？

1　ヘーベルレの「文化科学としての憲法学」

「立憲国家における国家目的」がテーマとなった一九八九年のドイツ国法学者大会において、イーゼンゼーは、「私がこれまで参加してきた数々のドイツ国法学者大会においては、一貫して『憲法』のみが話題となってきた。しかし今日は『国家』が中心へと戻った」としてドイツ憲法学の最近の「パラダイム転換」を満足げに語った。[1] これに対し、「道具的国家理解」「国家の固有価値の不存在」を強調し、「民主政においては、『国家理性』は存在せず、ただ『憲法理性』のみが存在する」と主張するのがペーター・ヘーベルレであった。[2] イーゼンゼーが「祖国としての憲法」論文において、憲法を国家活動の全ての基準にしようとしていると名指しする人物も、他ならぬヘーベルレであった。[3]

また、ヘーベルレは、「国家目的」ではなくあえて「立憲国家の国家任務の理論」という題名をつけた論文において、立憲国家の国家任務は「憲法によって構成された政治的共同体」の視点から考えられなければならず、国家の「生まれながらの」任務というような考えをとってはならない。そのような「一般国家学」的考えは「全体主義の国家類型と立憲国家との根本的差異を覆い隠」してしまう、と述べている。[4] このように、「人間の尊厳」を根本価値とする近代の「道具的」立憲国家の特殊性を強調する彼の立場は、「公共の福祉の主体」としての国家の価値を強調するイーゼンゼーとは確かに対照的である。

では、ヘーベルレは近代国家の存立基盤を全て憲法に求めようとしているのか。実はそうではない。「多元主義の憲法は、……かなりの程度、書かれていない前提に基づいている」。これは「基本コンセンサス」といえるものだが、それをつくるのは、「数多くの文化の統合機能」である。「憲法、すなわち我々の基本法は、我々の共同体およびそのアイデンティティの、……歴史的に生じた文化連関の一部分である」。しかも、その文化には、「非理性的」内容も含まれている。(5) つまり、彼もまた憲法の奥にある共同体のアイデンティティを求めようとしているのである。

憲法によって構成される共同体と、憲法を支える共同体のアイデンティティ。このようなヘーベルレの主張は、どのようにして内的統一性を保持しているのであろうか。その謎を解くには、一九八〇年代以降彼が強調し続けている、「文化科学としての憲法学」という研究方法を覗く必要がある。(6)

ヘーベルレは文化を、「広義」で、すなわち「知識、信条、技術、道徳、法律、倫理、そして社会の構成員としての人間が獲得してきたその他の能力と慣習を包み込む複雑な全体」と理解する。そのような「文化の本質的中核は、伝統的な（すなわち歴史的に引き出され選びだされた）理念と、特にそのなかに組み込まれた価値からできている」。しかし、文化は単なる過去の拘束ではない。文化には三つの面があると彼はいう。すなわち過去の媒介としての「伝統的側面」と、過去のさらなる発展としての「革新的側面」と、「政治的共同体は多様な文化を持つことができる」という意味での「多元的側面」である。そして、「このように広義で理解された『文化』は、立憲国家の全ての法条文、全ての法的に意味のある行為のコンテクストを構成する」として、憲法をこの背景との関係でとらえようとするのが、彼の「文化科学としての憲法学」の出発点である。(7)

彼は次に、個々の立憲国家と、立憲国家の「類型」（Typus）とを区別する。「この類型は、個々の立憲国家において同時に全て達成されていることはほとんどないが、最善のあるべき状態（Sollzustand）と可能な事実状態（Istzustand）を示す——国家および社会についての——理念的および現実的要素から構成されている」。逆に、個々の立憲国家は「類型」の許容範囲内での「バラエティ」と考えられる。(8)

そして、「この類型は、その中核的要素（人間の尊厳や国民主権など——引用者）において、それ自体西側の、西洋の文化領域の文化的獲得物である」。このように、「類型」としての立憲国家自体が、へーベルレにおいては「文化」の背景からとらえられる。個々の憲法についても当然次のようになる。「憲法は、単なる法的条文や規範的『規則作品』ではなく、民族の文化的発展状態の表現、文化的自己表現の手段、文化的遺産の鏡、希望の基盤でもある」。「立憲国家の法的現実性は——広く深く入り込んだ——文化的な性格のものである『生きている憲法』の現実性の一端に過ぎない」。つまり、憲法は、民族の文化から生ずる「憲法コンセンサス」によって支えられるのである。(9)

しかし、このような考えは、「立憲」国家の価値の相対化を導くものではないのか、という疑問が当然起こるであろう。憲法も文化の一産物にすぎないとすれば、文化の多様性は、法秩序の基本価値の多様性をも含意するのではないか。それは憲法独自の価値の否定に至るのか。だが実は、へーベルレは逆に「類型」としての立憲国家の価値を絶対視しているとすらいえるのである。ポイントは、先に文化の定義で述べたところで示唆された、「文化の開放性」にある。

共同体構成員にとって、文化とはただ所与のものとしてあるのではない。むしろ構成員は、伝承のなかに立ちながらも自ら新しい文化をつくりだしていく主体でもある。そのためには当然、多様な文化の併存が承認されていなければならない。ここにおいて、文化は自由と必然的に結びつく。文化は自由が行使されて何らかの成果を生み出し、それがまた次の自由の基礎となるという「変転運動」によって成長するのである。文化の「生産と受容の先述のプロセスは、まさに基本権『によって』進む」。したがって、「政治的共同体は、自由に不可避の拘束と限界づけを失わずに、基本権的自由が可能な限り強化され、拡大され、一般化されること、あるいはそれによって自由と開放性の客観的基礎づけ要素が生み出されること、に注意を配らなければならない」。このような政治的共同体は、もちろん立憲国家である。文化の発展と共同体の安定・自己主張が「個人の自由を通じて起こりうるということが、立憲国家の比類なき機能である。それは同時に、その『信仰告白』でもある」(10)。「人類学的糸口」として「人間は多様な文化的欲求を持つ」という命題から出発するヘーベルレにとって、「自由は——多元的——文化のための本質的前提である」として、立憲国家はまさにその「道具」性によって「比類なき」ものとされる。「自由は、いかにしばしば危険にさらされるとしても、同時に西側の文化の獲得物でもある」として立憲国家の類型の発生の文化依存性も語られるが、ヘーベルレ自身は他の類型の国家を価値あるものとは考えていないようである(11)。いわば、西側において、普遍的価値を持った国家類型が誕生したのだということになろう。

2　個々の立憲国家の文化的基礎づけ

しかし、ヘーベルレの理論はこうした立憲国家礼賛に終わるものではない。むしろ彼の主眼は、「類型」としての立憲国家の価値を前提として、「『立憲国家』の類型の具体的バラエティ（つまり例えば、スイスやオーストリア、フランスやアメリカ合衆国）をその個性のなかで把握し、また全ての多様性にもかかわらずそれらを一つの類型の変種として見ること」(12)、すなわち「バラエティ」としての個々の立憲国家の多様なあり方の条件を探るところにある。そして、この段階では、個々の憲法が政治的共同体の文化によって支えられていることに大きな意味が持たされることになる。いわば、類型としての立憲国家総体の価値は文化依存性を脱したと考えられる（ここにはその現実的安定性についてのヘーベルレの信頼が存在するのだろう）のに対し、個々の国家はやはり憲法のみによって支えられるとは考えられていない。

「まさに『多元主義の憲法』、開かれた社会の憲法は、いうなれば『価値』による、『文化的結晶化』、客観化による、基礎づけを必要とする」。「(文化) 民族は、個々の市民と同様、アイデンティティを決定し保障する照準点、ないしは『価値』を必要とする。それなしでは、自由と多元主義は文字通り空虚で、目的を欠いた、『基盤のない』ものとなる」。そして、「民主的立憲国家は、市民の自らへのこのより感情的な結びつき……を放棄できない。批判的合理主義の憲法理論も、このむしろ非合理的な領域を否定できないしようともしない。それは、人間は非合理的にもつくられているという人類学的前提に基づいている。開かれた社会および立憲国家は、自由と平等、寛容と開放性といった保障だけは維持されている限度内で、自らをこのような内容的告白によって基礎づけ、堅固にする」。ワイマール共和国は文化によって基礎づけられていなかったのである。[13]

では、個々の立憲国家を支える文化はいかにして調達しうるのか。それは完全に国民の自由な文化形成に委ねられるのか。立憲国家の類型を絶対視し、しかもワイマールをつぶした歴史を持つドイツに住むヘーベルレには、そのような超然とした態度はとれない。そこで登場するのが、一つは人間の尊厳や寛容の価値などを「立憲国家の文化的『信仰告白』の一種」として取り入れる教育の重要性であり、[14]もう一つは国民を統合する「象徴」の重要性である。憲法の前文や永久条項も象徴機能を果たす。憲法を最終的に保障するのが開かれた社会でつくられる憲法文化であるとしても、「永久条項の象徴的価値は過小評価されるべきではない」。それは市民への「アピール機能」を持つ。[15]さらに彼は、憲法以外の制度にも目を広げる。「立憲国家の文化的アイデンティティ要素としての祝日保障」という一件奇妙な題名の著作などにおいて彼が述べるのは、この問題に他ならない。

「多元的立憲国家ないし民主政は、集団的意識と集団的行為のための象徴的表現形態を必要とする」。[16]そのような象徴には国旗、国歌、記念碑などと共に、祝日も含まれる。例えば、アメリカ合衆国の独立記念日やフランスの革命記念日、あるいはアメリカの人種平等・統合への誓いを示すマーティン・ルーサー・キング・デーなどは、「特定の――祝われるべき――内容が様々な世代を決定的に統合する」という仕方で、「個々の立憲国家の個性とアイデンティティ」を映し出すのである。それは、象徴として、憲法文化の「感情的なものと理性的なものとを結びつける要素」として働く。その「象徴性格」は、「開かれた社会に『基礎づける』内容を与え――全ての他に存続しているディセンサスに加えて――コンセンサスを得ようと望む」[17]。もちろん、繰り返しになるが、この背景には「立憲国家は理性的および感情的なコンセンサス源を必要とする」というヘーベルレの「人類学的」前提がある[18]。

このように、ヘーベルレは象徴への感情的結びつきにも立憲国家の基礎づけを見出そうとする。もちろん、彼は立憲国家においては祝日の祝賀を国民に強制してはならないことを繰り返し強調する（それは文化発展の開放性への許されざる介入である）が、一方で、「祝日の憲法の基本価値との内的関連が明らかにされ、場合によっては育成されるべきである」として国家の「祝日育成」政策が必要とされる[19]。

3　東欧革命への対応

確かに「開かれた社会」への彼の高い価値づけは特筆すべきである。このことは、一九八九年以後の東欧革命において彼が特に重視するのが、ナツィオンの復活などではなく、東欧各国で自然発生的に成立した円卓会議であることにもあらわれている。「『円卓』の成功は偶然ではない。……『円卓』は政治的共同体において多くの者が平等の権利を持って共存し協力することを象徴している」。「国家は契約に基づいている、憲法は『常に新しい契約』である、という古い理念は、現在おこなわれている『円卓』のパラダイムによって確認されたと考えてよい」という意味で、「それは『始源状態』を象徴して」もいるのである。このように多数の人間が「契約」「共存」へと向かうのは、互いの人間の尊厳を承認して共同体をつくるという「基本コンセンサス」がまさに文化の発展のなかから登場したことの表れである。このようにヘーベルレは、東欧においても「多元的公共」を可能にする立憲国家が基礎づけられたことに何よりも高い価値を認めるのである[20]。彼はまた、ドイツ統一後にも特にイーゼンゼーを名指ししつつ、国家が憲法にとっての所与であるというような考え方を、「王制的・保守的伝統」にとらわれた思考、特にドイツに強い「ナツィオナルな『遅れ』」であると批判している。東欧革命においては市民による憲法制定が実践されたのであり、国家は憲法が構成する限りで存在する。民主的立憲国家の前提は人間の尊厳であり、「国法学の個別問題に至るまで、人間の尊厳に基礎づけられた国家像を真剣に扱わねばならない――それがいかに困難であるとしても」。(21)

したがって当然、統一方法についての判断もイーゼンゼーとは違ってくる。ヘーベルレは現実的判断から基本法第二三条による編入方式を一応承認しつつも、統一後には、東欧革命から得られた立憲主義への貢献をふまえた上で全ドイツ国民の直接の承認による新憲法をつくるべきだとする。ドイツ統一はそれによって初めて完結するのである。(22)

では、彼の一九九〇年代におけるヨーロッパ統合への対応はどうか。彼はすでに「ヨーロッパ共通憲法」(Gemeineuropäisches Verfasungsrecht) を語れる段階にあると考える。ヨーロッパの諸条約やヨーロッパ裁判所の一般的法原則解釈によって各国の法秩序は統合されつつある。ただし、もちろんそれは各国憲法のように条文として固定されたものではなく、「原理としての性格」をもつ「開放的で柔軟な」ものであり、「動的」な「成長プロセスの表現」であるが、それこそが現在のヨーロッパ法文化の状況に適合した「ヨーロッパ共通憲法」のあり方である、という。このように憲法概念を柔軟化するのであれば、「ヨーロッパ憲法」がある、ということはもちろん可能であるが、それを「憲法」と呼ぶかどうかは定義の問題ということにもなる。ただし、彼がこのように概念を用いるのには、彼なりの理由がある。まず、「ヨーロッパは（いまだ？）国家ではない」としても、今日では憲法を国家と切り離すことが可能であり、むしろ求められてもいる。「ヨーロッパ共通憲法」にとって最重要なのは、統合のなかですでに意味を大幅に失った伝統的な国家三要素よりも共通の法文化であり、それは既に高い程度で存在している。「ヨーロッパ国民（europäisches Volk）」もいないが、すでに「ヨーロッパ市民」の概念は導入されている。むしろドイツの「反多元主義的、前民主政的国民理解」は克服されるべきであり、「人間の尊厳」を基礎にして考えれば「国民主権」ではなく「個々の市民の自由な自己決定とそのなかに根ざすコンセンサス原理」によって「法共同体」を把握することが可能になろう。この視点からは、「ヨーロッパ共通憲法」は「憲法」と呼ばれる資格をもつのである。(23)

4　象徴への感情的結びつきの問題性

以上、ヘーベルレの「文化科学としての憲法学」を検討してきたが、これは確かに自由な国家を基礎づける有力な理論を提供していると思われる。国家の憲法体制が広義の文化の一環であってそれに支えられているという理解は直観的にも納得できる。さらに彼は、その文化が多元性・開放性を必要とすることから、立憲国家の価値を承認する。また、開かれた文化による国家の基礎づけは、ヨーロッパ統合によるその相対化も積極的に容認するものであった。「ナツィオン」のドグマによる国家理論と比較すれば、その立憲国家との適合性において明らかに優越している。

しかし、彼は文化的アイデンティティ形成の一環として象徴への感情的結びつきも挙げていた。東欧革命においても国家象徴の変化も重視される。(24) だが、象徴への感情的結びつきは、確かに多元的な文化をもつ共同体の文化的アイデンティティを形成するであろうが、それは憲法的価値と確実に結びつくのであろうか。彼も認めるように、「若干の祝日が、形式的分類をこえて『憲法上の日』となるほどに立憲国家の憲法の統合的要素を構成している」(25)のであって、憲法とは直接関係しない祝日の方が数としては多い。そして、ヘーベルレは、考察の中心は憲法上の価値を体現した祝日に置いているが、その他の祝日の統合機能を否定しているわけではない。(26) また、西ドイツにおいて国歌の解釈は問題ないものではなかったはずであるが、その象徴性も留保抜きで承認されている。東欧諸国で新しく統合力をもった国家象徴はその多くが歴史を遡るものであるが、それらは本当にこれから立憲的価値を象徴しうるのだろうか。

さらに注目すべきは、この問題を彼が論じるとき、一貫してルドルフ・スメントが先行業績として挙げられていることである。「R・スメントの統合理論は、（象徴の問題において――引用者）今日に至るまで有効なキーワードを提供している」[27]。だが、そのスメントは、「政治的象徴の理論と実践については、特に多くをファシズムについての文献中」を見ようとし、象徴の機能として、「非合理的」な強い統合力、合理的形式化よりも内容的弾力性を持つこと、それらを通じて「緊張と抵触なしに」「全体への包含」を可能にすること、を挙げているのだ。さらに国旗の象徴性について、旧ドイツ帝国旗の統合力は認めるがワイマール共和国旗のそれは否定するという有名な診断をくだしていたことも忘れるわけにはいかない[28]。象徴による統合は、いわばスメント理論のなかでも最も危険な分野の一つなのである。

もちろん、戦後のスメント学派が全てそうであるように、ヘーベルレもスメントの危険な要素は周到に排除している[29]。既述のとおり、ナチスの経験をふまえ、国家による強制があってはならないことを強調する。しかしこれは、象徴の利用が立憲国家を危機へと追いやる「危険が常に存在している」のを彼が認めていることの裏返しでもある[30]。いみじくもスメントが述べているように、象徴の特徴がまさにその内容的弾力性にあるのだとすれば、それがもたらす文化的アイデンティティも特定の内容を持てないのではないか。特に、ドイツについていえば、そこでの種々の象徴が「自由で民主的な基本秩序」を象徴していると解され続ける保証は存在しないのではないか。例えば、それらは（特に国家の政策が加われば）ドイツの敗北と屈辱の象徴へも転化しうるのではないか[31]。

また、自由な国家の象徴であれば、当然それ自身への批判も許されなければならないはずだが、このことによって象徴との感情的、無批判的結びつきは阻害されるであろう。象徴を文化的アイデンティティの主要な要素とする理論は、それへの批判を封じる機能を果たす危険もある。[32] そして、問題はヘーベルレにおいて、市民の開かれた文化形成の重要性が語られつつも、国家の象徴的自己描出に対して市民の批判的自主性がどこまで認められるべきか、さらにはそもそも文化形成に国家がどの程度介入してよいのかが不明確なまま残されている点にある。これは、ヘーベルレが市民による下からの国家の基礎づけを結局のところどの程度信頼しているのかがよくわからないということによる。イーゼンゼーは、ドイツにおける国家の象徴作用の過少をそこでのナツィオンの感覚的一体性欠如に結びつけたが、ヘーベルレが積極的にこの欠如を国家による象徴操作で埋め合わせることを容認するなら、その問題性はあまり変わらないともいえる。

ヘーベルレは最近になって、君主制が「類型」としての立憲国家にとって過去の遺物なのか、それともそのなかに含まれるひとつの「バラエティ」とみなしうるのかを正面から扱っている。そして、今日において始原的な王権が憲法によって制約されるという「立憲君主制」モデルは克服されるべきであるが、憲法によって創られた機関としてそれを理解する「立憲国家的君主制」は、「類型としての立憲国家の一つの可能性」として考えられるという。その背後には、君主制もまた「祝日や首都、言語あるいは永久条項についての憲法規範と同様、国民の非合理的深層に届く」性質を持っており、「非合理的なコンセンサス源」として個別の立憲国家を基礎づけるのに貢献するという理解がある。もちろん彼も君主制の立憲国家にとっての「コスト」を無視するわけではないが、それもその「憲法化」によって承認できるものになるというのである。[33] しかし、明らかに国家の機関であり、国家権力の一部として機能している以上、民主的国家では国王・君主制も常に国民の間での批判的議論にさらされるべきなはずである。それを阻害し、日本人なら当然天皇を敬愛すべきであるといった言論を容易に導くであろう君主制の「非合理的」効果をおおっぴらに承認するのは、共和国ドイツに住む彼のこの問題に対する感受性の弱さを示すものというべきだろう。と同時に、彼の象徴論の危険な側面があらためて示されている。

また、ヘーベルレは「ヨーロッパ共通憲法」を提唱するが、「EUレベルでは（正しいことに）いたる所で民主政の不足が批判されている」し、ヨーロッパレベルでの政治的議論は限られた範囲の人間によってしかおこなわれていないことを認めている。しかし、彼はその不足が、ヨーロッパレベルの視野を持った裁判官や法学者の参加によって補償されうると考えている。「ヨーロッパ共通憲法の多くは、裁判官と法学者の法によってつくられてきた」。イーゼンゼーと違い、彼が簡単に「ヨーロッパ憲法」をいえたのは、それを支える「ヨーロッパ法文化」が市民の参加によるものでなくてもよいと彼が考えたからでもあった。他方で彼はヨーロッパレベルの憲法もまた、「法学者のも含む理性」に向くとともに、「象徴機能」をもつ「非合理的コンセンサス源」として市民に受けとめられる必要があることを認める。(34) しかし、だとすると市民は一方的に象徴作用にさらされて、内実のわからぬまま専門家の行為にイエスを言い続ける存在となってしまうのではないか。そして実は、彼の理論は国内においてもこうした結果を容認するものなのではないか。(35)

ヘーベルレは国家の基礎を所与の統一体意識には求めない。文化の多元性・開放性を最優先する彼は、共同体の自由な文化発展によって、「常に新しく」自由な国家を基礎づけようとする。しかし、皮肉にもそのことが、彼を危険な河岸へと追いやることになった。だが、象徴作用をその一環として含む文化全般に立憲国家の基盤を見ようとするならば、結局このような危険を免れることはできないであろう。より根本的にいえば、政治的共同体としての国家への「感情的」統合をはかること自体（この点においてヘーベルレはイーゼンゼーと一致している）の是非が問われることになろう。現実の国家を生み出した契機は、もちろん決して理性的、反省的なものだけではない。確かに、国家という団体を理性によってのみ基礎づけようとするのは、ヘーベルレの「人類学的前提」を持ち出すまでもなく、かえって非人間的試みなのかもしれない。しかし、立憲国家という特別の国家形態と確実に結びつくのは、やはりシュヴァンの述べていたように、反省的アイデンティティしかないのではないか。このような問題意識から、我々は、政治文化をその他の文化から切り離すという、野心的試みの検討へと導かれる。二節にわたる憲法学者の検討を経てここで登場するのは、第一節の末尾で予告された人物、ユルゲン・ハーバーマスである。

第一章第三節の注

（1）Josef Isensee, *VVDStRL* 48 (1990), S. 136.

（2）Peter Häberle, *VVDStRL* 48 (1990), S. 128f.「民主主義においては……」の箇所はアドルフ・アルントからの引用として語られている。

（3）Josef Isensee, Die Verfassung als Vaterland ―― Zur Staatsverdrängung der Deutschen, in: Armin Mohler (Hrsg.), *Wirklichkeit als Tabu* (1986), S. 11, 32f.

（4）Peter Häberle, Verfassungsstaatliche Staatsaufgabenlehre, in: ders., *Rechtsvergleichung im Kraftfeld des Verfassungsstaates* (1992), S. 573, 578f. 以下、この論文集は *Rechtsvergleichung* (Anm. 4) と略記する。

（5）Peter Häberle, Die Gemeinwohlproblematik in rechtswissenschaftlicher Sicht, in: ders., *Europäische Rechtskultur* (1994), S. 323, 344-346.

（6）へーベルレについての日本語文献は非常に多いが、特に一九八〇年代以降、彼が前面にうちだしている「文化科学としての憲法学」に言及するものは実は少ない。ここでは特に、西浦公「P・へーベルレの憲法論」『現代法学の諸相』一頁（一九九二）、同「P・へーベルレの最近の理論動向」岡山商大法学論叢一号一一一頁（一九九三）、渡辺康行「『憲法』と『憲法理論』の対話（四）」国家学会雑誌一一二号七・八号六八二頁、七〇二頁以下（一九九九）を挙げておく。なお、彼の「文化科学としての憲法学」の一環をなす「立憲国家における人間像」の問題については、浜田純一「憲法・人間・基本権理論」『憲法学の展望（小林直樹古稀）』一二七頁（一九九一）、押久保倫夫「『個人の尊重』の意義」『人権と憲法裁判（時岡弘古稀）』三三頁、五八頁以下（一九九二）を参照。

（7） Peter Häberle, *Verfassungslehre als Kulturwissenschaft* (1982), S. 10ff. 本書は簡潔ながら（八四頁の本である）、その後のヘーベルレの研究プログラムの綱領論文といえるもので、非常に重要である。なお、後掲注（21）の同著第二版は、このプログラムにしたがって量産されてきた諸論文の中身をほとんど全部組み入れた一〇〇〇頁を越える著作となっており、初版とは全く別の著作といえる。したがって内容的には個別論文でいわれてきたことと重複が多い。そういう場合、本章では原則として論文の方を参照している。

（8） *Ebd.*, S. 18, 34f.

（9） *Ebd.*, S. 18ff.

（10） *Ebd.*, S. 60ff. 憲法解釈は全ての国民に開かれているというヘーベルレの有名なテーゼも、憲法を支える文化の担い手の多元性、開放性の観点から理解しなければならない。Vgl. *Ebd.*, S. 66ff.

（11） *Ebd.*, S. 17, 68. Vgl. Peter Häberle, *Das Menschenbild im Verfassungsstaat* (1988), S. 82f. このことは、一九九二年に公刊された彼の論文集のタイトル、*Rechtsvergleichung im Kraftfeld des Verfassungsstaates* に象徴的に示されている。彼は、立憲国家（単数で用いられていることからも、ここでは「類型」としてのそれが考えられているのは明らかである）の枠外の憲法体制との比較には全く関心を示していない。

（12） Häberle (Anm. 7), S. 74.

（13） *Ebd.*, S. 59, 71, 39. Vgl. Häberle, *Menschenbild*…… (Anm. 11), S. 70f.「批判的合理主義」とはもちろんカール・ポパーの理論のことである。ヘーベルレは、理論的基礎をポパーに寄っていると自認しているが、その主眼は「開かれた社会」の重要性を強調するという点にある。Vgl. ders., Verfassungsentwicklungen in Osteuropa, in: ders., *Europäische Rechtskultur* (1994), S. 101, 103f.

（14） Häberle (Anm. 7), S. 63ff. ヘーベルレにおける教育の重視については、西浦前掲注（6）「P・ヘーベルレの憲法論」一六頁参照。

（15） Peter Häberle, Verfassungsrechtliche Ewigkeitsklauseln als verfassungsstaatliche Identitätsgarantien, in:

ders., *Rechtsvergleichung* (Anm. 4), S. 597, 618f.

（16） Peter Häberle, *Feiertagsgarantien als kulturelle Identitätselemente des Verfassungsstaates* (1987), S. 37.

（17） *Ebd.*, S. 11ff., 18.

（18） *Ebd.*, S. 28f. Vgl. Peter Häberle, Die Hauptstadtfrage als Verfassungsproblem, in: ders., *Rechtsvergleichung* (Anm. 4), S. 297. これは、統一ドイツの首都問題を、首都の象徴機能に着目して分析したものである。

（19） Häberle (Anm. 16), S. 34ff.

（20） Peter Häberle, Ethik „im" Verfassungsrecht, *Rechtstheorie* 21 (1990), S. 269, 272ff. ヘーベルレはこの評価を、繰り返し述べている。Vgl. ders., Der Entwurf der Arbeitsgruppe Neue Verfassung der DDR des Runden Tisches (1990), JöR NF39 (1990), S. 319, 321ff.; ders., *Verfassungsentwicklungen*…… (Anm. 13), S. 173f.

ヘーベルレの東欧革命への態度については、西浦前掲注（6）「P・ヘーベルレの最近の理論動向」参照。東ドイツの円卓会議憲法草案は、*Der Entwurf*……, S. 350ff. に原文が掲載されている。その経緯、内容についてはベルンハルト・シュリンク（高田篤訳）「円卓会議憲法草案」広島法学一七巻二号四五九頁（一九九三）を参照。

ちなみにヘーベルレは、「自然状態」の思想はフィクションではあるが、憲法を根拠づけるために不可欠なフィクションなのだ、という。つまりは立憲国家の文化的基礎となる思想だということであろう。それは「人間の歴史の幸福な成果」である。*Ethik*……, S. 278.

（21） Peter Häberle, *Verfassungslehre als Kulturwissenschaft* (2. Aufl., 1998), S. 620f., 667f.

（22） Vgl. Peter Häberle, Verfassungspolitik für die Freiheit und Einheit Deutschlands, in: ders., *Rechtsvergleichung* (Anm. 4), S. 721. ドイツ統一に対するヘーベルレの対応としてより詳しくは、畑尻剛「ドイツ統一と国法学者」比較憲法史研究会編『憲法の歴史と比較』一〇四頁（一九九八）参照。

（23） Häberle (Anm. 21), S. 1083-1102.

（24） Häberle, *Verfassungsentwicklungen*…… (Anm. 13), S. 176ff.

（25）ders. (Anm. 16), S. 29.

（26）*Ebd.*, S. 18f.

（27）Häberle, *Verfassungsentwicklungen*…… (Anm. 13), S. 176. Vgl. ders. (Anm. 16), S. 27; ders. (Anm. 7), S. 71.

（28）Rudolf Smend, Verfassung und Verfassungsrecht, in: ders., *Staatsrechtliche Abhandlungen* (2. Aufl. 1968), S. 119, 163f. 戦後のスメントも、「個人の（国家への——引用者）組み込みがあまりにも問題なしに考えられて」いたとする戦前への自己批判（Rudolf Smend, Integrationslehre, in: ders., *Staatsrechtliche Abhandlungen* (2. Aufl. 1968), S. 475, 480）にもかかわらず、前節の注（5）で述べたように、無意識の統合の方が健康的だという考えは一貫して持ち続けている。この考えはヘーベルレにも当てはまっているのではないか。

（29）スメントにおいては国家領土も「定式化不可能な価値充足、価値全体の統合力をもった象徴化」の重要な要素であった。Smend, *Verfassung und*…… (Anm. 28), S. 168ff. ヘーベルレにおいてはその統合力は軽視されている。東部領土を大幅に失った戦後ドイツにとって、これは最高にエモーショナルな反応を引き起こす問題の一つだったのだが。また、国歌 Das Deutschlandlied の第一節が公の場で歌えなくなったのは、まさにこの問題によるのだが。彼が、現在において国家領土の意味は相対化しつつあると考え、またそれを他の国家象徴とは切り離して扱うべきだと主張していることについては、vgl. Peter Häberle, Der Kleinstaat als Variante des Verfassungsstaates, in: ders., *Rechtsvergleichung* (Anm. 4), S. 739, 775ff.; ders. (Anm. 21), S. 631-652.

（30）Häberle (Anm. 16), S. 35. そもそも、西ドイツ戦後国法学が、これらの象徴作用を戦前とは切り離し「抽象化・無害化」して扱ってきたことについては、和仁陽『教会・公法学・国家』二九〇頁（一九九〇）参照。文化科学として憲法を支える諸要素の分析にまで踏み込むヘーベルレは、この問題に再び大きな意味を与えようとしている。

（31）ヘーベルレ自身、「歴史のなかで『遅れ』、そして『破壊され』、さらに今日（一九八七年——引用者）に至るまで『傷つけられて』いる」ドイツにとって、記念碑や記念日の問題は「センシティブ」であることを認めている。Häberle (Anm. 16), S. 32f.

(32)　周知の通り、この問題は特にアメリカ合衆国で争われてきた。*See* Texas v. Johnson , 491 U.S. 397 (1989); U.S. v. Eichman, 496 U.S. 310 (1990). 前者の判決において、国旗焼却を罰する法律を合憲と主張するレーンキスト反対意見は、国旗のアメリカ社会における「特異な地位」を独立革命以来の様々な時代のエピソードによって印象づけるという、判決としては破格の書き出しをした上で、「国旗は思想の市場のなかで承認を求めて争う単なる一つの『思想』や『視点』なのではない。数えきれないほど多くのアメリカ人は、自分たちが持っている社会的、政治的、哲学的信念とは関係なく、それをほとんど神秘的な畏敬の念をもって見つめてきた」と述べて自らの主張を理由づけている。491 U.S. 421, 429 (Rehnquist, C. J., dissenting). レーンキスト自身の国旗への感情をほとばしらせたかのようなこの文面は、象徴の持つ危険な力を如実に示している。

国旗・国歌法施行後の日本にとっても、この問題の重大性は増している。しかもアメリカとは違い、そもそも日の丸や君が代への畏敬の念を要求する人々も、そこに象徴されているのが「自由と平等」だとは考えていないであろう日本では、問題はより深刻である。

なお、渡辺前掲注（6）七一三頁―七一四頁は、拙論を的確に理解した上で、ヘーベルレの危険性評価が別様でありうることを示唆している。しかし、渡辺も強調するヘーベルレの「あれもこれも」戦術が成功するのは非常に幸運な立憲国家においてだけではないか。逆にいえば、彼は「類型」としての立憲国家が少なくともヨーロッパにおいては完全に定着したと考えているから、あれもこれもと欲張れるのではないか。立憲主義の定着に不安を持つ者は、このような「学問的楽観主義」Häberle (Anm. 21), S. VII にとどまることはできないだろう。

(33)　Peter Häberle, Monarchische Strukturen und Funktionen in europäischen Verfassungsstaaten, in: ders., *Europäische Rechtskultur* (1994), S. 365, 377ff. 一方イーゼンゼーは、前節でも述べたように「王冠は、国家理念および国家伝統の象徴として、客観的統合力を授ける」と明確にその特別の力を認めている。Josef Isensee, Republik—Sinnpotential eines Begriffs, *JZ* 1981, S. 1.

(34)　Häberle (Anm. 21), S. 1091-1096.

(35) ヘーベルレのいう開かれた憲法解釈が国民と国家機関とを区別していないこと、憲法の実質化・民主的意思形成の余地の縮小を導くことへのインゲボルク・マウスの批判の紹介として、毛利透「主権の復権?」筑波法政一八号(その一)三五五頁、三六三—三六六頁(一九九五)参照。

四　合理的政治文化による国家

1　ハーバーマスの憲法パトリオティズム

歴史家論争においてユルゲン・ハーバーマスは、アウシュヴィッツを経たドイツにおいては、「慣習的にすなわち全員一致的かつ前反省的に共有されたアイデンティティのいかなる形態」も許されない、「宗教の代用としての歴史意識」はそのナチスとの「共犯」関係によって「有罪が証明された」、と述べた。その上で彼は、「我々の西側の結びつきの唯一の信頼できる基礎」として「憲法パトリオティズム」を挙げる。確かに共同体の歴史解釈を批判的におこなうためには「広範に効力をもつ歴史解釈の多元主義」が必要であり、それは「開かれた社会の構造」を前提にするといえるだろう。(1) しかし、これまでの検討から明らかなように、だからといって立憲国家が普遍的な価値のみによって基礎づけられるということにはならない。論争当時のドイツ歴史学会会長クリスチャン・マイヤーは、ナチスとの断絶という西ドイツ創設の理念を堅持すべきことを主張しながらも、「それで十分なのか」と問う。「何よりもまず特定の普遍的原理の上に築かれた連邦共和国であり、偶然にドイツでもあるというだけで、我々にとって十分でありうるのか」(2)。むろん、十分ではないという意思表示が「ドイツ人のアイデンティティ」を求める動きとして噴出したのであった。

この点につきハーバーマスは、「例えばあらゆる種類の国民史的なアイデンティティ形成を……全く放棄するのか」「ラディカルに脱中心化された生活連関というそのような前提のもとで、自己主張や自己確認という現実の必要がどのように償われうるのか」との質問に答え、次のように述べる。「ある個人、グループ、国民、あるいは地域のアイデンティティは常にある具体的なもの、ある特殊なものである」。「同一の普遍的内容も、それぞれ固有の歴史的生活連関から習得されなければならないし、固有の文化的生活形態のなかで定着させられなければならない」。「普遍的原理がこのように根づくためには、常にある特定のアイデンティティを必要とする」(3)。

しかし、ハーバーマスは前述の通りドイツにおいては憲法パトリオティズムのみが許されていると強調していたし、さらに「アウシュヴィッツは時代全体を示す表徴となった」とも述べている。あの悲劇が人間の手によって起こりえた以上、「疑問視されないまま伝承されているもの」に権威を与えるナイーブさはもはや持ちえない。「アウシュヴィッツは歴史的な生活連関の連続性を保つための諸条件を一変させた。――そしてこれはドイツには限られない」。彼はこのことを近代国民国家のナショナリズムの内に潜んでいた緊張からも説明する。つまり、「一方での法治国家と民主政という普遍主義的な価値指向と、他方での国民が自己を外部から区別する個別主義との間の緊張」である。この緊張は近代国民国家成立以後なんとか均衡がとられてきたのだが、ヒトラーやムッソリーニによって前者を完全に落としたナショナリズムが成立してしまった。それが本当に起こり、そしてその結果が明らかになったとき、各国民にとって自らの個別性・連続性へのナイーブな信頼は維持しえなくなったのである(4)。

だとすれば、今日の世界において、憲法の普遍的原理はハーバーマスにとってまさに普遍的に受け入れられるべき価値と考えられていることになる。したがって、彼もやはり立憲国家体制をとるかとらないかをそれぞれの国民に委ねて放っておくことはできない。様々の歴史的・文化的アイデンティティを持った国家において共通に憲法パトリオティズムが可能であることを示す必要に迫られる。ヘーベルレはここから感情的なものを含む国民の統合へと向かった。だが、ハーバーマスは国民史への徹底的な反省を要求することから当然見て取れるように、あくまでも憲法上の価値そのものを問題にする。彼ははじめ、次のように述べていた。「憲法パトリオティズムは、文化と国家の政治が、古いタイプの国民国家と比べて、互いにより強く分離して初めて成立する」。「そこでは、固有の生活形態や伝承への自己同一化の上に、より抽象的になった、もはや具体的な国民全体とではなく抽象的な手続きや原理と結びつくパトリオティズムが重なっている(5)」。ここからは、彼が文化と政治とを切り離し、文化の面での固有のアイデンティティと政治の面での普遍的価値への愛着とを両立させようとする戦略をとっているように思われる。いわば、近代国民国家の緊張をはらんだ二つの要素のうち、人権と民主政という普遍的価値指向のみを政治の領域に残し、後を脱政治化しようというのである。彼は後に、これを政治文化とその他の文化の区別として語ることになる。

2　ナツィオン概念の区分論

彼の概念整理に大きな役割を果たしたのは、M・ライナー・レプジウスが述べたナツィオン概念の区別の必要性であった。レプジウスは次のように述べる。ナツィオンは国家と結びつく（国民国家）ことによって、他の集団に対して特殊な地位に立つことになった。そして、「ナツィオンの規定のための基準によって、国境確定と国内秩序の種類にとっての政治的帰結が生み出される(6)」。それゆえ、多義的に用いられてきたその概念を分析する必要は大きい。彼は、ナツィオンを類型論的に四つに分ける。民族ナツィオン、文化ナツィオン、階級ナツィオン（東ドイツが自らのアイデンティティのために造りだしたもの）、そして国家市民ナツィオンである。

特にドイツでは文化的特性とも結びついた民族ナツィオン（本章がこれまでナツィオンと呼んできたものはこれに当たる）が政治上歴史的に大きな役割を果たしてきた。この概念は「自然法的、前政治的」に自らを正当化し、ドイツの領土拡大要求や国内での少数民族差別の根拠となってきた。そして、この観念は「個人に対しより優位な前政治的本質」としての「民族の集団性の価値」を掲げるから、憲法には無関心であり、むしろ民族の利益の名によって自由・民主政を制限する理由となりうる。この極端な例がナチスであったことはいうまでもない(7)。他方、「国家市民ナツィオンは、個人的な国家市民の平等な権利と国家市民による支配の民主的正当化手続きによって、自らを構成する」。いわば、政治的、意識的につくりだされるナツィオンである。国境は憲法の妥当範囲によって決められる。国内秩序でももちろん憲法が重視される。「存在しうる民族的、文化的少数派との関係も、民族的な団結の禁止や文化的な強制同化なしに、国家市民の権利の平等によって規制可能になる」。この概念はドイツでは戦後連邦共和国で初めて国家の正当化として使われるようになった(8)。

また彼は、前政治的なナツィオン観念を„Ethnos"と、「ある政治秩序への自らの結合によって」つくられる国家市民ナツィオンを„Demos"と呼んだ論文において、平等な政治的、法的な国家市民の地位に„Ethnos"が影響を与えると、その平等が損なわれ、少数派への抑圧や同化強制が生じてしまうと述べる。しかも、„Ethnos"は自然、歴史に自らの根拠を求めるように見えながら、実は時代時代によって操作的に再解釈されうる。「操作的に構成された„Ethnos"は、„Demos"の憲法に内容的効力を持ってはならない」。ナチスを経て、西ドイツは国家市民ナツィオンの概念と結びついた。「国家市民ナツィオンの『憲法パトリオティズム』が連邦共和国との十分な同一化を提供した」。「„Demos"の政治的憲法は、民族の特殊な『運命』には決して還元されえない自らの価値決定である」。「ドイツ人のアイデンティティ」を求める動きはこの西ドイツの政治的基礎を隠す危険を持つ。また、この区別は、西欧が民族的多元性を保持したまま統合されることの「前提」でもある、とする(9)。

レプジウスは歴史家論争にこの両概念の相剋を見ているが(10)、ハーバーマスが自らの理論をレプジウスの分類によって整理しようとするのは、すでにドイツに大変革が訪れたときであった。そしてこれ以後、ハーバーマスは統一ドイツという国家が何に基礎づけられるべきかを強力に論じはじめるのである。それは、彼のドイツに対する危機意識の高まりと連動している。「国家市民の愛他心はコストなしで持てるという経済市民的前提は、安定した時代にしか通用しない。不安定な時代には、西ドイツ市民がこの四十年間に実際に身につけたメンタリティはどうなるだろうか」(11)。彼は、ドイツ統一に国民投票を要求したが、それは、「国家統一のプロセスを、国家市民ナツィオンを構築するという明確な政治的意識のもとで遂行するという歴史的瞬間を逃」さないためであった。いわば国家統一によってナツィオンを作り上げようとしたのである。統一によって前政治的ナツィオン概念への依拠がより簡単になるからこそ、これは必要な規範的要請であった。「第一義的に共和主義的、憲法パトリオティズム的な自己理解に基づかないような国民的アイデンティティは、平等な権利を持って共存する諸生活形態の共生に関する普遍的規則と衝突する」(12)。

3　政治文化とその他の文化の区別

しかし、ハーバーマス自身認めていたように、国民国家の成立は普遍主義的原理と国民の他からの個別主義との結びつきから生じていた。フランス国民国家の成立が多様な地域文化のマージナル化、「フランス」文化の強制を伴ったことは周知である。今日、確かに多元的な文化の共存のためには、国家は政治的、意識的に作られたナツィオンから構成されなければならないのかもしれないが、そんな一体性がはたして可能なのだろうか。可能になったとしたらそれはいかなる歴史的条件によるのか。

彼は、確かにフランスを模範とした国民国家の民主政は「文化的、民族的同質性」に基づいていたことを認めるが、しかし近代国家において「主権の担い手としてのナツィオン」という観念も成立したことに注目する。一九世紀末には、民族や文化をメルクマールとはせず、「民主的な参加、コミュニケーション権を積極的に行使するという市民の実践」のなかにアイデンティティを持つ国家市民ナツィオンの概念が大きな力を持つに至った、という(13)。しかしながら、そのようなアイデンティティを持てるのは各市民が「第一人称複数の参加者の視点」から、「相互承認の平等な関係のネット」に入ることによってであるとしたら、そしてそのような「公共の福祉を指向する市民の動機と心情」は民主的法治国においては「法的に強制されえない」のだとしたら、やはりそれは前政治的拠り所なしで可能なのかという疑問は消えない。だがハーバーマスは次のようにいう。そこから導かれるのは「民主的法治国の普遍主義的原理は何らかの政治文化的定着を必要とする」という命題だけであって、「憲法原理が根をおろしうる政治文化は、全ての国家市民に共通な民族的、言語的、文化的由来に支えられる必要は決してない。自由な政治文化は憲法パトリオティズムという共通の分母のみをつくり、それは同時に多元的文化を持つ社会の様々な共存する生活形態の多様性と不可侵性への感覚を研ぎすます(14)」。

では、彼のいう政治文化とはどのような特徴を持つものなのだろうか。それがいかに普遍的な内容であるといっても、全く個別性を持たないのであれば個々の国家を支える基礎となることは困難であるように思われる。この点についてハーバーマスは、憲法原理の解釈という視点を使って個別立憲国家の普遍性と特殊性とを架橋する試みをおこなっている。「共通の政治文化は、各国民が歴史的経験連関の視点からおこない、その限りで倫理的に（普遍的正義と区別される良き生の問題に関して、の意味――引用者）中立ではありえない、憲法原理の解釈に根ざしている。……しかし、争われるのは常に同一の基本権や原理の最もよい解釈をめぐってである。この基本権や原理は全ての憲法パトリオティズムの確かな基準点となり、それが法共同体の歴史的文脈のなかに権利システムをすえるのである」。「自由で平等な者たちのアソシエーションの構築という、ダイナミックに理解されたプロジェクト」のためには市民の積極的動機づけが必要であり、「それゆえ、国家市民がそのなかで共同体構成員として自らを再発見する共通の政治文化もまた、倫理に浸透されているのである」。いわば、特定共同体の立憲的な憲法伝統というべきものは、市民の公共での議論を促すものとして、むしろ肯定的にとらえられている。もちろん「憲法パトリオティズムの倫理的内容は、政治より下のレベルで倫理的に統合されている諸共同体に対して法秩序の中立性を損なってはいけない」のであり、国家と文化的生活形態との統合レベルの相違は保持されなければならない。国家はもはや実体的価値の優劣を定めることはできず、市民の政治的統合は「手続的コンセンサス」が「それぞれ歴史的に定められた政治文化の文脈の中に、いわば憲法パトリオティズム的に埋め込まれる」ことによって維持されることになる。ただし、このコンセンサスも変化を免れたものではない。様々な文化的背景からの憲法原理の解釈議論への参加は、その伝統も徐々に変化させうるし、また、まさにこの開放性が個別立憲国家のアイデンティティの正当性を保障する。(15)

こうしてハーバーマスは、政治文化とその他の文化を切り離し、多元的文化に重なって存在しうる共通の自由な政治文化に立憲国家の基礎を置こうとする。(16) 政治文化は普遍的憲法原理を基礎にするが、市民の議論によって国家ごとに解釈的展開がなされうるものであり、その意味でやはり「文化」として国家の基盤となりうる。したがって、イーゼンゼーがハーバーマスの憲法パトリオティズムを純粋理念への愛着要求だと批判するのは、早急であった。彼が西ドイツ市民のメンタリティを云々したのは、そこで国家は政治文化に基づくという意識がある程度育っていたからであり、今後もその自由な政治文化を一層広げ統一ドイツの確かな基礎としなければならないからであった。

このようなハーバーマスの主張は、東欧革命以後特に深刻化した難民問題で最もはっきりとあらわされた。つまり、文化・生活形態の差異が国家の市民となることの正当な拒否理由となるのかという問題について彼は次のように述べた。「政治的共同体のアイデンティティ……は第一義的に政治文化のなかに定着した法原理に依存しているのであって、特定の民族文化的生活形態全体に依存しているのではない。したがって、移民には新しい故郷の政治文化に進んで加入することだけが期待されるべきで、元来の文化的生活形態を捨てる必要はない」。(17) したがって逆に、統一ドイツにおいて民族的、文化的相違から流入する外国人への敵対視が強まることは、国家市民ナツィオンに基づく国家という西ドイツで育っていたメンタリティが崩れつつあることも意味する。ハーバーマスは、統一後急速に高まった移民排斥の動きを、保守政権が民族意識によって統一を強引に進め、「国家市民からなるナツィオンの意識的意思を避けた」ことのつけであると理解したのである。「右翼テロに対する反応を見ると……道徳的・政治的荒廃がいかに進んでいるかその規模がよくわかる」[(18)]。「メンタリティの断絶が始まっているのではなかろうか」。彼は同様の理由から、基本法の庇護権規定の改正にも反対した。現実社会の多文化化は否定できない事実であり、それに対しては同質的ナツィオン幻想へと逃避するのではなく、「ナツィオンとしての自己理解の痛みを伴う転換」こそが必要なのである[(19)]。

こうして今日において、政治的共同体の正統性はこのような抽象的レベルで打ち立てられるしかない。「民主的プロセスが同時に、常にどんどん分化していく社会の社会的統合の欠損保証を引き受ける。文化的・世界観的に多元化した社会においては、この負担は、政治的意思形成と公共のコミュニケーションのレベルから、同質的と憶測された民族の見かけだけ自然発生的な基盤へと移動させられてはならない」。「同じときに同じテーマについて同じ関連性をもって」参加しうるという「コミュニケーションによって、国民国家は新たな連帯的連関を結び合わせた」[(20)]。イーゼンゼーは、憲法パトリオティズムが不可能な理由を、憲法解釈をめぐるディセンサスが不可避的に発生することに見出していた。しかし、ハーバーマスにとっては、まさにそのような論争によってこそ、国家市民としての集団的アイデンティティは形成されうるのである。自己理解をめぐる公共の議論は「第一に市民のメンタリティの転換を目的とし、そこから自由な政治文化が生まれてきうる」[(21)]。

4　グローバル化の挑戦

しかし、ハーバーマスによれば、このコミュニケーションによる連帯には、さらに新たな挑戦も突きつけられている。それは、経済のグローバル化、つまりはシステム分化の一層の進展を政治的コミュニケーションでコントロールすることができるかであり、これに対して彼はヨーロッパ統合による対処を主張する。その際にも、ナツィオン概念の歴史的二重性が留意される。「官憲的に定義されたVolkから自覚的な国家市民から成るナツィオン」への変革をおこなうにも、確かに「国民主権や人権よりも心根（Herz und Gemüt）に訴える、心情を形成する力を持った理念」が必要であった。「この穴をナツィオンの理念が埋めた」。共通の出自や言語・歴史をもつという自覚が、自主的な共同体形成を可能にしたのであるが、それにより「同時に、民主的な国家市民の地位という装置によって、社会統合の新しい、抽象的なレベル」も構築されたのである。両者は歴史的に結びついて発生した。「しかし、共和主義とナショナリズムの結びつきは、危険なアンビバレンスも生み出した」。もちろんナチスをも含む血ぬられたヨーロッパ史を概観した後、彼は次のように結論する。「この歴史から我々が導ける教訓は明らかである。国民国家は、かつて推進力として作用したアンビバレントな力を払い落とさねばならない」。では、その結果残される憲法パトリオティズムで国家統合が確保できるのか。彼はここで、現状批判的に、さらに一歩を進める。「多文化社会がまだかなり認められる政治文化によって束ねられうるのは、民主政がリベラルな自由権や政治的参加権という形態だけではなく、社会的・文化的参与権（Teilhaberechte）の日常的享受によってもあらわされる場合だけではないか。市民は、自らの権利の使用価値を社会保障や様々の文化的生活形態の相互的承認という形で経験することができなければならない」。

だが「このシェーマは、国家の政治がその都度の『国民経済』にまだ影響を及ぼしうる」という状況でしか妥当しない。今日この条件が失われつつあり、それとともに国の経済政策の余地は狭まっている。それは結局、国民の政治的参加権の意義にも疑問をもたらすことになる。民主的議論を経たところで、国のとりうる政策が結局グローバルな経済システムの要求に合わせた福祉の切り下げ競争しかないのだとすれば、経済的貧困層にとってその意味は大きく減少し、それとともに「手続や制度の正当性を掘り崩す」ことになる。「この悲観的なシナリオ」の現実化を防ぐためには、市場の拡大に政治的単位の拡大を対応させることが必要である。それゆえに、「民主的意思形成プロセスと接続した」ヨーロッパ統合が必要になる(22)。

ハーバーマスは「構成国の国民としてのアイデンティティを均質化してしまう」べきではないとするが、ヨーロッパVolkが存在しないから、その政治的統合は不可能だ、などとも主張しない。「国民的多様性のなかにおける一体性」が可能であると考えるのである。「国家市民ナツィオン」としての自己理解は国家の枠を超え出る可能性を持っているはずである。「集団的アイデンティティのこの形式が、地域的・王朝的な意識から国民的・民主的意識への実り多い抽象化の進展に基づくのだとしたら、この学習プロセスがどうしてさらに発展しえないというのだろうか」。二度の世界大戦も含む共通の経験を持つヨーロッパからは、「政治文化的共属性の意識」が生じる条件が十分あり、政治的連帯の有意味性を維持するためにも、それに支えられた「ヨーロッパ規模の政治的公共」という形での政治的統合がはかられるべきなのである。EUにおける民主政の欠如が制度改革によっても補正できないというのは、集団的アイデンティティを所与の実体に求めようとするからである。そうではなく「民主政のコミュニケーション理論的理解」によれば、政治文化的条件はかなりあるのだから、むしろ「ヨーロッパ憲法によって創られる政治制度が誘導的効果をもつことが期待できる」。ヨーロッパ規模の政治的な決定が、それの正当化に必要な——ヨーロッパ政党なども含む——同規模のコミュニケーション連関を育成することを望みうると彼は考えるのである(23)。

ここでも彼の主張は、イーゼンゼーときれいに対照的である。イーゼンゼーはナツィオンの基盤を持たないヨーロッパでは政治的に重要な決定は不可能であるから、それは経済運営に純化すべきであるとされた。これに対してハーバーマスは、まさに経済（無）政策が政治的連帯に対してもたらす悪影響を憂慮するがゆえに、ヨーロッパの政治的統合が必要であり、また可能でもあると考える。経済のグローバル化の時代に「自覚したナツィオン」への訴えで連帯弱体化を補償しようする試みは、倒錯している。[24] むしろ、より拡大された範囲で共通の政治文化を持った共同体を構築していくべきだということになる。もちろんこの背後には、イーゼンゼーと違い、理性的な政治的連帯形成が可能であるという理解がある。

5　論ずるべき課題の提示

国民のアイデンティティが、伝統のそのままの受容ではなく、あえて憲法原理からの反省を加えての受容、批判的議論を経た上での受容にのみ基づくべきだというのは、ハーバーマス自らが前政治的ナツィオン意識の国民国家形成に果たした役割を認めていることからもわかるように、きわめて「要求の大きい」(anspruchsvoll) ものである。しかし既述の通り、「自由な国家」において国民統合が感覚的・無自覚的におこなわれることを要求するのには重大な危険が伴う。立憲主義を一定程度定着させてきた国家においては、憲法パトリオティズムにアイデンティティを求めることも可能であろうし、また望ましいことといえるのではないか。これはつまり、多様な諸個人が自由に共生していることの意味を問い続け、そこから共に自覚的に国家を支え、変革していこうとすることに他ならない。その意味で、これは「共和主義」と呼ぶに値する。しかし、第二章で述べるように、彼は厳密な民主政論においては、市民に強い同質性を想定する強い概念を「共和主義」と呼び、自説をそれから区別していることには留意が必要である。この区別がもつ意味が本書全体にとっても重要であることは、後述の諸章からも読み取っていただけるであろう。

このハーバーマスの共和主義に対する根本的疑問として、政治文化をその他の文化から分離するということが本当に可能なのか、ということがあろう。彼によれば「ドイツ人であるという状況は、故郷と憲法に、感情的でもあり合理主義者でもあるというように二つのレベルのコミットメントに、分けられるべきである。しかし、ハーバーマスの『生活形態』の感情的把握は、そんな道具的役割にとどまっていられるだろうか」[25]。しかも彼は、政治文化に非同調者排除の効果を認めているから、この問題はより深刻化する。「自己決定の民主的権利は、国家市民の権利への具体的コンテクストを構築している固有の政治文化を守る権利を……含む」[26]。「このような意味での法治国家への統合は、ファンダメンタリズム的な傾向を持った文化が移住してくることを認めることができない」[27]。つまり、公共の議論への参加自体を拒否するものは、国家が加入を拒めるというのである。しかし、だとしたら多数者の生活形態と衝突する者が、政治文化に同調しようとしないと言い立てられて排除される危険が存在することになろう。彼のヨーロッパ中心主義を非難することはたやすい。

とはいえ、排除の存在しない政治的共同体はない。逆にいえば、強制力を持つ世界政府を下から民主的にコントロールし正当化するのは、コミュニケーションを成り立たせる最低限の共通性もない以上、不可能である。道徳的普遍主義は、まさに組織化されないところにその強みがあり、逆に法的に統治される民主的共同体は、特定の集団的アイデンティティで支えられる必要がある。憲法パトリオティズムは、この集団的アイデンティティが「民主的立憲国家の普遍的原理」[28]に沿うことを求めることにより、最大限の多様な人々の共存を可能にしようとする試みだということができる。それは、所与の実体・感覚的自明性に寄りかかる意識とは違い、常に「自己批判と自己超越」によって「自分を越えるものはありえないと自己満足」しないことにより、過度の排除の危険を防ごうとするのである[29]。

前政治的所与としてのナツィオンなのか、多様な文化の象徴による統合なのか、それとも公共の論争から生まれてくる国家市民ナツィオンとしてのメンタリティ（ハーバーマスのいう憲法パトリオティズム）なのか。この問題は論者の人間観とも関わる一刀両断な解決の困難な問題である。にもかかわらずこのような論争が本格的におこなわれたことの背景には、既述の旧西ドイツの特殊な地位があった。「こしらえもの」としての国家に住むという意識が、積極的にせよ反発によってにせよ、憲法パトリオティズムなる主張の現実性を支えていた面は否定できない。この意味では、統一ドイツでこの問題が今後どのように論じられていくのか――それは民族・文化において多元化を進めているドイツの自己理解にかかわる――は興味をひくところである。

他方、同じ敗戦国として再出発した日本は、確かに幸福にも暫定国家でも分裂国家でもなかった。だが、まさにそれゆえ、「日本国」の存立の基礎を問うという問題意識の社会への広まりは、ドイツに比べれば少ないままだったといえないだろうか。その日本で憲法パトリオティズムを説くことは、まことに「批判理論としての性格を強く持たざるをえない」[30]。しかし、もはや日本も多文化化や経済のグローバル化を避けることはできない。最近の保守的論調の増大は、この状況への反応でもあろう。逆に、そのなかで自由な国家であり続けることもまた、自覚的な試み以外ではありえなくなる。結局その成否は、国民が自らの自由を行使して国家の形態・進路を定めていくことが持続的に可能であるかにかかってくるのではないか。「憲法原理のラディカルな内容は、そのうち国家の諸制度にすでに実際に具現化されたものを、常に超え出てもいく」[31]。その可能性を塞ぐような議論に対しては、憲法パトリオティズムの主張は、ハーバーマス同様厳しい批判を向けなければならない。「アトム的個人を超え、諸個人の自立と自律にもとづく res publica を構築できるかどうか」という「きわどい文明のあり方」[32]が試されることになろう。

ところで、この共和主義は、その存立の条件を所与の実体ではなく、現実の民主的意思形成過程のダイナミズムに求めることになる。それゆえ、現実の政治過程がうまく機能しているかどうかが、国民統合にとっても大きな問題として浮上する。現実の政治過程への批判的視点をナツィオン神話によって隠蔽しないという点にも、この思想の優位性が表されることになるが、他方でこの「民主的意思形成の機能的要請」も「要求の大きい」(anspruchsvoll)[33]ものである。それへの現在における挑戦として、ハーバーマスは既述のとおり経済システムの国家の枠組みからの離脱を挙げていたが、国家政治の枠内においてもその要求の充足可能性への疑問が差し挟まれうるであろう。彼は、政治的参加権が連帯を媒介できるにはその使用価値が守られていなければならないという。しかし他方、彼は「今日では多くの市民にとって、政治的参加権はただ、非公式な、全体を組織化することはできない、むしろ自由で平等な政治文化によって担われている公共のコミュニケーションの循環への統合とそこへの影響力行使の意味で行使しうるのみである」ことを認めている。しかし実は、彼はこの状況を否定的に評価しているわけではない。決定をおこなう国家機関がそのような政治的公共に開放されており、この二つの段階の「共同作業」がうまくいっている限り、国家市民は積極的に自らを構成しうるというのが彼の結論である。[34]とはいえ、一般国民は政治的自由を行使することはできるが、それが国家の進路に実際に影響を与える可能性は極めて小さい。実際の政治は「政治システム」の分化によって、機能的に運営されているのではないか。彼はドイツ統一や庇護権規定の改正が政府や政党首脳のレベルで——党利党略もからめて——強引に進められ、あるいは情報操作され、公共での議論を十分経なかったことが「政治的公共での無力感を引き起こしている」ことを認めている。[35]この「政治システム」の市民的公共からの分化現象は、政治的参加権の意義を直接に疑問に付す問題であるだけに、彼の理論にとって根源的な意味をもつはずである。この問題への対処が、次章以下の主たる課題となる。

第一章第四節の注

（1）Jürgen Habermas, *Eine Art Schadensabwicklung*（1987）, S.133ff.

（2）Christian Meier, *40 Jahre nach Auschwitz*（1987）, S.87.

（3）Jürgen Habermas, *Die nachholende Revolution*（1990）, S.151ff.〔ユルゲン・ハーバマス（三島憲一他訳）『遅

れぱせの革命』二一九頁以下（一九九二）」。

（4）Habermas（Anm.1）, S.163ff.〔ユルゲン・ハーバーマス（西川珠代訳）「歴史意識とポスト・伝統的アイデンティティ」河上倫逸編『ゲルマニスティクの最前線』二二五頁、二三〇頁以下（一九九三）〕。

（5）*Ebd.*, S.173.〔二四〇頁〕。

（6）M.Rainer Lepsius, Nation und Nationalismus in Deutschland, in: ders., *Interessen,Ideen und Institutionen* (1990),S.232, 234.

（7）*Ebd.*, S.235ff.

（8）*Ebd.*, S.242ff.

（9）M. Rainer Lepsius, „Ethnos" oder „Demos", in: ders., *Interessen, Ideen, Institutionen*（1990）, S.247, 249ff.

（10）*Ebd.*, S.252.

（11）Habermas（Anm.3）, S.215.〔七〇頁〕。〈再統一は、「連邦共和国がこれまで免れてきた自己同一化の分裂を引き起こすかもしれない」。「私には、もちろん西ドイツに過去を持つメンタリティの未来が何よりも問題である」。*Ebd.*, S.162, 165.〔一三八頁、一四五頁〕〉。

（12）*Ebd.*, S.217. 七五頁。

（13）Jürgen Habermas, *Faktizität und Geltung*（1992）, S.634ff.

（14）*Ebd.*, S.641ff.

（15）Jürgen Habermas, Kampf um Anerkennung im demokratischen Rechtsstaat, in: ders., *Die Einbeziehung des Anderen*（1996）, S.237, 262-268. 憲法パトリオティズムを「蓄積された具体的な範例・個別的な実例を通じて普遍的価値・理念に定位しようとするもの」ととらえようとする高田篤「戦後ドイツの憲法観と日本におけるドイツ憲法研究」樋口陽一編『講座憲法学・別巻』四一頁、六〇―六一頁（一九九五）も参照。そこでの本章の元になった拙論への批判的言及について簡単にコメントしておくと、拙論も高田と同趣旨のつもりであったが、確かにイーゼンゼーやへーベルレとの対照に力点をおくあまり「イデアル・ポリティーク」的叙述が強調された面は否めない。その点に注意して、本書第一章への収録に際し少々改稿をおこなった。

（16） Amy Gutmann, Preface（1994）, in Charles Taylor et al., *Multiculturalism* ix, x（1994）もこのことを簡潔に指摘する。なお、このハーバーマスの構想は、ジョン・ロールズの「重なり合う合意」理論に類似している。ハーバーマスは、ロールズの理論が「政治的」リベラリズムとなることによって、この「重なり合う合意」の規範的正当化がなされなくなることを批判している。Jürgen Habermas, Versöhnung durch öffentlichen Vernunftgebrauch, in: ders., *Die Einbeziehung des Anderen*（1996）, S.65, 81. しかし、ハーバーマスの「自由な政治文化」も包括的世界観の「reasonable な多元主義」を前提とするものであろう。両者の類似性を指摘する論文として、*see* Thomas McCarthy, Legitimacy and Diversity, *Rechtstheorie* 27(1996), S.329, 342-361.

（17） Habermas（Anm.13）, S.658f. なお、Jürgen Habermas, Die Festung Europa und das neue Deutschland, *Die Zeit*, 28.Mai 1993, S.3〔ユルゲン・ハーバマス（三島憲一訳）「ヨーロッパ要塞と新しいドイツ」思想八三二号五頁（一九九三）〕にはこの点を簡潔にまとめた叙述がみられる。

（18） Jürgen Habermas, Die zweite Lebenslüge der Bundesrepublik: Wir sind wieder „normal" geworden, *Die Zeit*, 11.Dez. 1992, S.48.〔ユルゲン・ハーバマス（三島憲一訳）「ドイツはノーマルな国民国家になったのか」思想八三二号二〇頁（一九九三）〕。移民問題をめぐる当時のドイツの状況については、三島憲一「混交するポリティクス」へるめす四二号一四頁（一九九三）を、さらに一九九〇年代半ばのドイツと日本の「知的風土」についての優れた分析として、三島憲一『文化とレイシズム』（一九九六）も参照。

（19） Habermas（Anm.15）, S.271-276. この「近代の挑戦」が現にグローバル化している以上、「アジア的価値」による統合への批判もまた必然なのであり、ヨーロッパ文化の押しつけなのではないということになる。Vgl. Jürgen Habermas, *Die postnationale Konstellation*（1998）, S.177-183.

（20） Jürgen Habermas, *Die Normalität einer Berliner Republik*（1995）, S.181-183.

（21）Jürgen Habermas, Bemerkungen zu einer verworrenen Diskussion, *Die Zeit*, 3.April 1992, S.82, 84.〔ユルゲン・ハーバマス（三島憲一訳）「今日における『過去の消化』とはなにか?」思想八二二号四頁、一五頁（一九九二）〕。

（22）Ders., Der europäische Nationalstaat, in: ders., *Die Einbeziehung des Anderen*（1996）, S.128, 136-150. このようなハーバーマスの理論からして、彼が国家と社会との区別を認めている（本書第二章参照）ことから、それが政治の社会現実からの遊離を招くものであり、憲法パトリオティズムはその穴埋めのための装置だと結論するリーツマンの主張は的外れだといえよう。Vgl. Hans Lietsmann, „Verfassungspatriotismus" und „Civil Society". Eine Grundlage für Politik in Deutschland?, in: Rüdiger Voigt（Hrsg.）, *Abschied vom Staat — Rückkehr zum Staat?*（1993）, S.205, 211-214.

（23）Jürgen Habermas, Inklusion—Einbeziehen oder Einschließen?, in: ders., *Die Einbeziehung des Anderen*（1996）, S.154, 182-184（実際には国境がどこに引かれるかは「歴史的偶然」によるのであり、それを「偽造された実体性のオーラ」で包むべきではない。Vgl. *Ebd.*, S.168）; ders., Braucht Europa eine Verfassung?, in: *Ebd.*, S.185; ders., *Die postnationale*……（Anm.19）, S.149-156. 同様の視点から、イーゼンゼーを批判しつつヨーロッパ憲法の可能性を認める論稿として、vgl. Erhard Denninger, Menschenrechte und Staatsaufgaben, in: *JZ* 1996, S.585. ヨーロッパ統合を類似した視点から理解しようとする論稿として、樋口陽一「Nation なき国家?」北村一郎編『現代ヨーロッパ法の展望』四三頁（一九九八）も参照。なお、そこでの公権力そのものの後退への懐疑は、現在のハーバーマスも共有している。「例えば、金銭ではなく、権力のみが民主化されうる」。Habermas, *Die postnationale*……（Anm.19）, S.119f.

（24）Ders.（Anm.20）, S.187; ders., *Braucht Europa*……（Anm.23）, S.187.

（25）Charles S. Maier, *The Unmasterable Past* 153（1988）.

（26）Habermas（Anm.13）, S.659.

（27）Ders., *Die Festung Europa* ……（Anm.17）〔六頁〕。Vgl. ders.（Anm.15）, S.268. ハーバーマスは別の哲学論文でも、生活形態はそれぞれのアイデンティティを持ち、そのことと生活世界の合理化とは両立するといいながらも、「生活の仕方の内容は普遍的な視点のもとでは決して正当化されえない。それはまた、生活世界の合理化が当事者を必ずしも――むしろ通常の場合――より幸福にはしないことの理由でもある」と述べる。Jürgen Habermas, Was macht eine Lebensform rational?, in: ders., *Erläuterungen zur Diskursethik*（1991）, S.31, 48. 普遍的な観点から自らの生活形態を反省できない者にとっては、公共の論争は苦痛でしかない。

（28）Vgl. ders., *Die postnationale*……（Anm.19）, S.158-165.

（29）Vgl. ders.（Anm.3）, S.166. 二四六―二四七頁。中野敏男『近代法システムと批判』二五一―二五二頁（一九九三）はまさにこのハーバーマスにひそむ排除の構造を指摘するが、中野自身「『主権国家』と『実定法システム』という枠組み」を捨てようというわけではない。そして本文でも述べたように、彼がそれらの背景をなすべきものとして導入する普遍性を持った道徳的コミュニケーションの意義（二六一―二六三頁）は、ハーバーマスも認めている。憲法パトリオティズムは、この普遍的道徳を前提にした上で、個別の国家を支えるためのより強い共同性を、「批判的コミュニケーションの可能性の最大射程」を維持しながら確保するための理念であるといえる。

（30）樋口陽一『転換期の憲法？』三三―三四頁（一九九六）。

（31）Habermas（Anm.1）, S.19.

（32）樋口陽一『近代国民国家の憲法構造』九〇頁（一九九四）。

（33）Ders., *Braucht Europa*……（Anm.23）, S.190f.

（34）Ders.（Anm.13）, S.647ff.

（35）Ders.（Anm.15）, S.275.

第二章　熟議の民主政を求めて
――システムと複数性との間で

一　機能的に分化したシステムとしての民主政
――ニクラス・ルーマン

1　システム理論の挑戦

ハーバーマスとの共同研究を経て成立した教授資格論文において、ベルンハルト・ペータースは、今日の社会においてはコミュニケーションによる意識的社会化、問題処理の可能性は非常に限定されていると指摘する。何よりも、社会の複雑化に対して人々のコミュニケーション能力はあまりに稀少すぎる。今日の社会で法的・政治的に決定を求められている非常に多くの複雑な問題について、「『民衆（Demos）』全体が」コミュニケーションによって「根拠づけられた意見を形成しうる」とはとうてい想定できない。そのために必要な「時間と注目は、本質的に『稀少財』である」。したがって、「複雑性の縮減」によってこの負担を軽減するメカニズムの発生は必然的である。

だからこそ、近代がまた他方で、様々の機能システムが意識的社会統合から解放されて自己準拠的に動きだす時代としても把握されるのである。しかし、この承認は、現状のシステムの自立化を無反省に是認する結論を導くわけではないし、政治システムと市民社会の議論のつながりを否定するのは現実にも反する。むしろ、「意図的および非意図的社会化形式の複雑な絡み合いを示し、意識的規律の可能性と限界を議論する」ことが必要なのである。とりわけ、「西洋の自由民主主義的政治伝統においてはずっと、法と政治は……社会秩序を意識的かつ理性的に集団で作り上げる手段としても妥当してきた」のであるから、現代の民主政論がこの「絡み合い」の規範的かつ現実的なあり方を提示する必要性はとりわけ高いといえる。(1)

しかし、ペータースが「政治システム」というとき念頭に置く「システム理論家」ニクラス・ルーマンは、実はこのような必要性を全く感じていない。それは、彼がすでに「近代社会」のとらえ方という出発点からして、右記の「伝統」と決別しているからである。彼にとって近代化とは、端的にいって社会が「第一次的に階層的分化から機能的分化へと移行」することに他ならない。(2) 社会の進化の結果としてのシステム分化の方が近代の与件であり、個人を主体とし、諸主体（のコミュニケーション）によって社会を形成するという希望は、この社会変化に個人の価値喪失を防ぎつつ迂回的に対応するために生み出された（が必然的に失敗する）ゼマンティクであるとされる。(3) かつての階層分化社会においてこそ、人間は身分的にどこかの階層に完全に包含されることで社会参加を果たしていた。機能分化した社会においては、個人はどれかの部分システムにのみ帰属することはできない以上、それらからなる全体としての社会システムからも「排除」されているのである。そして、個人への高い評価は、まさにこのブラックボックス性による。「まさにこの排除は、主体の誇りではなかったのか」。(4) また、個人が社会から排除されているからこそ、「社会システムの分化が個人の様々な包含形式に基づくことができる」。(5) 社会の方がこの諸ブラックボックスの希望に沿ってつくられるというようなことは期待できない。この、主客を逆転する立論により、当然ながら、ルーマンはハーバーマスに対する原理的な反論提起者として登場することになる。では、彼は自立化した政治システムをいかに描きだしたのか。ハーバーマスのいう民主的意思形成の困難を知り、その理論的可能性を探る際に何を論じなければならないのかを知るためにも、この最も手ごわい論敵の主張を詳しく分析しておく必要がある。

2　近代における政治システムの分化

旧秩序においては身分の上下によって階層分化した社会はそれ自体として政治的であり（societas civilis）、身分的存在としてそのなかに包括されている個人も社会的＝政治的存在でありえた。個人が社会的に承認されるには、その身分に応じた倫理を守って行動することが必要であり、だからこそ「帝王学」は倫理の問題であった。これに対し、「階層の社会的ネットワークとそのなかで配分された暴力による、この強制的節制が欠落して初めて、特殊近代的な主権の問題が生じる」[6]。つまり、集団を拘束する決定をおこなう機能が政治システムとして分化し、しかしそれと同時に「拘束されない自己拘束力」というパラドックスが生じてしまう。ここから生じる恣意的支配の危険に対し、実定憲法という法システムとの結節点が脱パラドックス化のために使われる。「全ての政治的競争が内面化され、憲法に沿って規律されることによって、立憲国家自体が「『主権』国家」として排他的存在となる。「旧ヨーロッパの societas civilis 概念とは逆に、今や次のように言える。（立憲）国家なくして政治はない」[7]。『国家』は政治システムと法システムの構造的結びつけの担い手として現れた。――もちろん、実定法を政治的な形成の手段とし、同時に憲法律（Verfassungsrecht）を政治を規律する法的道具とするような憲法（Verfassung）を有しているという特別の条件の下でのみ」。この、憲法による法システムと政治システムの結びつけにより、テロや腐敗によっては不可能な双方の複雑性増大が可能となる。政治的決定に法形式が与えられてどんどん法として使えるようになり、他方、法を政治の実現のために使うことがどんどん可能になる[8]。ただし、法システムは政治的立法に依拠することになり、同時に政治的に可能なことを制約する。法改正は個別化されてなされねばならず、それには「時間とコンセンサス」がかかるからである（「法治国家」における権力分立）。

そして、法の実定化によるこのような多様性の増大と同時に進んだのが、政治の民主化であった。「法を変えるために政治を活発化する可能性が、社会のコミュニケーションにおいて常に再生産され、法自体がそれを議会立法による合法化によって正当化する」ゆえに、法の実定化と政治の民主化は相互に依存しながら進展していったのである。[9] さらに、この段階においてこそ、憲法上の人権保障が「可能な政治の普遍性」に対して重要となる。[10]

また、政治システムは、「決定前提と決定が政治的な持続的問題化から免れ、それを法的な所与として行動することができる」ことにも依存している。「まさに民主政は、この負担軽減を必要とする」。『国民意思』による日常的正当化は、原理的には全てが新たな決定に開かれているにもかかわらず、いつでも全てが問題とされることはありえないという場合にのみ機能する」。[11] また、「法律公布」という形で「そのときどきの支配的なグループの成果のシンボル」を示すことができることにより、政治システムは環境から求められる決定を自らのシステムの時計にしたがっておこなうことができる。ただし、その法律についてその後法システムのなかで立法者の予想しなかったような適用がなされるかもしれないが、集団を拘束する決定に際してまさにそこまで考慮しないことが、政治システムの機能を維持しているのである。[12] 暴力が国家に集中するからこそ、法強制が政治の責任から離されることにより、恣意が防がれる。こうして、法形式によって「政治的意思形成の自律や民主的形態を問題にすることなく」意思と強制の一致が防がれるのである。[13]

3　政治システム内の権力循環

ところで、このように政治システムが「意見形成を、集団を拘束する決定をなせるように濃縮する」ことをめざすことからは、民主政をできるだけ多くの人間の決定への参加と理解することも不可能である。既に述べたとおり、機能分化した近代社会においては、個人は社会から「排除」されている。この状況でできるだけ多くの人間の決定への参加を求めることは、組織形態や合意可能性について何の自明性もない以上、決定することが必要なのかの決定、その決定を誰がどのようにしておこなうのかの決定……という決定の無限増大をもたらすだけであり、実は官僚制にかぎりなく近づいていく。その「非効率性、負担過大、無意味さ」は明らかである。(15) これに対し、民主政は「政府と野党の区別」というコードによる「頂点の分裂」によって対処しようとする。これは、それ自体政治的なヒエラルヒーからなる階層分化社会においては無秩序をもたらすゆえにありえなかった考え方だが、政治システムが法など他システムと併存する部分システムとして分離することによって可能となった。政府と野党は、一方のみが権力をもつにもかかわらず、同時に存在し、そのシステム内の競争によって情報を増大させる。権力をめぐる競争が垂直関係から水平関係に移行することで、政府を「正しい」として権威づけする必要はなくなり、両者とも政府と野党の間を揺れ動く「公論」を引きつけようと努力することを迫られる。「構造的獲得物は、その不安定性それ自体であり、それにより生み出されるシステムのセンシティブさである」(16)。しかし逆に、この構造は政治的決定に至るまでの過程を限定することで、原理的には無制限に開かれている政治過程を安定させる。「政党システムが、互いに矛盾する関心事のカオスから選択する」(17)。

以上から明らかなように、政府／野党というコードは、政党の確立、つまり「政治的組織能力が、政党という形態により、政府から野党また野党から政府という転換をのりこえて持続することができる」ことによってスムーズな流動性を有するようになった。「野党は、そのときどきの決定の選択肢を示すということではなく、自ら政府を引き受ける用意によって規律化される」。そして選挙で特定の政党もしくは政党グループが多数を確保することにより、他党とは違う政治プログラムが選ばれることが民主政として観念される。(18) ただし、ここでも政党のプログラムは諸要求を覆う「屋根形態」でしかありえず、「実務を前もって決めるものではない」。むしろ政党は、行為ではなく言葉によって現実への適応を様々にテストすることを可能にし、また人材にチャンスを与えることを可能にする場として、政治システムの環境への対応と、自己準拠的な作動をともに確保しようとするのである[19]。

こうして政治システムは、民主化に伴いその内部がさらに三つの部分システムに分化したことになる。つまり、政党の自立化によって可能となった、テーマや人材の選択・準備をおこない権力を構築する狭義の「政治」、集団を拘束する決定を実際におこなう広義の「行政」、そして政治システム内のコミュニケーションが全員に開かれていることから出現する「公衆」である。この三つの部分システムが自立すればするほど、それらの間の権力循環は強くなるが、同時に相互の権力限定作用によって安定する。「公式バージョンでは、この問題は権力行使の相異なった条件づけによって解決される[20]」。「公衆は政治のなかでの指導者と政治プログラムを選び、政治家は拘束的決定のための前提を濃縮し、行政は決定しそれにより公衆を拘束する」。しかし、「この循環は、それ自体から反対循環を誘発する。行動が高度に複雑な状況の下で選ばれねばならず、したがって前もってのその縮減に依存している限りで。つまり、政治は行政の提案なしではほとんど働くことができない。公衆は政治のなかでの人材とプログラムの前もっての選別に依存している。行政は、それが複雑な作用領域に拡大するほど、公衆の自発的協力を必要とし、それゆえその影響に譲歩しなければならない」。複雑性の高まりの中で、それに対応して政治システムが作動するためには、この反対循環も不可欠であり、両者のバランスが問題なのである。福祉国家化の進展とともに複雑性が増大しているため、通常はそれに対応するために反対循環が支配的であるが、紛争の場合には公式循環が支配的となりうる[21]。

4 「鏡」としての公論

この、政治システム内の部分システム分化という観点からいうと、政治と公衆という部分システムどうしの連関を外面化するために使われるのが「公論への準拠」ということになる。この公論は、時間的な状況に依存するが、まさにそれゆえに、そのときそのときにおいて自由に処分できるものではなく、部分システムのなかでの自己準拠を遮断する効果をもつ。(22) こうして、政党政治における公論の重要性が再び論証されるが、問題はルーマンにおいてこの公論が、右記のシステム理論的前提からして、「現実の人間の現実の意見」とは無関係だとされることである。社会から排除されている多数の人間がひとときに同じ意見をもつことは不可能である。いずれにせよ、心理に踏み込んでこの概念を理解するならば「潜在的公共」というパラドックスを抱え込むことになってしまう。この公共を明るみに出す作動は存在しない。むしろマスメディア時代においては、公論は、政治システムに政治家・公衆双方にとっての「観察者の観察」=「第二段の観察」として組み込まれた「鏡」なのだと理解できる。政治家は、公論において真に人々が考えていることを知るのではなく、自らがどのように観察されているかを知る。この反射により、「良き意思の直接性」が修正される。政府と野党はこの同じメディアを使うことで、互いにいかに映っているかを知ることができ、違いを生産することができる。選挙で決定をおこなわねばならぬ公衆もまた、問題となるテーマや人物が何かを知るために公論に依拠している。そして、政治システムにとって公論が自己準拠性から外れている、つまり「公共は政治的に決定することができないにもかかわらず、否それゆえに」、政治のなかで反射板=反省メディアとして使用されうるのである。

この「第二段の現実」は決して幻想ではなく（幻想と思うのは存在論的世界把握へのとらわれからくる誤解である）、「現実の観察者の現実の観察」である。「マスメディアもまた固有の現実性を持っているのである」。そこにおいて複雑な社会から「不確実性の吸収」がなされて、「事実の二番目の世界」が発生する。我々は、そこから出発するしかない。「我々は、それを修正しうる他の世界を持ってはいない」。マスメディアは、システムにとっては近づけない境界の向こう側（公共）を「現実構築という形式で再現前（repräsentieren）する」のであり、そこから出発することで社会の安定が実現される[23]。マスメディアこそ公論を（再）生産するシステムだということになる。また、公論の「近代性」は、社会を理性的に統合したりすることではなく、観察者の観察として選択によって差異を生み出し、機能的に分化した諸システムを作動させることにある[24]。

5　批判的考察

このようなルーマンの政治システム論に対しては、まずそれが選挙による与野党入れ代わり型という特定の政党政治観に基づいているという指摘が可能であろう。彼は政府／野党という二元的コードの維持が民主政の正当性条件だとも述べているが、そのコードは、両者が政権をとることを最大目標として内部を規律することによって保たれる。しかし、政権を目指した二政党（グループ）の競争を民主政治の根本条件とするのは早計ではないか。この、明らかにイギリスなどの二大政党制を想定した図式は、確かに（西）ドイツでも戦後実現し、政治の安定に大きく寄与したと考えられるが、しかしこのような図式にあてはまらない国々はヨーロッパにも多く存在する。大陸ヨーロッパの多くの国は比例代表選挙のせいもあって多党制であり、政権の枠組みは選挙後の政党間の交渉で決まるし、連立が崩壊すれば選挙によらずとも政権の枠組みも変更される。しかし、これらの国々で政治システムが機能不全をおこしているとか、まして民主政の根本条件が満たされていないなどとは断定できまい。

実はルーマンにおいて選挙での与野党配置決定が重視されるのは、公衆から政治への権力循環の場面が選挙に限定されていることの裏返しである。公衆は選挙でのみ「決定」できるからこそ、その決定が政治の領域を強く規定しないと公式の権力循環が始まらないことになる。しかし、まず二大政党（グループ）の選挙での与野党配置決定によって、公衆が自ら政治プログラムを決定できるといえるかはかなり疑わしい。この点についてはルーマン自身が、与党を目指してリスクを避けようとする政党は、万人うけのする政策しか示さなくなる傾向があることを指摘している。必然的に、選挙のテーマはむしろ両陣営の指導者自身へと移行する。国民の尊敬できる人物はどちらかが最大の争点となるのである。これにより、政治論争が道徳化する危険が生じ、近代の政治システム分化が達成した道徳からの分離が危うくなる。これに対しルーマンは、政府／野党コードの価値を維持するためには、政党が内容的なオプションを国民に示してそれに「政治のコース」を決定させることを可能としなければならないと述べる。(25)が、内容的オプションを示さないことが選挙での政権奪取──ルーマンにとっては政党の存在意義──のための合理的方法なら、彼がいくら望もうが選挙戦の「人物化」は避けられないことになろう。ドイツの連邦議会選挙が二大陣営の「宰相候補者」をめぐる争いとの性格を強く持つことについては、私（毛利）自身別に詳しく検討したことがある。(26)ドイツでは、一九六〇年代に長らく野党であった社会民主党が意識的に選挙の争点を宰相候補者──具体的にはウィリー・ブラント──にしぼることによって、与野党交代の現実の可能性が増大したのである。政府／野党コードの流通は、まさに選挙の人物化によって可能となったのだった。

ルーマンは、選挙の人物評価化が政治の道徳化を招き、ひいては与野党交代の可能性が失われてしまうと危惧するが、国民に尊敬されない人物を宰相候補者に選んだことで選挙に敗北した政党は、次の選挙では別の、より魅力ある人物を宰相候補者にたてて選挙を戦うだろうから、人物の比較評価はまた新たにおこなわれることになろう。むしろ、この選挙のたびの新たな人物競争によってこそ、各党の道徳的評価が固まってしまうことが防がれるのではないか。人物よりも政治プログラムを争う方が与野党逆転の可能性が高まるというのは、ルーマンの、現実にも適合しない独断であろう。しかし、政府／野党コードの流通が、現実には誰が宰相になるかを決めるだけのことであって、政策内容にはあまり影響を与えられないとしたら、公衆にとってまさにそのコードの価値が疑問にふされれが政策決定の機能も持つことに固執せざるをえなかったのである。

現実には選挙での決定が内容的な政策決定との意味をあまりもたないのだとしたら、公衆からの権力循環を維持するためには、日常政治におけるそこから政治へのインプット、つまりは公論による政治のコントロールが重要となると考えるのが自然であろう。しかし既述の通り、ルーマンにとって公論とは公衆の意見を意味するのではない。それは端的にいってマスメディアの報道なのである。「プレスと放送は、何かを『伝達』するのではない。それらは、自らに合わせて裁断され自らと同時に発生するメディア（＝公論――引用者）を造りだすのである」(27)。公衆は、相互のつながりを持たないままマスメディアによって政治問題を知り、選挙での決定に臨む存在として観念されている。まさに、社会から排除された諸個人が、政治システムの論理にしたがう限りでそこに包含されるのである。だが、マスメディアによる選択によって政治家も公衆も反省をおこなえるようになるのは確かだが、しかしだとすれば逆に、マスメディアが自らの報道を反省する「鏡」も本来必要なのではないのか。マスメディアの報道／非報道決定が自己準拠的におこなわれるとしても、それが恣意に流れないためには、環境との構造的結びつきがここでも必要なはずであり、実際ルーマンもそのような構造的結びつきをいくつか指摘している。だが、その環境も複数の自立した「テーマ領域」からなるのであって、市民社会での議論を反映するわけではない(28)。そのような場は複雑性に満ちた社会的カオス状態でしかないと考えられているのであろう。マスメディアの報道によって初めて、意味ある差異＝現実が生産され、それを反射板として政治システムが動きだすことになる。それ以前には政治的な力は発生していないのである。

この政治観は当然、あまりにも公衆の政治的発言力を軽視したもののように映る。彼は公論に理性的統合の役割を期待する古典的見解を一笑にふしているが、しかしだとしたら、選挙で一気に政府／野党配置およびそれと同時に政治のコースを決定するという、政治システムにおける公衆の唯一の機能があまり機能しなくなると、彼の政治システム論は根本から揺さぶられることになる。そのような程度の決定でしかない選挙の後は公衆から全く独立し、自己準拠的マスメディアのみを鏡としておこなわれる政治・行政の決定が、公衆自身を拘束できるのはなぜなのか、という政治の正当性に関する疑問が生じてくるのは不可避であろう。集団を拘束する決定をおこなうという機能をもつ政治システムの分化とそれによる政治の部分システム化は、ルーマンにとっては社会の進化の与件であり、そもそも彼は今日政治に正当性を問うこと自体に懐疑的である。しかし、彼自身、政治システムの自己準拠が放っておいてもうまくいくと考えているわけではない。道徳との関係については既に述べたが、その他にも彼は、今日の福祉国家における民主政治が、人々からの過大な要求により、経済や家族といった他システムへの深い介入圧力にさらされていることを指摘している。これにより、政治システムは集団を拘束する決定という本来の機能では解決できない問題に直面することになる。結果として、国家や法への信頼は低下する。ルーマンは、政治システムの機能を維持するために「限定的政治理解」をおこなうべきだとするが、そもそも民主政が政治コミュニケーションの全市民への開放、それによる「普遍化」を意味するのだとすれば、この限定もどうしておこないうるのか明確でない。(29) 公衆からの要求がカオスに過ぎず、そこからの選択が恣意的におこなわれるのであれば、民主政治を規範的に制御することはできまい。いかなる政治がおこなわれるべきかについて、公衆の側からの規範性をもった要求を考慮に入れる必要があるのではないかとの考慮は、こうしてシステム理論にとっても避けられないはずの問題として登場する。公論という概念が元々持っていた規範性を無視して民主政を考えることはできないのではないか。

ルーマンにおいても、社会から排除された諸個人が、政治システムの論理にしたがう限りでそれに包含され、それだけでそこで生み出される決定にしたがう準備を持つためには、実はもう一つのゼマンティクが必要であった。それがナツィオンに他ならない。ナツィオンとしての集団意識が、歴史上、近代化、つまり社会の機能分化とともに生じてくるのは偶然ではない。ナツィオンは、個人と同様、機能システムが与えてくれないアイデンティティ資源として活用されたのである。個人が社会的にはその場その場の役割によってしか区別されなくなるがゆえに、包括的アイデンティティへの欲求も高まる。「ナツィオン概念は、個々の機能システムの特定の条件によらない包含観念を提供する」。また「ナツィオン概念は、その国家内部の一体性形成要求を指揮する」。しかし、このナツィオン観念への自己同一化は、それにより社会改善を目指した自己決定が可能であるとの期待によって支えられていた。その期待が揺らいでいる現在、その説得力も薄れている。そもそも、個人＝主体概念と同様、システム連関性のないアイデンティティを近代において示すという不可能を、にもかかわらずアイデンティティ要求のために生み出す幻想であったナツィオン理念は、移行期の理論として扱うべきであり、もはやその時代は終わろうとしているとされる。[30] しかし、近代とともに始まったナツィオンの時代が終わった後、純粋にシステム理論だけで人々が満足して政治に包含されるかは疑わしい。現在に至るまで「移行期」が長引いていることは、近代においても政治システムに包摂されない政治的統合が必要とされることを示しているのではないか。それをいかにおこなうかは、今日においても重大な政治的テーマなのではないか。

グローバル化のなかで、よりよい一体性をつくり上げることはもはや不可能なのか。しかし、ルーマンは他方で、グローバル化が国家の主権性を壊しつつあっても、政治システムの民主化は、地域ごとの状況が非常に異なる以上、領域国家においてしかおこないえないであろうとし、それを「世界社会の枠条件のなかでの地域的政治責任」を負うものとして理解すべきだとしている。機能システムがいくら地域的に普遍化しうるとしても、まさに集団を拘束する決定をおこなう政治システムの――それを生み出しうるだけの強度が要求される――民主的権力循環をグローバルな規模でおこなうことはできないのである。[31] だとしたら、「地域的政治責任」をよりよく担えるような国家のあり方を追求していくことの意義はなくなりはしないだろう。

6　ハーバーマスとルーマン

ルーマンは、理論の出発点においてハーバーマスとは対局に立つ。彼はハーバーマスの、システム理論は人々の間の相互主観的な結びつきを理解できないという批判に対し、その通りだと答えている。一体どこにあるのか全くわからない結びつきを理解できないのは、当たり前である。したがってルーマンは、ハーバーマスが重視する「自由に討議をおこなう市民社会」も「全く存在しない」と断言し、そこから政治的な力が発生するというのも現実離れした主張だとする。[32] しかし、彼が合理性をシステム合理性に切りつめ、そこから規範性を抜き取ってしまうことに対しては、ならばどうして政治の決定が集団を拘束できるのかという疑問が生じることが避けられない。これを社会進化論で説明するだけでは、現に生き、よりよい決定を求めている人々を満足させることができるとは思えない。まさにハーバーマスがこだわるのは、システム理論において「あらゆる規範的なものが追放」される結果、「政治システムが、（集団を拘束する決定により諸機能システムを――引用者）制御する機能に特化しているにもかかわらず、社会全体を一体どのようにして統合しうるのかがほとんど説明できない」点である。政治は、「政治的に決定できる問題」にのみかかわっていればよいというわけにはいかない。諸システムの連関がうまくいかず、「社会全体の非合理性問題」が生じれば、政治の正当性を問う声があがるのは不可避である。[33]

ハーバーマスは、ルーマンがこの問いに答えられないのは、彼において公衆が「生活世界の根」から切り離されて、決定をおこなう政治システムの論理にしたがってのみ政治と接触するものととらえられているからだと考える。しかし、これでは「固有の民主政理論」とはいえない。これに対しハーバーマスは、決定をおこなう権力（Macht）とは別の政治的力（Macht）を理論に導入することによって、「高度に複雑な社会」においても妥当する民主政理論を打ち立てようとする。「高度に複雑な社会の統合は、システムによってパターナリステックには解決されえない」のであり、「社会全体を循環する日常言語」によって社会全体の視野から問題を発見し解決を探る過程が必要である。そこから決定権力に対してなされる要求は、「コミュニケーションの力」として政治システムに入り込むことができるのである。ハーバーマスはまた、ルーマンが政治と法を別々の自己準拠システムであると理解していることも批判する。それは、政治が決定の結果生み出し諸システムを制御するフォームとなる法も、それへの超越的正当化が不可能となった後には、この生活世界におけるコミュニケーションに由来する力に基づくことで人々を結びつけるしかないと考えるためであった。[34]もちろんこれはルーマンにとっては法の正当性問題をシステム外へと外部化するだけのことであり、政治システムでそれに対応する正当性が得られるわけではないのだから、人間が社会をつくるという思想「伝統」への固執が生み出したゼマンティクにすぎない。[35]しかし、現に社会に生きる人間が、この伝統を簡単に捨て去ることができるのか。

ルーマンにおいては政治システムの機能は集団を拘束する決定をおこなうことに求められるため、システム内のコミュニケーションは全て社会の複雑性を縮減して決定できるように選択肢を限定するよう配置されている。ハーバーマスの理論ではそのために必要な不確実性の吸収ができないということになる。[36]確かに「政治は集団を拘束する決定の可能性を保障しなければならず、必要なときには、完全なコンセンサスがない状況でもそのような決定をなすことができなければならない」。[37]この政治の機能を無視した理論は政治理論ではあるまい。そして、民主政における決定のためのメカニズムを、部分システムどうしの権力循環という図式を使って自己準拠的に描きだしたところに、彼の貢献があるといえよう。しかし、権力の反対循環も確かにある程度は不可避であるが、それに対する規範的な限界を示しておくこともまた、民主政理論には求められるはずである。また、ルーマンにおいて決定しない公論には反射板としての意味のみが与えられ、積極的に政治をコントロールする役割は否定されている。さらに公衆はそもそも公論の担い手でもない。だが、決定はしないが積極的に働きかけるというかたちのインプットもありうるのではないか。確かにカオスからいきなり決定することはできない。しかし逆に決定しないこととカオスであることとはイコールではない。そしてまた、決定への参加ではないからこそ、ルーマンのいう決定の無限後退をもたらさないというメリットがありうるのではないか。決定に必要な複雑性の縮減と矛盾しない市民社会からの問題提起である。

このことを示すために、そして下からの社会形成の可能性を示すためにハーバーマスが導入したのが、コミュニケーションの力という、決定権力とは別の政治的な力の観念であった。これに対してルーマンはあくまで、「討議理論的に自らを根拠づける国民主権」の「制度的結びつきは不明確にとどまっている」とする。[38]この批判自体は、ルーマンの理論前提からして当然であるが、権力――そこでの自己準拠的問題処理はある程度不可避であり、不可欠でもある――をめぐる政治理論を扱いつつ「行政権力の自己制御の視点」にとどまろうとしない[39]ハーバーマスにとって、やはりこの批判に答えることは不可避である。彼は、政治システムの観念を受け入れつつ、より民主的な権力循環を描こうとする。では、コミュニケーションの力は、どのように権力循環に入り込むのだろうか。そして、どのようにして政治システムにおける決定に影響をおよぼすことができるのだろうか。こうして、議論の焦点を本節冒頭でペータースの指摘した「意図的および非意図的社会化形成の複雑な絡み合い」を示すことへと戻すことができた。ハーバーマス「固有の民主政理論」はまさにこの点をめぐって展開するといえる。

第二章第一節の注

（1）Bernhard Peters, *Die Integration moderner Gesellschaften*, S.304-312, 326, 344f.

（2）Niklas Luhmann, *Gesellschaftsstruktur und Semantik, Bd.3*（1989）, S.7.

（3）Ders.（Anm.2）, S.149-154, 245f.; ders., Die gesellschaftliche Differenzierung und das Individuum, in: *Soziologische Aufklärung 6*（1995）, S.125, 138f.; ders., Intersubjektivität oder Kommunikation, in: *Soziologische*

Aufklärung 6（1995), S.169, 174-177, 183f.; ders., *Die Gesellschaft der Gesellschaft*（1997), S.1030-1035. ルーマンが多用するSemantikというタームは、ある用語にそのときどきの社会状況にある立場から対応してどのような意味がこめられていくかを描くためのものであり、イデオロギー暴露的な機能を果たすことにもなる。大野純一「法と歴史のダイナミズム」明治大学大学院紀要二八集七三頁（一九九一）参照。

（4） Ders., *Intersubjektivität oder Kommunikation*（Anm.3), S.181.

（5） Ders.（Anm.2), S,154-160. ルーマンの「個人の社会からの排除」テーゼについては、毛利透「国家における個人の位置」駒井洋編『社会知のフロンティア』一〇七頁、一一五頁以下（一九九七）でより詳しく検討した。

（6） *Ebd.*, S.130.

（7） *Ebd.*, S.140; ders., Verfassung als evolutionäre Errungenschaft, *Rechtshistorisches Journal 9*（1990), S.176, 202f.

（8） Ders., *Das Recht der Gesellschaft*（1993), S.470f.

（9） *Ebd.*, S.416.

（10） Ders., Staat und Politik, in: *Soziologische Aufklärung 4*（1987), S.91f.

（11） Ders., Machtkreislauf und Recht in Demokratien, in: *Soziologische Aufklärung 4*（1987), S.142, 149.

（12） Ders.（Anm.8), S.427f.

（13） Ders., Rechtszwang und politische Gewalt, in: *Ausdifferenzierung des Rechts*（1981), S.154, 163, 168.

（14） Ders.（Anm.8), S.424.

（15） Ders., Partizipation und Legitimation, in: *Soziologische Aufklärung 4*（1987), S.126, 152-156.

（16） Ders., Die Zukunft der Demokratie, in: *Soziologische Aufklärung 4*（1987), S.127f.

（17） Ders., Die Unbeliebtheit der Parteien, in: Gunter Hofmann/Werner A. Perger（Hrsg.), *Die Kontroverse: Weizsäckers Parteienkritik in der Diskussion*（1992), S.177, 179; ders., *Gesellschaftsstruktur und Semantik, Bd.4*

(1995), S.112-115, 130-135.

（18）Ders.（Anm.8）, S.421; ders.(Anm.16), S.126-130.

（19）Ders.（Anm.17）, S.179, 184f.

（20）Ders., Selbstlegitimation des Staates, *ARSP Beiheft 15*（1981）, S.65, 73.

（21）Ders.（Anm.11）, S.148; ders., *Politische Theorie im Wohlfahrtsstaat*（1981）, S.46-49; ders., *Die Politik der Gesellschaft*（2000）, S.256-265. ルーマンは、議会も広義の「行政」に含めている。それが、政党政治上の論争対象とならない多くの法律も含めてルーチンワーク的に「決定」をおこなっていることを考慮してであろう。ルーマンの民主政における権力循環論については、日比野勤「国家における自己正当化と市民宗教」『現代立憲主義の展開（芦部信喜古稀）下』七九七頁、八二〇頁以下（一九九三）参照。ルーマンのこの理論が、政治の普遍化からくる政治システムの機能不全に対する対処として不十分であることも既に述べられている。だが、その対処のために「環境」としての「政治社会」が必要だと（ゼマンティクとしてでなく本気で）説くなら、それはルーマンの所説とは全く相いれないものとなるはずである。

（22）Ders.（Anm.20）, S.75f.

（23）Ders., Die Beobachtung der Beobachter im politischen System, in: Jürgen Wilke（Hrsg.）, *Öffentliche Meinung*（1992）, S.77f., 83-86; ders., *Die Realität der Massenmedien*（2.Aufl., 1996）, S.177f., 183-188; ders., Gesellschaftliche Komplexität und öffentliche Meinung, in: *Soziologische Aufklärung 5*（1990）, S.170, 170-176, 180-182; ders., *Die Politik der Gesellschaft*（Anm.21）, S.283-312.

（24）Ders., *Die Gesellschaft der Gesellschaft*（Anm.3）, S.1098f., 1102, 1107f.

（25）Ders.（Anm.16）, S.130-132; ders.（Anm.15）, S.160.

（26）毛利透「ドイツ宰相の基本方針決定権限と『宰相民主政』」筑波法政二七号三九頁、六七頁以下（一九九九）参照。

（27）Luhmann, *Gesellschaftliche Komplexität und*……（Anm.23）, S.176. ルーマンは、遺稿を編纂して出版された *Die Politik der Gesellschaft*（Anm.21）において、同趣旨の論述をおこないつつも、「公論とはマスメディアの作用の結果に他ならない」という断定を避けている。しかしそれが意味するのは、政治システムの側も——自分を観察するために——マスメディアを利用しているという、本文の叙述からして当然の事情でしかない。つまり、「マスメディアと政治との構造的結びつきの形式として公論というメディアを特徴づける」姿勢は一貫している（S.309-311.）。

（28）Vgl. Luhmann, *Die Realität der Massenmedien*（Anm.23）, S.117-129; ders., *Die Gesellschaft der Gesellschaft*（Anm.3）, S.862f.（自己準拠化した（!）「抵抗運動」との構造的結びつき）

（29）Luhmann（Anm.10）, S.98-101; ders., *Politische Theorie im Wohlfahrtsstaat*（Anm.21）, S.121f., 145-156. ルーマンはここで、「限定的政治理解」が実現するには、社会の機能的分化に満足して生きられるように人間観の変更が必要であると述べている。しかしもちろん、政治がそのような変更をもたらせるわけではない。個人をブラックボックスとして機能的に分化した社会から排除するルーマン理論が、一定の倫理的要請を帰結することについて、村上淳一『現代法の透視図』七六―八四頁（一九九六）参照。ルーマン理論が個人の自律の意味喪失を招くと指摘するものとして、中野敏男『近代法システムと批判』二五五―二六三頁（一九九三）参照。自律的公共圏での批判的コミュニケーションによる「構造的再審」に法的決定の正当性を求めようとする中野のルーマン批判は、そのハーバーマスへの留保にもかかわらず、少なくとも *Faktizität und Geltung*（後掲注33）での彼のスタンスと基本的に共通であると思われる。本書が示すように、同著作もまた合意のない状況での法的決定の正当性（中野前掲書二五四頁参照）を問題にし、だからこそシステム理論を批判的にとりいれようとしているからである。

（30）Ders., *Die Gesellschaft der Gesellschaft*（Anm.3）, S.1045-1055.

（31）Ders., *Gesellschaftsstruktur und Semantik, Bd.4*（Anm.17）, S.118; ders., *Die Gesellschaft der Gesellschaft*（Anm.3）, S.806-812.

（32）Ders., *Intersubjektivität oder Kommunikation*（Anm.3）, S.174f.; ders., Quod omnes tangit……, *Rechtshistori-*

sches *Journal 12* (1993), S.36, 46. 同趣旨のハーバーマス批判として、Vgl. Karl-Heinz Ladeur, Rechtliche Ordnungsbildung unter Ungewißheitsbedingungen und intersubjektive Rationalität, *Rechtstheorie 27* (1996), S. 385.

（33） Jürgen Habermas, *Faktizität und Geltung* (1992), S.405-407, S.417.

（34） *Ebd.*, S.180-187, 427-429. ハーバーマスは、システム理論を具体的に検討しつつ自らの優位性を示そうとする際には、Helmut Willke, *Ironie des Staates* (1992) を対象にしている。これは、ヴィルケがシステム理論を採用しつつ、ルーマンにおいて政治システムと他システムのコミュニケーションがうまくいくための条件が示されていないとして理論を進め、結論としてコーポラティズムにたどりつくため、ハーバーマスに規範性の欠如という絶好の攻撃材料を与えるからである。ルーマンの理論自体からはそもそもこのような問題関心が生まれてこないので、彼自身に対してはハーバーマスもメタレベルの批判しかできない。ルーマンから見れば、ヴィルケはシステム理論を発展させるのではなく、伝統的理論と退行的に和解させようとしているということになろう。グンター・トイプナーの法理論に対して、システム間の相互影響を条件づけることによりルーマン理論を発展させようとして後退させたという類似の評価をおこなう論文として、馬場靖雄「多様体としての法」法社会学四四号六三頁（一九九二）参照。

（35） Luhmann (Anm.8), S.516; ders. (Anm.32), S.47f.

（36） Ders. (Anm.32), S.39-41. 興味深いことに、ルーマンは *Die Politik der Gesellschaft* (Anm.21) のなかで、政治システムにおける中央と周縁（ペリフェリー）の区分論を展開している。複雑性が増大するなかで、集団を拘束する決定をおこなうという負担を負う中央たる国家と、その負担なしでテーマの凝集などを通じて決定の準備をおこなうペリフェリーが分化し、これにより環境へのセンシティブさと一体的決定の必要性とが両立できるようになるという。これは、後述するハーバーマスの理論とも一見類似する叙述だが、注意すべきは、ペリフェリーでそのような機能を担えるのは、政党や利益集団といった組織のみだとされることである。ここでも個人から社会システムを構築することはできないというルーマンの姿勢が一貫している（S.243-253）。システムの「周縁」にも政党を中核とする確立した組織が位置づけられるのみだという点は、市民運動を主役とするハーバーマスのペリフェリー概念と好対照である。

Habermas (Anm.33), S. 460-464.

(37) Luhmann (Anm.13), S.171.

(38) Ders. (Anm.32), S.55.

(39) Habermas (Anm.33), S.407.

二　コミュニケーションの力と代表的になされる討議
——ユルゲン・ハーバーマス

1 「コミュニケーションの力」と自由な公共

ユルゲン・ハーバーマスは、民主的法治国における立法を「コミュニケーションの力」(kommunikative Macht) という概念を用いて正当化している。それは、「了解を求めるコミュニケーションのコンセンサスを生み出す力」を意味する。コミュニケーション的理性への軛が解かれた近代において、合理的に根拠づけられた主張は「強制なき強制力」——わかりやすくいいかえると、「根拠づけ以外の外部介入なき、主張の説得力」となろう——を持ち、自由なコミュニケーションによって合意をえることができる、規範の正当性はこの合意で計らなければならない、というのはハーバーマスの基本的構想であるが、彼は民主的法治国の理論においても公共での議論から生じるこの説得力を「コミュニケーションの力」として立法の基礎におく。こうしてつくられた共通の確信は、「行為に関連する義務づけの暗黙の承認」を含んでおり、「新たな社会的事実」として「行政権力保持者が考慮に入れざるをえない力」となりうるのである。だとすれば、このようなコミュニケーションの力は、自由で平等な市民の共同体において、つまり「奇形化されていない公共でのみつくられ、歪められていないコミュニケーションの傷つけられない相互主観性の構造から生み出される」ということも、年来の彼の主張からして容易に理解できる。(1)

ただし彼は、「コミュニケーションの力の概念によっては、政治権力の生成のみが把握できるのであり、すでに構成された権力の行政的使用、すなわち権力行使のプロセスを把握するのではない。同様に、この概念は行政権力(administrative Macht)の使用権限を与える地位をめぐる闘争も説明しない」とも述べる。むしろ、この概念の意義は「政治権力の概念の分化」を可能にすることにある。つまり、コミュニケーションの力は、国家の強制権限の存在を前提としつつも、その行使にあたっては自己正当化は許されず「別のタイプの力」に基づかなければならないということを示すための概念なのである。そして彼は、「法をコミュニケーションの力が行政権力へと転換される際のメディアであると理解する」ことを提唱する。正当な行政権力の行使は、コミュニケーションの力に由来する立法によって拘束されなければならないのである。

「法治国の理念はしたがって、一般的には次のような要求として解釈されるべきである。つまり、権力コードによって導かれる行政システムを法をつくるコミュニケーションの力に拘束し、社会的権力(soziale Macht)、つまり特権的利益の事実上の貫徹力の影響から免れさせるということである」(Jürgen Habermas, *Faktizität und Geltung*, 1992, S.182-187. 以下本節中の本書からの引用箇所は、FuG と略して本文中に付記する)。結局、ハーバーマスの理論の重点は、行政権力の自立的自己プログラム化とネオコーポラティズム的な行政と利益団体との直接の結びつきへの批判にあるということができる。こうして、国家からも大企業が支配的な地位を占める経済からも離れた社会——市民社会(Zivilgesellschaft)——の領域が民主政の基礎となることが示される。具体的にその中核を担うのは、「生活世界の社会的要素のなかで公共のコミュニケーション構造を支える、自由意思に基づく非国家的で非経済的な結合、アソシエーション」である（FuG, S.443）。「公論」も正当な影響力を持つにはこのようなコミュニケーションの力による結合に基づく必要があり、それは「個別に問われ私的に表明された個人の意見の集合ではない」。「政治的意見調査は、活発化した公共においてすでにテーマ特定的な意見形成がその調査に先行している場合にのみ、『公論』のある程度の鏡像を提供する」。当然、金銭や利益集団の力によってつくりだされた公論は、歪んだコミュニケーションの結果として、依拠されるべき価値を持たない。「市民社会は、社会的な権力位とそこから生じる潜在力の不平等な配分を押し止め中和させなければならない」（*FuG*, S.438-441, 215f.）。

しかし、彼はこのような基礎理論から、討議的公共と国家権力との直接の対置を導き出すのではない。むしろ彼は、決定をおこなうために組織化された審議の場としての議会を、両者を媒介するものとして不可欠であると考える。確かに彼は、議会を「共通の確信のコミュニケーションの力を自らのうちから生み出すことができる唯一の者としての国家市民全体」が、しかし「直接かつ単純な相互行為というレベルで」結びつけられることができない現実に対する「逃げ道」としてもとらえている。しかし、議会の必要性をただ単に消極的妥協と理解しているわけではなく、実は彼によれば、国家市民自体は制度的に一体化されるべきではないのである。「政治的意思形成を準備しそれに影響を与える非公式の意見形成が……出席者による、決定へとプログラム化された審議の制度化強制から免れている」ことによってのみ、多元的公共でのコミュニケーションの力の自由な発展は保障できるのである（*FuG*, S.210f.）。

2　ハーバーマスの「熟議の政治」論と市民の決定負担からの解放

このハーバーマスの見解の背後にあるのは、「脱中心化された社会像」である。この像は、彼がこれに何を対置しているかを見ることでよりよく理解しうる。これに彼が「共和主義的」として対置する社会像は、「民主政とは社会全体の政治的自己組織化」を含むというものであるが、それは「集団として行動可能な市民の一体という非現実的な想定」に依拠しているとハーバーマスは批判する。「共和主義の見解では、少なくとも潜在的には実存する国民が主権の担い手であり、それは原則として委任できない。主権者としての特性において国民は代表されえないのである」。しかし、多元主義社会における現実的民主政理論は、「文化的に根をおろした背景コンセンサス」をもつ集団的国民という像からは出発できない。だからこそ、近代社会における政治システムと経済システムの社会統合機能を認めることにより、国民に一体的な共同体意思形成という負担過重を強いることのない理論が必要となる。

他方でハーバーマスは、自己利益のみを指向する個々の市民を前提し討議的に理性的政治意思をつくることに価値を認めない民主政理解を「自由主義的」としたうえで、これも拒絶する。「自由主義」では、憲法の法治国的規律が結果として妥当な利益調整を保障してくれることが期待されているが、これでは結局政治においても「競争する個々の主体」が「市場流通のモデル」にまきこまれてしまい、そのなかで「個々人の選択行為を超え」て、全体としての均衡から結果として成立する「法律の匿名的支配」が導かれてしまう。集団的決定が市民の自覚的政治的意思形成、公共での政治についての熟議と離れてしまうのでは、たとえ仮にそれで国家権力による過大な侵害が防がれるとしても、民主政の理論として弱すぎる。法制度を戦略的妥協のために利用する主体だけではなく、公共の場で政治的問題についておこなわれる議論の力が民主政にとって持つ意味にも注目しなければならない。これらに対して、ハーバーマスの関心は国民内部でおこなわれるコミュニケーション（つまり国民の一体的意思ではない）、およびそこから生まれる公論と立法をおこなうために制度化された審議との結びつきあいに向けられるのであり、彼はこれを「熟議の政治（deliberative Politik）」という名で民主政の規範的理論として提唱することになる（*FuG*, S.359–365.）。

つまり、ハーバーマスが市民を決定の負担から解放するのは、市民全体、あるいはその多数が所与の共通意思を持っているからではないからであり、立法を導くべき公論は彼らの不断の自由なコミュニケーションからのみ成立するからであった。「確信や利益の多元主義」を保障して自由な議論をおこなうためには、その場が制度化強制から免れている必要があるのである（*FuG*, S.228.）。確かに、そうすると公共はその「アナーキー的構造」ゆえに社会および行政の権力の歪曲作用に対して議会ほど保護されえないことになる。しかし、「他方、それは制限されないコミュニケーションのメディアという長所を持つことになる。そのなかで、新たな問題領域がよりセンシティブに認知され、自己了解の討議がより広くより豊かに進められ、集団的アイデンティティや必要性の解釈がより強制なく表現されることができる」。「民主的になされる意見および意思の形成は、理想的には権力化されない政治的公共の構造においてつくられる非公式の公論に依存している」（*FuG*, S.373f.）。

公共は外からの歪曲作用に弱いとはいっても、もちろん無防備でよいということではない。基本権が公論の自由な形成を保障すべきなのは当然だが、組織的利益集団の社会的権力も、金銭ではなく自らの要求の説得力を公共で訴えることで支持をとりつけなければならないのであり、そのための法規制が必要となる（*FuG*, S.440f., 445f.）。

公共やそこから生まれる公論は差異化されており、それゆえ行政権力に対して明確な指図をするには弱すぎる。これは、コミュニケーションの力から政治的意見をつくろうとすることの必然の帰結である。にもかかわらず、民主的法治国の原理は国家権力を明示的に記された法律によって拘束することを要求する。そのために、立法権限をもつ「強い」審議機関が必要になる。それは、行政権力を直接しばるものであるがゆえに、そこから予想される妨害に対して制度的に防護されていなければならない。また、ハーバーマスは、「実際に多くの帰結をもたらす議決のための責任は、明確な制度的帰属点を求める」とも述べている（*FuG*, S.626.）。一方で公共においては何が語られても自由である。そのような自由な議論によってこそ、暫定的な公論に正当なコミュニケーションの力があると言えるのである。しかし、立法においては、討論は権力的決定のための責任を自覚しておこなわれなければならない。そのためには制度的装備が必要になる。

3 議会内外の「構造主義的結合」

しかし、以上のような制度理解からは、議会外のコミュニケーションの力がそのなかでの審議と決定にどのように影響を与えうるのかという問題が当然生じてくる。これは、議会は決定を予定した制度であるということから底辺民主的なコミュニケーションから分離されているにもかかわらず、やはりそれ自体民主的でなければならない、というハーバーマスの理論が提起するパラドックスを含むゆえに、難問となる。実は、ハーバーマス自身「審議の法的制度化によって、討議がこうむる制約がどのようにして正当化しうるのかの問題が深刻化する」と述べるように、この問題を自覚している。彼は、決定の規則が平等な参加チャンスさえ与えていれば決定が討議とは独立に正当化できるとは考えない。政治的決定手続きは、右記の制約にもかかわらず討議的に正当化されなければならず、決定は民主的になされなければならないということになる(2)。この問題に対するハーバーマスの提案は、すでに示唆したように、議会内外のコミュニケーションの結びつけであった。「議会は、ある程度主体なくつくられた公論のパラメーターの下で働くべきである」。彼によれば、このモデルは、シュミットが自らの理論のなかで結びつけたような直接および代表民主政のモデルのどちらとも異なっている。国民の所与の共通意思は存在せず、しかも国民から独立の代表者による討論からのみ公共善が導かれうるという想定も正しくない。討議的な意見形成は議会には限られない。「むしろ、様々のレベルでのコミュニケーションの循環が……相互にかみ合わされ、互いに影響を与えあう」。この理論はしたがって、「実在としての国民の代表という具象概念」からは離れたものであり、ハーバーマスは自らの理論をコミュニケーションの「構造主義的」結合と表現するのである（*FuG*, S.225-228.）。

こうして、シュミットの静的な代表概念を批判してハーバーマスが取り入れるのが、「代表的になされる討議」という概念である（*FuG*, S.224f.）。この概念は、彼の関心が動的なコミュニケーションのかみ合わせに向けられていることを明確に示している。公共で生じるコミュニケーションの力は、議会での審議に、さらにそれによりその決定にも影響を与えるのである。議員は議会において、公論の形成プロセスに敏感に反応しつつ討議に参加し、そのなかで議決に際しての自らの立場を決めていく。もちろん、公論は明確な内容を持っているわけではなく、しかも常に流動的である。しかし、議員は個別に公論を推し量っているのではなく、議会での公開の討論においてその輪郭や傾向を相互に確認していくのである。そのなかで法案も作られ修正され、議決へと送られる。決定へとプログラム化され政党の指導の下になされる審議は、公論に敏感でいられるとはいえ、もちろん公共での議論ほど自由で開放的なものではない（*FuG*, S.373.）。しかし、それは民主的法治国において、公共でのコミュニケーションの自由を守りつつ、そこから生じる公論の多数決による立法への影響力を保障するために不可欠の段階なのである。

選挙と議会の公開が議会内外の連関を保障する構造であるのは当然だが、政党も重要な媒介の役割を果たす。ただし、政党の現在の状況は、ハーバーマスにおいてかなり批判的に評価されている。この批判は、ワイマール時代の政党批判とは異なり、政党の分裂、政治的統合の阻害に向けられているのではなく、その自立化、国家化、さらには「行政権力を手に入れることを認可してもらうための、公共の道具化」に向いている（*FuG*, S.524.）。このような政党は議会外の議論への敏感さを失ってしまう危険がある。ハーバーマスは、むしろ「生き生きした市民社会」、自由で平等な「全社会的問題状況に敏感な」政治文化を熟議の政治の成功のための条件として援用する（*FuG*, S. 447, 628.）。このような条件があれば、議会での審議・議決もコミュニケーションの力を無視できないであろう。にもかかわらず、彼は公共での活動家に対して自己限定を求めている。つまり、政治権力自体ではなく、それへの影響力行使のみを目標とすべきだという（*FuG*, S.449.）。彼は、自由な公共と国家権力の決定権限とを一貫して分離し

て考えているのである。(3)

4　探究すべき課題

以上のハーバーマスの議論は、国民のなかの政治的多元性を尊重しつつ、しかしそれを単なるカオスと見ることなくそこから政治に対する規範的影響力が生まれてくることを期待するものといえる。他方、ハーバーマスは政治システムが国家において決定権限を独占することの近代的価値を承認しており、(4)その上で議会をシステムと公共の結節点、コミュニケーションの力と結びつきつつ拘束的決定をおこなう機関として位置づけることになった。この議論は、ルーマンの批判的摂取の上で「独自の民主政」理論を展開する、有力な理論といえようが、いくつか留保すべき点がある。

まず、市民社会の担い手としてのアソシエーションの性格づけについてである。彼の理論からすれば、それは議論の説得力から生まれるコミュニケーションの力によって結びついた人々からなるということになるが、果たしてこのような描き方は、具体的に彼がそのようなアソシエーションとして叙述している団体、つまり社会の周辺（ペリフェリー）から問題を発掘して中心部に対してその重要性を投げかけ、反響を拡大しようとする団体（*FuG*, S.460-462.）の現実に適合しているのだろうか。このようなアソシエーションの活力は、共有された論拠の説得力への固い合意というよりも、むしろ一定の共通関心をもちつつも内部で内容的にも戦術的にも絶えざる議論がおこなわれつづけている点に求められるのではあるまいか。どのような結社であっても、参加する人々は一人一人がユニークな存在なのであり、まさにハーバーマスが前提とする多元的な社会においては結社内においても他者と意見が完全に一致するということは想定しがたいし、すべきでもない。この点を見過ごすと、結社は容易に硬化し自己目的化していくであろう。その弊害を避けコミュニケーションの力を表明できる「自由なアソシエーション」としての性格を維持するには、そのなかでの不断の問いなおしが持続している必要があろう。彼の理論では、このような市民社会の中核たる結社のあり方を的確に叙述しきれないように思われる。

もう一つは、市民社会のコミュニケーションの力と立法手続きの過程が「構造主義」的に結びつくという彼の指摘についてである。コミュニケーションの力が相互主観的なものであり、共和主義的な一般意思の担い手としての国民というような主体概念から離れているのは、市民社会の自由を保持する上でも必要な論理構成だとしても（*FuG*, S.611f.）、彼の叙述はこの力が当然に議会の審議に対して影響をおよぼすととられかねないニュアンスを持っている。実際には、まさに市民社会の人々は、自分たちの主張が議会になかなかとどかないという思いをかかえて活動しているのであり、そこから生ずるあきらめが「政治不信」の最大の原因であろう。議会は議決へとプログラミングされており、常に審議よりも決定することを優先するシステムの論理にしたがう誘因にさらされている。これに対し、議会の討論は公開だから、構造的に外と結びついているというだけで、その現実のあり方を承認してしまうことになれば、それは何らの批判的ポテンシャルも持てない議論となろう。

実は、ハーバーマスは一九六二年の『公共性の構造転換』において、すでに議会の性格を「矛盾に満ちた」ものだと記述していた。「実際議会には、政治権力一般に対抗しながら、しかしそれ自身『権力』として創設された制度であるという矛盾が、はじめからつきまとっていた」。フランス革命によって創られた議会制法治国は、「批判たるとともに立法権でもあるという公論の、引き裂かれた両機能を」接合し、「あたかも政治的に機能する公共が、国家機関として樹立されることによって本当に実現された」かのような擬制の上になりたっていた。当時においてはしかし、議会の意思形成はある程度「論議する公衆の意見形成」によって導かれていた。今日ではこの媒介は実際なくなってしまっており、議会は「示威する機構」へと変化してしまった。そこでは、「密室で取引された決議」がただ確認されるだけなのである。つまり現代の議会は圧倒的に、国家権力の一部として機能している。(5) これが同書でのハーバーマスの時代診断であった。

近年の議会の民主的性格についての評価の変化は、彼の市民社会内部のエネルギーへの楽観的期待によるところが大きい。しかし、これだけでは議会という制度に内在する矛盾を解決することはできない。とりわけ、議院内閣制においては議会は行政権力行使の基盤としても機能するから、そこでの議論は権力をめぐる戦略的争いによって強く規定されることが避けられない。政府を安定的に支えるためには、与党指導者による自党議員への締めつけが不可欠だからである。それゆえ、下からのコミュニケーションの力への敏感性が構造的に欠けることになるともいえる。これに対し、「すでに合理化された生活世界」(*FuG*, S.449.) があればよいというのでは、そのような世界をもたない社会にとっての理論的意味が疑問となろうし、現在のヨーロッパの状況を十分自由な政治文化をもっていると理解してしまうことにもなりかねない。現実の市民は、システム理論のいうとおり政治システムや経済システムに必ず部分的には巻き込まれて生活しているのであり、これに対しコミュニケーションの力を確保するには、それを制度的に防御・強化するための方策が必要なのではないか。「生き生きした市民社会」は何もしなくても成長してくれるものではあるまい。現状の制度で十分だとして「現実に存在する資本主義的民主政の悲しむべき状況に対する不必要な譲歩」(6) をおこなう必要はない。ハーバーマスは、市民主体の民主的意思形成の可能性に対して法的制度改革がもちうる影響力を過少評価しているのではないかという疑いが生じうる。今日では、とりわけ「特権的利益の事実上の貫徹力」に対して公正な議論の場を積極的に創り出すことが必要なのではないか。

このような留保点についてより詳しく分析するために、次節以下ではハンナ・アレントとヘルマン・ヘラーという理論家をいささか詳しく検討し、本書なりの民主政——自由な国民による意識的国家形成——の見取り図を示すことにしたい。

第二章第二節の注

（1）本章では、*Faktizität und Geltung* を中心にしたハーバーマスの政治・法理論についてしか扱えないが、この著作にいたる彼の理論的営為については、中岡成文『ハーバーマス』（一九九六）が参考になろう。Öffentlichkeit 概念に注目して彼の理論的変遷と一貫性を詳しく示す花田達朗『メディアと公共圏のポリティクス』第一章、第二章（一九九九）もぜひ参照されるべきである。また、ハーバーマスのエッセンスをずばり示したものとして今日でも読まれるべきは、三島憲一「〈反事実的〉な理性の位置（一）～（六）」未来一九八八年二月号～一二月号。

（2）Jürgen Habermas, Replik auf Beiträge zu einem Symposion der Cardozo Law School, in: ders., *Die Einbeziehung des Anderen*（1996）, S.309, 349-353.

（3）本書第一章第四節でも指摘したように、ハーバーマスはドイツ統一に際して国民投票を要求したが、これは個人が自由で平等な法仲間として互いに承認しあって国民を意識的につくることを、国民自体の構築に際して彼が求めたからであった。Vgl. Jürgen Habermas, *Die nachholende Revolution*（1990）, S.205; ders.（Anm. 2）, S.352f. 様々な生活形態に分かれる国民内部における具体的立法においては、彼は公共と政治システムの分離とその協働にこだわっているのである。

（4）Vgl. Jürgen Habermas, Der europäische Nationalstaat, in: *Die Einbeziehung des Anderen*（1996）, S.128, 131. ハーバーマスの理論において国家の暴力独占、決定権威の問題が軽視されているという、例えば Gerhard Preyer, Entscheidung —— Rechtsgeltung —— Argumentation, *Rechtstheorie 27*（1996）, S.367, 374-381. のような批判は基本的にあたらないと思われる。

（5）Jürgen Habermas, *Strukturwandel der Öffentlichkeit*（1962, Neuaufl.1990）, S.173, 304-306, 338.〔ユルゲン・ハーバーマス（細谷貞雄訳）『公共性の構造転換』一三九頁、二七二―二七五頁、三〇二頁（一九七三）〕。

（6）William E. Scheuerman, Between Radicalism and Resignation, in Peter Dews（ed.）, *Habermas: A Critical Reader* 153, 167-168（1999）. アソシエーションは「自然に発生するのではない」として人為的な環境づくりの必要性

を主張するものとして、*see* Joshua Cohen, Procedure and Substance in Deliberative Democracy, in Seyla Benhabib (ed.), *Democracy and Difference* 95, 108-113 (1996).

三　コミュニケーションの力と複数性
——ハンナ・アレント

1　ハーバーマスとアレント

ハーバーマスの民主政論について論じる上で比較検討することが欠かせない理論家としてルーマンとともに挙げられるべきは、ハンナ・アレントである。彼の「コミュニケーションの力」概念は、直接的にハンナ・アレントに依拠したものなのである。社会の世俗化に伴って法を超越的に正当化できなくなったにもかかわらず、法に行政権力を構成するというだけの機能しか認めないのではその正当性が失われると考えるハーバーマスは、「立法を、別のタイプの力（Macht）の生成に依存させ」ることを提案する。それが、アレントのいう「暴力（violence）」とは区別された「権力（power）」であり、彼はこれをコミュニケーションの力（kommunikative Macht）と再定式化して自らの理論に組み入れたのである。アレントによれば、「権力」とは公的領域を存続させる力であり、「多くの人々が公的に同意している意見」から生まれる。それは、他人と協調して行動することができるという人間の能力に由来し、「暴力」と違って誰かが所有するものではなく、「人々が共同で行動するとき、人々の間に生まれ、人々が四散する瞬間に消えてしまう」。「暴力」が言葉を必要とせず、むしろ排除するのに対し、「権力」はまさに複数の人間が公的自由を行使して「ともに活動し語る」ことから生まれるのであり、同時にこの公的領域を守るのである。いかなる共同体もこの「権力」なしで存続することはできない。「暴力は、権力を滅ぼすことはできるが、決して権力の代替物となることはできない」[1]。

ハーバーマスは、この「権力」を、自由なコミュニケーションを通じて形成された共通の確信が有する動機づけの力であると理解する。それは「行為に関連する義務づけの暗黙の承認」を意味するがゆえに、「新たな社会的事実」として「行政権力保持者が考慮に入れざるをえない力」となりうるのである。コミュニケーションの自由が公的に使用され公論形成がなされる場において、人々の間に新たな社会形成を求める力が発生する。アレントがアメリカ革命における憲法制定にその典型を見出したように、国家権力行使のコードとなり、自由な空間を維持するために必要な法の正当性は、この力に権威づけられることによって支えられる。「法は最初から、正当な法を生み出すコミュニケーションの力と結びついている」。

ただし、ハーバーマスは、「コミュニケーションの力の概念によっては、政治権力の生成のみが把握できるのであり、すでに構成された権力の行政的使用、すなわち権力行使のプロセスを把握するのではない。同様に、この概念は行政権力（administrative Macht）の使用権限を与える地位をめぐる闘争も説明しない」と述べてその射程を限定する。アレントの「権力」概念は、支配の正当性を計る基準は提供するが、それが法システム存立の基盤でもある行政権力の「制裁・組織・執行機能」へと媒介されるメカニズムは示していないのである。むしろ、この概念の意義は「政治権力概念の分化」を可能にすることにある。「集団を拘束する決定の権限」を行政権力が独占することはできない。行政権力は自らを再生産することはできず、コミュニケーションの力という稀少財から資源をくみ出さなければならない。こうしてハーバーマスは、「法をコミュニケーションの力が行政権力へと転換される際のメディアであると理解する」[2]。

ハーバーマスはすでに、アレントを追悼する論文（一九七六年）において（まだコミュニケーションの力という概念を明示的に導入してはいないが）、同趣旨の議論を展開していた。すなわち、確かに政治権力が戦略的行為のみによって自らを支えることは不可能であり、「正当な権力は、強制なきコミュニケーションにおいて共通の確信を形成する人々のもとでのみ生ずる」。だが他方、近代国家において「拘束的決定を下す」がゆえに「行為理論的視点よりもシステム理論的視点からの関心を引く」ような権力機構は不可避であり、したがって政治権力の現象をアレントのいう「権力」によって説明しつくすことはできない。近代憲法は、まさに国家の「暴力」をめぐる闘争を「制度化」するものでもあり、それを「政治システムの正常な構成要素」としたのである。

またここでハーバーマスは、社会経済的問題が公的自由の領域である政治に混入してくることをアレントが強く批判し続けたのも、彼女の政治概念が狭すぎて、現代国家における行政機構と社会経済的環境との深いつながり、あるいは「構造的暴力」の問題をとらえることができなかったためであるとする。「構造的暴力は、暴力としては自らを明らかにせず、むしろ正当性を生む確信が形成され育成される場であるコミュニケーションを密かに妨害する」。このコミュニケーションの歪みによって生じる幻想的確信を、彼はイデオロギーと呼ぶ。ある共通確信がイデオロギー性を帯びているのかどうかは、それが正当な「権力」と呼べるかどうかを左右する最高に政治的な問題であり、だとすればコミュニケーションの場が国家権力や経済権力、あるいは両者の結びつきによって歪められていないかどうかが政治の問題となるはずだということになる。だが、「まさにこの（幻想的確信と非幻想的確信の区別の――引用者）可能性に対して、ハンナ・アレントは反対するのである」。彼女は「実践的問題についての了解を合理的意思形成として把握」せず、「意見の問題」と「真理の問題」を厳格に分けてしまい、前者に、議論によって批判可能な妥当要求の相互主観的承認という「認識的基礎」を否定してしまう。その結果、アレントのいう権力を生む合意は、むしろ「約束」という範疇を与えられることになる。約束をし守るという人間の能力が政治的組織の形成を可能にする。「こうして、彼女は」コミュニケーション理論へとは向かわず、「自然法の伝統へと立ち帰るのである」[3]。

コミュニケーションの力の概念を取り入れたハーバーマスによる以上のアレント批判は、結局、第一に彼女が、近代国家において集団を拘束する決定をおこなう「暴力」の不可避性、そこから生じる「暴力」と「権力」の結びつけの必要性を承認していないこと、第二に彼女が「意見の問題」において合意を形成するプロセスの公正さに配慮せず、したがってそこから生じるはずの社会経済的問題の政治的重要性に気づかなかったこと、という二点にまとめられると思われる。以下では、この二つの批判の妥当性およびそれと密接に関連するアレントの「法」理論を探究することにしたい。その際、近年特にハーバーマス的なアレント解釈に対して異論が強く提起されていることも考慮に入れる。結論としては、この異論は対ハーバーマスを意識するあまり極端に振れすぎているが、やはりハーバーマスのアレント読解もその魅力を十分にくみとってはおらず、その点を加味した方が理論的により豊かになるとの主張をおこなおうと思う。

2　アレントの主権否定論の再検討

まず第一の点についていえば、確かにアレントは、自らの政治理解の出発点とした古代ギリシャのポリスを、民主政ではなく、無支配と性格づけて次のように述べている。「政治的であるということは、ポリスで生活するということであり、それはすべてが力や暴力（force and violence）によってではなく、言葉と説得によって決定されるということを意味していた。ギリシャ人の自己理解では、暴力によって人々を強制すること、説得するのではなく命令することは、ポリス外部の生活に特徴的な、人々を扱う前政治的方法であった」[4]。このアレントの古代ポリス叙述は、そもそも史実に即しているのか疑わしいし[5]、仮にそうだとしても、ポリス市民が公的領域において自由かつ平等となるために、逆に私的（とされた）家族の領域において前政治的な「暴力」の行使が認められ、家長＝市民にとって必然性の克服が実現されていたという、アレントも認める状況を今日是認することはとうていできまい。ポリスにおいても「暴力」は存在しなかったのではなく、私的な領域に囲い込まれていただけなのである。近代の国家権力による暴力独占は、まさにそれを公的領域に移しかえるものであったが、それにより、「正しい瞬間に正しい言葉を見つける」ことが政治をおこなう「活動」に他ならないにもかかわらず、「ただむきだしの暴力だけが言葉をもたず、それゆえに暴力だけは偉大ではありえない」[7]、その「暴力」を「権力」によってコントロールするという問題が政治理論に課されることになる。この問題を軽視しているならば、彼女の「権力」概念は「ロマンティックな祈り」にとどまっており、「現代の世界にほとんど制度的に定置されてはいない」という批判がなされるのもやむをえない。[8]

ただし、ここで留意しておくべきは、アレントはそもそも近代の主権国家体制を自覚的に自らの理論構成の前提としなかったということである。彼女は、アメリカ革命が「自由の構成」に成功したのは、連邦制と権力分立によって実は権力を「消滅させるのではなくもっと多く生み出す」ことを可能にしたからだという。その背景には、アメリカの植民地においてメイフラワー号での契約以来の、約束の力によって暴力なしに自ら団結して政治体を形成し維持するという経験があった。「主権をもたず、要求もしないのに、権力を享受し諸権利を要求することができる政治領域」が形成され、この政治体は常に諸権力との、征服ではなく、結合による拡大を求める。アメリカ憲法は、この経験に導かれて「共和国の政治体内部において主権を徹底して廃止した」。これにより、革命後のヨーロッパ諸国が悩んだ政府の無力を避けることができたのである。権力を滅ぼすほどの主権的暴力は、結局無力――共同体の統治不能――をもたらすのに対し、アメリカでは、すでに存在していた自発的な政治的組織を前提として、諸権力のチェックアンドバランスを積み重ねることにより「永遠の同盟を創設するほど強力な権力原理を発見」することができた。

これに対しフランス革命では、その歴史的遺産は絶対主義であり、主権者国王がいなくなって生じたのは「自然状態」であった。ルソーもシェイエスも、この空白となった位に主権者国民を置く。そこでは、国民のあいだに約束がなされたのではなく、「絶対君主の主権的意思の理論的代替」として、「国民が、多数の人々によって構成されるのではなく、実際に一人の人間からなるかのように」考えられた。そして「権力と法は、国民、というより国民の意思に定位されたが、その国民の意思自体は、あらゆる政府やあらゆる法の外部にあり、それらを超越していた」。しかし実際には、「いわゆる多数者の意思は、（たとえ法的なフィクション以上のものであるとしても）定義上常に変化するものであり、それを基盤として建てられた構造物は、流砂の上に作られているようなものである」。どの議会も憲法をつくる権力を欠いているという同じ批判にさらされ、安定した憲法を生みだすことができなかった。かえって登場したのは、全国民の喝采を浴びて「私が憲法制定権力である」と宣言する独裁者のシリーズである。「君主政すなわち一人支配を民主政すなわち多数者支配に置き換える」ことによっては新しい政治体を生みだすことはできなかった。[9]「一人ではなく複数の人間が地上に生きている」という「人間の条件」からして、主権という有名な「幻想」は、「暴力という道具、すなわち本質的に非政治的手段によって維持されるにすぎな」いのである。[10]

フランス革命において追憶されるべきは、中央権力とは独立に自発的コミューンが全国に多数生まれていたことである。それは「公的事象にかかわるすべての問題を議論し、話し合い、意見を交換する」場であり、「公的精神」の現れる「自由の土台」であった。ロベスピエールはそれらが自由を目指す革命にとって不可欠であることを認めていたのだが、中央で権力を握るやいなや「その立場を完全に変え」、「唯一不可分のフランス全人民」の名で諸コミューンを弾圧することになる。集権化された権力装置は、「国民主権を代表していると称しながら、実際には人々から権力を奪った」。この「革命が現実にもたらしたかすかな自発的権力機構」は、下から上へのフェデラリズムによる組織化をおこなう可能性を、「中央の集権的政府」によって摘まれ、「悲しい終わり」を迎えることとなる。

しかし、アレントが注目するのは、むしろこの、移住植民地アメリカという幸運な例外（アメリカは「国民」という「絶対者が政治領域でかぶる最も安価で最も危険な仮面」を避けることができた）を除いて（そしてアメリカでも、結局「革命精神」を維持することはできなかった）失敗に終わることがほとんど約束されている下からの自発的組織形成が、革命のたびに繰り返されることである。一八七一年のパリでも、一九〇五年や一九一七年のロシアでも、一九一八年のドイツでも、そして一九五六年のハンガリーでも、ほとんど同じ自治組織——彼女はそれを評議会（councils）と呼ぶ——が、瞬く間に広がった。それは、全市民が公的事象について議論し、それにより政治に参加できるための場であった。「評議会は、明らかに自由の空間であった。そのようなものとして、評議会は自らを革命の一時的な機関とみなすことを例外なく拒み、反対に自らを統治の恒久的な機関として確立するためにあらゆる試みをおこなった」。それを葬ったのは、「国民国家の勃興」である。国民国家の中央議会に基盤をもつ政党が、常に評議会を敵視し、そ「二〇世紀の革命の惨状によって葬られたのは、まさにこのような国家の変革に対する希望なのである」。そしてそれを自らのドクトリンの執行機関へと貶めようとしてきた。現代において政党制、代表制以外には統治の可能性はないという「現実主義」は、この「評議会のリアリティを無視」し、革命の可能性を暴力的に摘んできた他ならぬ中央権力の言い分を聞き入れているにすぎない。そこでの基本的思想は、「政治の実体は、活動ではなく管理である」ということであった。

ただし、アレントは一方的に評議会を被害者にしているわけではない。「評議会は確かに、現代社会において統治機構がどれだけ巨大な管理機能を果たさなければならないか、理解できなかった」。評議会が経済運営をおこなうというのは、自由と必然という両者の基本原理の相違からして不可能であった。人民は、政治的能力をもっていい、い、い、い、るがゆえに、工場や行政機構の管理に失敗したのである！　その失敗につけこんで評議会を抹殺したのが、「あらゆる政治的目的にまったくそぐわない」集権的構造をもつ政党組織であった。[11]

この、アレントが述べた「奇妙で悲しい物語」は、何よりも現代において「暴力」によらない政治秩序の可能性が見失われていることを告発するものである。「主権の原理とは全く異なるこの評議会国家」が「次の革命」において実現する可能性があることを忘れるべきではない。[12] とはいえ、現代の統治機構が巨大な管理機能を果たさなければならないという条件が次の革命時においても変わらないなら、評議会が持続的成功を収めるチャンスはやはりないといわざるをえないだろう。アレント自身、国民国家において経済的問題が家族の範囲を越え、「豊かになりたい」という均質的・画一的な要求（「パンを求める叫びは、常に一つの声で発せられる」）が「社会的領域」においてなされ、その結果政治的活動が駆逐されて「官僚制」による支配が招かれることになったという事実を認めざるをえない。[13] だが、今日において政治を「暴力」から救うことがその経済的・社会的問題からの撤退を必ず副作用として伴うのであれば、そのような道はやはり非現実的であるし、規範的にもとるべきではあるまい。社会の側から解決が求められていれば、それに対していかようにしてか対応することが政治には求められるはずであり、それを無視することは政治の無内容化を招くだろうからである。[14] そして、政治的に「活動」するという感覚を得るためには、社会にとって意義のある問題について議論することが必要であろう。革命時の評議会が自らの能力を越える経済問題に立ち向かっていったのも、それが社会の愁眉の課題だったからであり、参加した市民は、後知恵では失敗するとわかっていようが、その問題について自ら議論し決定することを求めたのである。そしてこの失敗にかんがみ、今日の社会運営において官僚機構が不可欠であるとすれば、それをどのように有効にコントロールできるかを考えるべきであろう。ここでは、官僚的論理に飲み込まれないだけの独自の力をもった論拠が示されなければなるまい。

ハーバーマスの「政治権力の分化」構想は、この現代国家の課題に対応するものといえよう。

ハンナ・アレントはしかし、現代の代表民主政に対処なく絶望しているわけではない。彼女は代表制においても、統治者と被治者のコミュニケーションが存在し、両者に同意が生じる状況とそうでない状況とは区別できると考えている。前者も平等な者どうしの議論ではないゆえに、本来の政治的自由の行使とはいえないが、この合意により支持される場合には、代表者は「権力」を委託されたと解することができる。その際重要なのは政党のあり方であり、革命政党のように国民に対しただ自分たちのドクトリンへの賛同を求めるだけではなく、コミュニケーションに開かれていなければならない。これに対し、一九六〇年代後半からのアメリカの市民的不服従運動に彼女が見いだしたのは、この同意の撤回である。この運動は、複数の人間が結びついて公の場で自らの主張を広めようとするものであり、ここでも「約束の力」によって「暴力」保持者が無視できない「権力」が発生した。「自らの手から権力がこぼれ落ちていくのを感じる」権力者が「暴力」の誘惑にどこまで耐えられるのかが、この「第一級の憲法上の危機」の帰結を左右するだろうと彼女は考えている(15)。

つまり、アレントも二次的にではあるが、国家「暴力」を人々の自由な結びつきから生じる「権力」によってコントロールすることに意義を見出している。代表民主政を活性化するのは、自由な討論による代表者への支持・不支持であり、政党がその議論に開かれていることが求められる。この関係で、アレントは選挙以外に国民に政治活動の「場」が与えられないことを非常に問題視している。「『年に選挙の一日だけでなく、毎日自分は統治の参加者である』とすべての人が感じる」ことがなければ、人々は「公的領域から閉めだされ」ることになり、代表民主政は私的利害の流入により腐敗する。逆に「投票箱以上の公的空間」があれば、そこで人々が政治的能力を発揮して自発的に「権力」を生みだすことが可能となるはずなのである。そのためにこそ、アレントは評議会を重視したのであった。もちろん、代表民主政が「第一級の危機」に陥った場合には、そのような「場」がなくても市民的不服従運動は生じるであろうが、しかしそれに必然的につきまとう人民の無力化に対抗するためには「あらゆる人が自由になりうる、目に見える空間」が本来必要なのである(16)。この、「自由の空間」の必要性は、次に述べる「活動に必要な勇気」の問題と関連しているが、いずれにせよこのような指摘は、国家の暴力を民主的にどのようにコントロールするかという、ハーバーマスの理論目標への示唆を含むものであろう。

3　アレントのイデオロギー論

次に、ハーバーマスによるアレント批判のうち、先に挙げた第二の点に移ろう。つまり、アレントが合意の合理性を問おうとせず、政治的議論の場の公正さへの配慮に欠けていたという評価についてである。アレントは確かに「真の合意」と「虚偽の合意」の区別というようなタームを使ってはいない。しかし、彼女がこの問題に対して無関心であったということはない。『全体主義の起源』の著者アレントは、人々が共通に抱く世界観としてのイデオロギーという現象に人一倍関心を払っている。ここでイデオロギーは「科学的世界観」との意味で用いられているが、自由が存在する以上人々の世界観が「科学的」に一致することはありえない。イデオロギーは、むしろテロルによる支配と一体化してその恐るべき力を発揮する。「テロルの外的強制は、自由の空間を破壊し、それにより人間の間の一切の関係を消滅させる。他のすべての人々と一緒に圧縮されながら、各個人は他のすべての者から完全に孤立させられている」。このような状態におかれた各個人は、「Aと言った以上Bと言わなければならない」という論理の強制に対し無力となる。新しいことを考え始めるには、他者と語る自由が不可欠だからであり、見捨てられた人々からは「真の思考能力と真の経験能力はともになくなってしまう」。彼らが頼れるのは、国家によって一見「否応なしに明白なもの」として示される思考しかない。2×2＝4であるのと同様に、「寄生虫」ユダヤ人は殺さなければならない。本当にユダヤ人は寄生虫なのかと誰にも問えない人間には、それを真理であると信じて生きるしか道は残されていない。こうして全体主義は、自らのイデオロギーのために大衆を大量動員することができる。彼らはあたかも「ただ一人の人間」であるかのように圧倒的に全体主義政権を支持するのである。もちろんこの支持は「真の意味での政治的行動ではない」。これに対し、権力は複数の人々が距離を保ちながら自発的に共同行動し始めるとき発生する。(17)

アレントが他者と語る自由が維持されたうえでの合意と、孤立させられた人々が生きるすべとして頼る「科学」への合意とを区別していることは明らかである。彼女は、議論を封殺する真理の要求に対しては毅然としてこれを拒否する態度を貫いたが、他方でどんな合意であっても人々が一致していれば政治的な力となるという考えもまた断固として拒否したのである。また、彼女が政治から排除しようとするのは、「真理」だけではない。「同情」や「愛」といった感情的要素を、人々のあいだの距離を破壊する、つまり冷静な議論をできなくする傾向をもつゆえに非政治的であると指弾して明示的に公的領域から排除しようとしているのは、ハーバーマスではなくアレントである。アレントは合理的議論を求めていないという指摘がなされることがあるが、彼女自身が「人間らしさとは、感傷的であるよりもむしろ落ちついた冷静なものであるべきだ」と述べ、ロベスピエールの貧民への同情に対してアメリカ革命の遂行者たちの冷静さを高く評価していることを考慮すべきである。(18) そしてまた、アレントは「活動」する各人が自らの主張を「真」であると述べること、ハーバーマス流にいえば自らの主張の妥当要求をなすことを否定しているわけではない。彼女は、真理の強制を嫌悪したが、それはむしろ各人が「自らが『真理とみなす』」ことについて発言して議論することによって「人々が結びつけられまた切り離され」、そうして公的領域を維持することができるからであった。また、最初から「真理」とされるものではなく「意見」こそが「真に討議的(discursive)」であって、「開かれた場」で議論されることにより「あらゆる種類の対立する見解を通って、最終的にそれらの特殊性を超えていくらかの公平な一般性(some impartial generality)へと高まる」。これに対し、「真理」として議論を拒む言明は「不透明」なままなのである。(19) これらの主張はハーバーマスに非常に近いといえよう。

確かに、アレントのイデオロギーという語の用法が既述のようなものだとすると、ハーバーマスの、彼女がコミユニケーションの密かな歪み、そこから生じる虚偽の合意の問題性を意識していなかったとの指摘には、まだ答えたことになっていない。しかし、この問題に対しても、アレントが政治的活動における平等の「人工性」を強調していたことを想起すべきである。「公的領域につきものの平等は、必ず等しくないものの平等であり、ある点で特定の目的のために『平等化』される必要があるのである」。人は自然において平等ではなく、だからこそ政治的領域では法によって人工的に平等が保障されなければならず、またその平等で自由な人々が集う場も人工的につくられる必要があった。ポリスはまさにこのような場だったのである。[20] ハーバーマスが政治的意見交換において社会的な支配関係が影響することを憂慮するのは、まさに代表民主政において、アレントが指摘するような人工的に政治的平等を確保してくれる制度が欠けているためであるといえよう。しかしまたギリシアのポリスのように、経済的不平等を私的領域へと押し込めて人為的に政治の領域を確保し、そこでの平等も保障するというやり方を今日採用することはできない。経済的な利害が政治に参入してくることを一方で認めつつ、他方でそれから生じる弊害をある程度抑制することが積極的に必要となろう。

4　アゴーン的活動と acting in concert

このこととの関係では、むしろアレントが「政治的平等は死の前の平等の対局にある」と述べていることに注意が必要である。つまり、平等とは同一性ではない。同一性は他者とのコミュニケーションなしでも存在する。これに対し政治的平等は、むしろ「多数」の人間が公的領域において「ユニークな人格」どうしとして「自らを際立たせる」ことが可能になることを意味する。この多数性の強調こそ、ハーバーマスらの「合意重視」的なアレント解釈に対して有力に唱えられている異論の基礎となるものであり、かつ本書の視点からも重要な問題を含んでいるので、いささか検討しておきたい。

確かにアレントは、公的領域における「活動」の特性として、その「競技精神」（agonal spirit）、「すべての人が常に自らを他の全員から区別し」て「自らを最良の者だと示す」ことを強調している。「言い換えると、公的領域は個性のためにとっておかれていた」。平等な者が寄り集まっている場で、他の同輩たちと自分を区別して自らの「卓越」性（excellence）を示すことが、公的自由の行使に他ならない。また、彼女は「活動」を演劇にたとえている。なぜなら、活動もまた「動機・意図や目的・結果」ではなく、パフォーマンスそのものによって評価されるからであり、その判断基準は「偉大さ」（greatness）である。「偉大な活動」とは、「一般に受け入れられていることを打ち破り、異常なるものに到達する」ものであり、それにより人々は「一般に日常生活で真実だとされていることがもはや当てはまらない」ことを知らされるのである。政治の術とはこの「偉大さ」を公的に示すことである[21]。

このような論述から、アレントを「アゴーンの政治理論家」であるとしてハーバーマスと対局に位置せしめようとするのが、最近のアレント研究の有力な傾向である。その代表的人物ダナー・ヴィラは、確かにアレントには複数の平等者どうしの議論という政治観も存在するが、その「『偉大な行為の輝ける栄光』の強調は、政治の熟議モデルとは実際全く異なるように思われる」とし、後者を優位させて彼女の全体像を把握しようとする。ハーバーマスは、討議の目的を合意形成に置くが、アレントにとって「活動」は自己目的であり、多数の人間がそれにより自らのユニークさを示すことが公的自由に他ならない。平等はその前提として求められるが、そこでは複数の意見が卓越を競うのであって、「真」であろうが「偽」であろうがそもそも合意形成は期待されてもいない。アレントの真骨頂は、多数性・不合意が解決を要するという一般的観念への挑戦にある。彼女は「正当性の理論家」ではなく「政治活動の理論家」として読み解くべきだ、ということになる[22]。

これに対して、セイラ・ベンハビブは、アレントの「活動」概念のなかに「アゴーン」的な性格と「物語」的性格の二つを見出し、後者を優位させて理解しようとしている。「物語」的というのは、アレントにおいてハーバーマスのいうような妥当要求の承認による合理的合意が意図されているわけではないと彼女が考えるからであるが、イメージされているのは「アゴーン」的でない、通常の言論活動である。ベンハビブによれば、「物語」的活動は複数で生きる人間にとって本質的であって普遍的に存在しているが、その中で一握りの活動が「アゴーン」的となって非日常的「卓越」性を示すことができる。一方的に彼女の「アゴーン」性を強調するのは、人間関係の網の目の普遍的存在とその「活動」による維持・変革というアレントの思想の基盤にそぐわない、という。[23]

しかし、このように「活動」のなかに「アゴーン」的なものとそうでないものの二種類が含まれており、どちらがアレント理論の中核に位置するか、というような議論はいずれにせよ正鵠を射ていないのではないかと思われる。アレントは明らかに、公的領域での「活動」全てが「競技精神」をもって「卓越」を目指していると理解している。しかし、ここで留意すべきは、アレントは別に政治活動を必要以上のヒロイズムで飾ろうとしているわけではないということである。言い換えれば、彼女は公的領域で活動することに不可避的に必要な「勇気」について語っているのである。そもそも、人は私的領域で安定して生きていくことができる。にもかかわらず公共の事柄に関心を持ち、「活動」に踏み出す人間は、それが多大なリスクを包含していることを認識しておかなければならない。「活動」はその人間の正体を暴露する。しかもそれは、他人にははっきりわかるのに本人にはわからない。しかも、「活動」は既に存在している人間関係の網の目に対してなされるため、活動する本人の目的はほとんど達成されない。活動の結果公的領域がどう変化するかは、事前には本人にも全くわからない。これは、政治的発言の思わざる波及効果として、我々にもなじみ深い現象であろう。結局、「一体何が起こったのか」は歴史家にしかわからない。「活動者は、『行為者』というだけではなく、常に同時に受難者でもある」。にもかかわらず公共の問題に関心をよせる人々は、「勇気」をもって自分の考えのユニークさを「自ら進んで活動し語」り、世界を変えようとする。[24] 公的領域で語ることは、気楽なおしゃべりではない。自らの発言が自らを公開の場にさらし、しかもそれがどのように解釈されるかわからないにもかかわらず、自分の意見のユニークさを信じて一歩を踏み出すことなのである。そして、これこそが自由の行使である。「勇気は、人々を生命への配慮から世界の自由へと解放する」(25)。まさにこのリスクを承知した上での「活動」は、必然的に「アゴーン」的色彩を帯びるであろう。公的領域で語ることは、必然的にこの意味ではヒロイックな営みである、むしろそうであらざるをえないというべきであろう。

また、これはアレントの公的領域が一部のエリートへと閉ざされていることを意味しているのでもない。逆に、既に述べたように、彼女は、場所さえ与えられれば、一般市民も公的領域でこのような卓越を示す能力を持っていると考えているのである。確かにこのような「勇気」を必要とする政治に参加しない自由も存在し、それを選んで生きるのも不名誉なことではない。政治的情熱は「ありふれたこと」ではない。が、「我々が考えがちなほどまれではない」。自発性を有する誰もが参加できる評議会があれば、そこでの活動で世界を変えようとする人々が集まってくるはずである。「政治的エリート」は、政党が選ぶのではなく、評議会での議論の能力によって「同輩の信任」を得た者が選抜されるべきなのである(26)。他方アレントは、現代において生活のために必要な労働の苦痛が薄れてきたことからは、政治活動の増大ではなくその減少、消費社会化がもたらされたと指摘している。「なぜなら、人間の自由は常に、自分自身を必然性から解放しようとする、決して完全には成功しない企てのなかで獲得されるものだから」。自分が必然性に服従していると感じない人間は、あえて世界の自由へと解放されようとする勇気をもつこともない(27)。ベンハビブが「物語」的活動にも目を向けようというのは、現実に人々の固定観念を打ち砕く「アゴーン」的な政治演説が衰退してしまったことの裏返しでもある。しかしこの指摘は、逆にいえば、アレント自身、政治活動に必要な「勇気」は日常生活に何不自由ない階層からではなく、むしろ既存の世界を変えることを切実に願う人々からこそ生まれてくると認めていることを示すものともいえよう。アレントがフランス革命における貧民の公的領域への登場を批判的に扱ったのは、彼（女）らが議論ではなく、てっとりばやく「豊かになること」を求めたからであった。同じく生活に困窮した人々からなっていたはずのコミューンを彼女が高く評価していいるのは、既述のとおりである。

　では、このような公的活動は、合意とは相入れないのか。しかしここでもアレントは、両者を矛盾するものとは考えていない。この場面での彼女の思想は、ボニー・ホーニグが指摘するように、「協調して活動すること」(acting in concert) という言葉に集約されている。[28] これは、複数の者が完全に一つの意思を持つようになるということではない。まさにこのような意思の一致は、自由な複数者の間ではありえないがゆえに、アレントが政治から断固排除しようとしたのである。しかし他方単なる「ヒロイックな個人主義」を彼女が主張していたのでもない。権力は人々の間から生まれるとアレントがいうとき、そこでは人々の間の「距離」が保持されていること、言い換えれば人々が自由に自ら「活動し語る」ことができることが求められている。そのようなそれぞれユニークな人々がある点において相互批判をおこないつつも協調するからこそ、そこから権力が発生するのである。単なる合意ではなく、「人々の一致した共同行動における複数性」[29] が権力を生む。

　ヴィラは、アゴーンの理論家としてアレントをとらえるゆえに、個別の活動者がばらばらに卓越を求めて行動することによって共同体が崩れてしまうのではないかという問題をたて、結局アレントの「活動」が単なる主観主義の称揚ではなく、公的領域で他者を説得することが求められることによって政治性が確保されるという。その際には複数性と熟議が結びつけられるかたちで、議論することによって自分たちの考えの共通性と相違点が浮かび上がってくる。コンセンサスは議論の「目的」ではなく、「せいぜいある種の規律理念」であるということになる。[30] しかし、ヴィラの立論においては、明らかにアレントの権力論が軽視されすぎている。彼は、アレントが「暴力」を政治から排除しようとしたことをその隠された道徳論に由来するというが、[31] アレントにとっては、「暴力」が政治体を維持することは不可能なのである。そのためには、かならず人々が集うことによって発生する「権力」が必要なのであって、道徳とは関係なく、「権力」なしの「暴力」は人々の共生を破壊するのである。この権力論の軽視は、ヴィラが複数性を維持した上でのコンセンサスという概念に到達しなかったことによるといえよう。

アレントは別にアゴーンを規律するものとして「活動」の相互主観的性格を持ち出しているわけではない。公的領域で「卓越」を目指すということは、自らの意見のユニークさを同輩たちに示して承認を求めること、「協調して活動すること」を呼びかけることに他ならない。ペリクレスは自らのパフォーマンスによって自らの力を生んだ。(32)その際には、協調して活動する人々がみな自由を保持した平等者どうしであること、そして彼らが自由を保持したままで協調して活動することができること、だからこそ「卓越」が競われたポリスは一方で「無支配」でもありえたことが含意されているのである。彼女の真骨頂は、「アゴニズムとアソシエーショニズムをオリジナルなかたちで結合」させ、「同一性ではなく複数性を基盤として要求する、競技的な協調活動（agonistic action in concert）を理論化」した点にこそ求めるべきであろう。(33)こう考えれば、アレントは決して「自然法の伝統へと立ち帰」ってはいない。むしろハーバーマスの「コミュニケーションの力」論の方が、多元的な社会においてそれでも人々の共同行動に権力の源を求めようとする点での理論的含蓄において一面的なのではないかとの指摘をなしうるように思われる。

彼女は、公的領域でのあるべき人間関係を「同情」や「愛」ではなく「友情」と表現している。「友情とは、個人的親密さのことではなく、政治的要求を掲げて世界について論及し続けることである」。(34)議論し続けることによって結びつくこと、決して他の同輩と全く同じ意見となることはないにもかかわらず、否だからこそ自分たちを結びつけるものの中身、その意味について議論しあいながら「協調して活動する」こと。政治的な力は議論の末に達成された合意それ自体というよりも、まさにこのような、複数の人々が一定の共通性を有しつつも議論をやめることなく結びつき、自分たちの意見の説得力を高めていこうとする活動から発生すると考えるべきではなかろうか。

実際、多元的な社会において、ある論拠が万人をではなくとも多数の人々を完全に説得するだけの力を持つことは想定できない。ハーバーマスの「合理的合意」論が「次第に難しい立場に立たされつつある」[35]というのも、その限りで当然である。しかし、このことは各人がブラックボックスとして併存するということを意味しない。その論拠が魅力的に思える人間ほど、それについて思考し、その結果新しい視点を提供することになるのではないか。こうした議論がある問題について多くの人々を巻き込んでいくほど、暴力手段の保有者がそれを無視することは困難となる。実際、ハーバーマスも、コミュニケーションの力の担い手として単に合意した人々ということではなく、自発的なアソシエーションを念頭に置いている[36]。しかし、このような結社は、ある問題について見解を全く同じくする人々の集まりというよりも、その問題の社会的重要性についての一定の共通評価の上で、自分の考えを社会に反映させたいとして議論に加わろうとする人々の集まりと理解する方が現実にも合致しているだろう。そして、自由な議論が保たれているからこそ、その結社の主張が「真理」としてイデオロギー化することが防がれ、生き生きした政治的「権力」を発生させることができる。複数の人間が存在すれば、新しいことを考え始めることができるというのが、アレントの基本的な思想であった。彼女はそこに、この絶望的な時代にとってのかすかな「救い」を見いだそうとしていたのである。

5　「権力」「約束」「法」

ハーバーマスによる批判との関連で最後に論じておくべきは、アレントにおける「権力」と「法」との関係であり、ここに「約束」概念もかかわってくる。アレントが「権力」を生む人々の結びつきを「約束」という概念でとらえているのは確かだが、この概念はアレントの論述のなかでは、「権力」を生むこと自体というより、それを維持するための手段としての意味あいが強い。人々が「協調して活動する」とき「権力」が生まれるが、彼らを「一緒にしておく」のが「相互の約束または契約の力」である。彼女はここで、あれほど嫌っていた「主権」概念との一定の類似性まで持ち出して、「約束」によって人々が「未来の不可予測性を一定程度免れること」の意義を認めるのである。それは、「活動し語りながら他者と共生しようとする意思から直接生じる」、「新しく終わりのない過程を始めるという能力そのもののなかに埋め込まれたコントロールメカニズムのようなもの」である。むろん、このコントロールは一定程度にしかおよびえないのであって、「約束」によって未来を完全に確定することはできないが、「活動の巨大なリスク」をある程度減らし人々の参入を容易にすることはできる。[37] そして、「法」は、この人間の約束をし約束を守る能力によってつくられ、人間生活に一定の安定を与える構築物に他ならない。もちろんそれは「活動」するための「勇気」の必要性をなくするほどの安定を与えることはできないが、他方「法」のない状態では恐ろしすぎて誰も「活動」に踏み切ることはできない。「法」が公的領域と私的領域を区分する壁として必要であったとの彼女の指摘も、「プライバシーを適切に確立し保護することなしには、自由な公的領域はありえない」からである。しかしまた、既存の「法」がいつまでも我々を拘束すると考えることもできない。「法」を支える「権力」が一定以上失われれば、それは暴力的にしか維持することができない。既述の通り、アレントがアメリカの市民的不服従運動に見たのは、この支持の喪失であった。また、権力者の一存でいかようにでも変化する「法」は、人々に安定を与えることもできないのであって、本来「法」とはいえない。[38]

ハーバーマスは、「コミュニケーションの力」によって「行政権力」を拘束する法の正当性を支えようとした。一方、近代的立憲国家を——そしてそれが含む国家権力の暴力独占を——前提として論を立てているわけではないアレント自身の「法」理解は、観念的な要素を含んでおり——「法」を「約束」と見るとしても、万人に対して「説得」で法を守らせることは不可能であろう[39]——、「法による暴力の拘束」といった視点を明確に見出すことはできない。ただし、ハーバーマスとの一定の共通性を見いだすことは容易であろう。法は人々の間の約束としてつくられなければならないということ、つまり、自由に活動しているにもかかわらず一定の点で未来を拘束しようとする人々の了解に基づく必要があるということである。さらに、ここからはハーバーマスが言及しない重要な示唆を得ることもできる。それは、人々に公的活動への参加を促進するための法的制度の重要性である。ハーバーマスは市民社会での活発な活動の可能性を文化的な問題に還元してしまう傾向があるが、[40]それはいかなる社会においてもリスクを伴う行動であり、そもそも政治的活動がおこなわれるためには制度的な準備がある程度必要なのである。表現の自由を保護する法規定があらかじめ明確に定められていることは、その最たるものであろうが、その他にも、政治活動が私生活を維持するための地位の喪失と結びつけられないこと、それに対する暴力行使が実効的に抑制されていることなど、いろいろな制度的準備が考えられる。アレントの理想とするポリスは、それらの制度的基盤も整っていたということになろう。公私の区別を排除とともになしたポリスの基礎は、現在では再建不可能だとしても、だからこそ今日不完全であっても公的領域のリスクを軽減することの重要性は大きいと思われる。[41]

6　評議会のもう一つの困難性

最後に、本節での検討から得られた示唆をまとめておこう。今日において「暴力」を私的領域に囲い込むべきではなく、むしろその主権的集中を前提として論をたてるべきだとすれば、アレントの「権力」論は確かに一面的であるとの批判を免れないであろう。しかし、彼女の議論はその「暴力」をどのようにコントロールするかという問題に対しても、今日の代表民主政の不十分さを指摘することで有益な示唆を与えている。とりわけ法的に政治参加を促進する制度が、「活動」には非常に大きな「勇気」が必要なだけにいっそう求められるのである。そのような人工的な保障の下で、近似的にではあれ平等とされた人々がそれぞれのユニークさを公的に示すのが政治活動であり、多様な彼ら／彼女らは決して全く同じ意見になることはないにもかかわらず、アソシエーションなどとして他者と協調して行動することができる。このときこそ、ハーバーマスから本節最初に引用した「新たな社会的事実」が生まれるのだということができる。

だが最後に問題として指摘すべきことは、アレントの求める「評議会」＝代表民主政への補完の制度化とそこでの議論の自由との緊張関係である。ジェフリー・アイザックが指摘するように、そのような補完的制度が統治機構の一環として公式に位置づけられれば、期待通り下から上に権力形成がなされるのではなく、より大きな政治における自らの主張実現のための「戦略的実効性」の観点が不可避的に流入することになって、逆に「民主的参加の意味ある形態」としての内実を失ってしまう危険が大きいと懸念される。(42) アレントの指摘するように、政治参加が「友と語り続けること」なのだとすれば、とりわけ何らかの決定を公式にくださなければならないという要請は、この政治活動の自由への本質的な制約となる。多数の人間が完全に一致することはありえない以上、多数決をとる場合には小異を捨てなければならないが、まさにこの小異をめぐってユニークさを競うことこそ政治参加の醍醐味なのではないか。決定の圧力にさらされて議論をすることは、この醍醐味を大幅に失わせるであろう。アレントは、多数決原理自体に問題を見ていないが、(43) しかしまさにルーマンの指摘のとおり、誰もが参加できる協議体においていつどのように「決定」するかは原理的に決めることができず、必ずや混乱を引き起こすであろう。この混乱は、「友」を引き離すものともなろう。今日の民主政論が、中央議会・政府への市民社会からのコントロールの過少を嘆きつつも、強制的コントロールの制度化には慎重であり続け、市民社会への期待というレベルにとどまり続けているのも、基本的にはこの洞察からであるように思われる。既に述べたように、ハーバーマスが代表民主政にこだわるのもまさにこの問題への配慮からなのである。ただし、これも既述の通り、だからといって政治的議論を促進するのに既存の社会状況で十分だという結論にはならない。この「緊張」を自覚しつつ、より適切な政治構造をつくっていく試みが求められている。

第二章第三節の注

（1）Jürgen Habermas, *Faktizität und Geltung*（1992）, S.182f.; Hannah Arendt, *The Human Condition* 199-203（1958）.〔ハンナ・アレント（志水速雄訳）『人間の条件』二二七―二三一頁（一九七三）〕（以下では *HC* と略記する）。アレントは日常的な用語に独特の意味を込めて使うことが多く、本章ではそのような場合かっこ付きで引用することを原則とする。その最たるものである power は、千葉眞もいう通り「力」と訳した方が適切であるように思われる。千葉眞『アーレントと現代』二二六頁（一九九六）。ただし、本書では既に日本のアレント研究での定訳となっている「権力」を用いている。なお、アレント政治理論の全容については、川崎修「ハンナ・アレントの政治思想(一)〜(三)」国家学会雑誌九七巻九・一〇号五八七頁（一九八四）、同九八巻三・四号一八九頁（一九八五）、同九九巻三・四号一五七頁（一九八六）を参照のこと。

（2）Habermas（Anm.1）, S.183-187.

（3）Jürgen Habermas, Hannah Arendts Begriff der Macht, in: ders., *Philosophisch-politische Profile*（Erw.Ausg., 1987）, S.228, 238-248.〔ユルゲン・ハーバーマス（小牧治・村上隆夫訳）『哲学的・政治的プロフィール（上）』三二四頁、三三八―三五一頁（一九八四）〕。

（4）Arendt, *HC* 26-27. 三〇頁。*See also* Hannah Arendt, *On Revolution* 30（1965, Penguin Books 1990）.〔ハンナ・アレント（志水速雄訳）『革命について』二八―二九頁（一九七五）〕（以下では *OR* と略記する）。

（5）アレントのギリシアポリス理解が意識的に不正確なものであると指摘するのは、石田雅樹「破壊／救済としての〈歴史―物語〉」相関社会科学九号六六頁（一九九九）。

（6）Arendt, *HC* 26-37.〔三〇―三八頁〕。

（7）*Id.* at 25-26.〔二九―三〇頁〕。

（8）Seyla Benhabib, *The Reluctant Modernism of Hannah Arendt* 202-203（1996）.

（9）Arendt, *OR* 76, 145-169, 180.〔八〇頁、一五三―一七八頁、一九〇頁〕。アレントの反多元主義的なフランス革命理解が、カール・シュミットのそれと同様に不正確なものであり、これとの対照によってアメリカ革命も一面的に美化されていると指摘するのは、William E. Scheuerman, Revolutions and Constitutions: Hannah Arendt's Challenge to Carl Schmitt, 10 *Canadian Journal of Law & Jurisprudence* 141, 151-161 (1997). Vgl. auch Ingeborg Maus, *Zur Aufklärung der Demokratietheorie* (1992), S.203-209. 〔インゲボルク・マウス（浜田義文・牧野英二監訳）『啓蒙の民主制理論』一七四—一八〇頁（一九九九）〕。

(10) Hannah Arendt, *Between Past and Future* 163-165 (1968, Penguin Books 1993). 〔ハンナ・アーレント（引田隆也・斉藤純一訳）『過去と未来の間』二二一—二二三頁（一九九四）〕（以下では*BPF*と略記する）。

(11) Arendt, *OR* 195, 232-275. 〔二〇五頁、二四四—二八八頁〕。アレントが『全体主義の起源』において、大量の無国籍者という「人権のアポリア」を生み出した国民国家を批判していることは、周知のとおりである。Hannah Arendt, *Elemente und Ursprünge totaler Herrschaft* (1955, Serie Piper 1986), K.9. 〔ハンナ・アーレント（大島通義・大島かおり訳）『全体主義の起源2』第五章（一九八一）〕（以下では*EUTH*と略記する）。

(12) Hannah Arendt, *Crises of the Republic* (1972), 229-233. 〔ハナ・アーレント（高野フミ訳）『暴力について』二一三—二一七頁（一九七三）〕（以下では*CR*と略記する）。アレントとハーバーマスを国民国家を前提にしているかどうかで区別し、前提にしているハーバーマスが決定権限と公共との結びつけに注目するあまり、後者を国民国家単位で一元的に考えていると批判する論文として、*see* Craig Calhoun, Plurality, Promises, and Public Spaces, in Craig Calhoun and John McGowan (eds.), *Hannah Arendt and the Meaning of Politics* 232, 237-240, 249-254 (1997). しかし、少なくとも*Faktizität und Geltung*での国家規模の公共圏についての叙述を反多元主義的に読むのは素直な読解ではない。彼は公共での自由な議論をできるだけ保障するためにこそ、それを統治機構から制度的に切り離そうとしたのである。

(13) Arendt, *OR* 94. 〔九八頁〕。*HC* 38-49. 〔三九—五〇頁〕。

(14) アレントの政治についての狭い理解がその無意味化を招くというのは、広くなされている批判である。千葉前掲

注(1)八三―八五頁参照。*See also* Sheldon S. Wolin, Hannah Arendt: Democracy and the Political, in Lewis P. Hinchman and Sandra K. Hinchman (eds.), *Hannah Arendt : Critical Essays* 289 (1994). アレントが、一九五〇年代後半にアメリカで大問題となった公立学校の人種分離撤廃をめぐって、誰と一緒に学ぶかは非政治的領域の問題だとして、これが政治的議論の対象として扱われること自体を嘆いたのは、彼女自身に対してまさにこの批判があてはまることを物語る。*See* Hannah Arendt, Reflections on Little Rock, 6 *Dissent* 45 (1959).

(15) Arendt, *OR* 267-268, 276-277. 〔二八一―二八二頁、二九〇頁〕。Arendt, *CR* 88-98, 223-224. 〔七九―八七頁、二〇六―二〇七頁〕。

(16) Arendt, *OR* 235-238, 252-255. 〔二四八―二五一頁、二六五―二六八頁〕。この主張から、アレントが代表民主政を否定していたのではなく、その中で市民の自発的参加を促すための補完を求めていたのだということを強調する論文として、*see* Jeffrey C. Isaac, Oases in the Desert: Hannah Arendt on Democratic Politics, 88 *American Political Science Review* 156 (1994). 民主政を維持するためのインフォーマルで多元的な市民参加の重要性という点などで、ハーバーマスとアレントの共通点が多いと指摘するのは、Arne Johan Vetlesen, Hannah Arendt, Habermas and the Republican Tradition, 21 *Philosophy & Social Criticism* 1, 5-13 (1995). しかし厳密にいえば、アレントが求めているのはむしろ代表民主政に対するフォーマルな改革である。

(17) Arendt, *EUTH* 717-730. 〔ハナ・アーレント(大久保和郎・大島かおり訳)『全体主義の起源3』二八四―三〇〇頁(一九八一)〕。

(18) Arendt, *HC* 241-243. 〔二六八―二六九頁〕。Arendt, *OR* 73-88. 〔七七―九二頁〕。Hannah Arendt, *The Life of the Mind II: Willing*, 200 (1978). 〔ハンナ・アーレント(佐藤和夫訳)『精神の生活 下』二三九頁(一九九四)〕。

(19) Hannah Arendt, *Men in Dark Times*, 30-31 (1968). ハンナ・アレント(阿部斉訳)『暗い時代の人々』四四―四五頁(一九八六)〕(以下では*MDT*と略記する)。Arendt, *BPF* 242. 〔三二九頁〕。アレントとハーバーマスの「真理」概念への評価の違いに実質的な対立を認める必要はないことについて、川崎修「ハンナ・アレントと現代政治哲学の隘路」思想七五四号一一一頁、一一九頁（一九八七）参照。本文で述べたようにアレント自身は「真理」概念を自由な議論と対立するものとして使用していたが、ヤスパース論においては、彼の「コミュニケーションの中でのみ開示され」「我々を結びつける」ものとしての「真理」概念を、人類を破壊的に一体化させうる「暴力」との対比で高く評価している。Arendt, *MDT* 84-88.〔一〇六—一一〇頁〕。

（20） Arendt, *HC* 32-33, 215.〔三四—三五頁、二四二—二四三頁〕。Arendt, *OR* 30-31.〔二九—三〇頁〕。

（21） Arendt, *HC* 41, 48-49, 205-206.〔四三頁、四九頁、二三二—二三四頁〕。Arendt, *BPF* 153-154.〔二〇六—二〇八頁〕。

（22） Dana R. Villa, *Arendt and Heidegger* 52-79（1996）; *Id.*, Postmodernism and the Public Sphere, 86 *American Political Science Review* 712（1992）. *See* Margaret Canovan, A Case of Distorted Communication, 11 *Political Theory* 105（1983）. ただし本文での批判にもかかわらず、ヴィラが、アレントにおける公的領域の人工性や、アイデンティティ形成がそのなかで初めておこなわれるとされることに着目して、彼女を共同体主義から切り離すのは基本的に妥当といえよう。*See* Dana R. Villa, Hannah Arendt: Modernity, Alienation, and Critique, in *Hannah Arendt and the Meaning of Politics*（*supra* note 12）179, 187-193.

（23） Benhabib, *supra* note 8, at 123-130, 193-198（1996）. アレントの理論中にこのような二種類の政治活動観の緊張が存在しているというのは、広くなされている指摘である。*See* Maurizio Passerin d'Entrèves, *The Political Philosophy of Hannah Arendt* 83-85（1994）. 近年のフェミニズムやポストモダニズムは、アレントの闘争的政治の側面を特に肯定的に強調する点に特色がある。千葉前掲注（1）五九—七六頁参照。千葉は、この緊張から、アレントの「自由の政治」を「世界形成の政治」と「抵抗の政治」の二類型に分類するが、本文での記述のとおり、彼女の政治観をこのように分けてしまうことには私は賛成できない。アレントの真骨頂は、まさに両者を「政治」において結び合わせたところにあると考えるからである。

（24） Arendt, *HC* 175-192.〔二〇一—二一九頁〕。アレントの「人間関係の網の目」論については、石田雅樹「『法』

『権力』と『革命』のアポリア」政治思想研究一号一三九頁、一五〇—一五九頁（二〇〇〇）参照。

(25) Arendt, *BPF* 156.〔二一一頁〕。

(26) Arendt, *OR* 275-280.〔二八九—二九四頁〕。*See* Isaac, *supra* note 16, at 157-159.

(27) Arendt, *HC* 121, 130-135.〔一二五頁、一三三—一三七頁〕。アレントは、奴隷社会では奴隷の生活が自由人にも「必然性の『呪い』」を示していたので、自由への企てが減少することはなかったのだとして、本文で摘示した論旨とギリシアポリスで必然性から逃れた家長だけが政治に参加していたこととを調和させようとしている。

(28) Bonnie Honig, Toward an Agonistic Feminism, in *Id.* (ed.), *Feminist Interpretations of Hannah Arendt* 135, 156-160 (1995).

(29) Arendt, *EUTH* 726.〔『全体主義の起源3』二九六頁〕。この部分の翻訳では「人々の一致した協同行動の複数性、«acting in concert»の複数性」と併記されているが、原文は die Pluralität des gemeinsamen Handelns in Einstimmigkeit, das »acting in concert« であり、acting in concert 概念自体が、「一致した協同行動の複数性」のことを意味している。

(30) Villa, *supra* note 22 (*Arendt and Heidegger*), at 99-109.

(31) *Id.* at 58.

(32) Arendt, *HC* 204-205.〔二三三頁〕。また、カントの美的判断力論を政治論へと応用した講義における、「芸術家の真の独創性（または演技者の真の斬新さ）は、自分を芸術家（または演技者）でない者に理解させることに係っている」という叙述も参照。Hannah Arendt, *Lectures on Kant's Political Philosophy* 63 (1982).〔ハンナ・アーレント（浜田義文監訳）『カント政治哲学の講義』九五頁（一九八七）〕。

(33) Honig, *supra* note 28, at 160. 川崎前掲注(19)一二六頁は、アレント理論を「強固な個人主義的パトスによって、共同体の存立を基礎づけようとする、それ自体パラドクシカルな企てだった」と総括している。しかし、同論文も示唆するように、まさにこの企てこそ、「伝統の糸の切れた」近代において求められるべきものであり、アレントはそのことを承知していたのである。むろん彼女も、この企てがたやすいものだと考えているわけではない。*See* Hannah Arendt, Philosophy and Politics, 57 *Social Research* 73, 82-86 (1990).〔ハンナ・アーレント（千葉眞訳）「哲学と政治」現代思想二五巻八号八八頁、九四—九八頁（一九九七）〕。

（34）Arendt, *MDT* 25.〔三八頁〕。Dana Villa, Theatricality and the Public Realm, in *Id., Politics, Philosophy, Terror* 128 (1999) はアゴーン的活動からこそこの「友情」に基づく公的領域での交流が生まれることを指摘する点で優れているが、しかしそれを社会のなかでの連帯と過度に対立させることでやはり「協調して活動すること」がアレント理論のなかで有している重要性をとらえていないと思われる。

（35）村上淳一『現代法の透視図』八六頁（一九九六）。斎藤純一「民主主義と複数性」思想八六七号七四頁、九一—九二頁（一九九六）も参照。

（36）Habermas（Anm. 1), S.443f.

（37）Arendt, *HC* 244-247.〔二七一—二七三頁〕。したがって、「約束」も「活動」を外から制約するものというより、その「条件であり、構造」である。*See* Bonnie Honig, The Politics of Agonism, 21 *Political Theory* 528, 530-531 (1993).

（38）Arendt, *HC* 63-67, 190-192.〔六二—六五頁、二一八—二一九頁〕。Arendt, *CR* 79-80.〔七〇—七二頁〕。Arendt, *OR* 175-189.〔一八四—一九九頁〕。自然法の「真理」性論への批判と、彼女がアメリカ革命での自然権論をどのように考えていたかについては、*see* Arendt, *OR* 189-194.〔一九九—二〇四頁〕。岡野八代「法の『前』」現代思想二五巻八号二二四頁、二三二—二三六頁（一九九七）は、公私の区分自体が「法」によってつくられるものだということを強調するが、公共での自由な活動を可能にするために常に隠されておくべき「私」の領域の中核はやはり法以前に存在するのではないか。それを確実に保護するための制度的約束が「法」なのだと思われる。もちろん、具体的にどこに線が引かれるかは、そのときどきの社会状況によるのであって、ある線引きが絶対視されることがあってはならない。この点で、アレントがフランス革命時に認めた貧困と現在の先進諸国の状況の違いが考慮されるべきであろう。現在、暴力的な生命維持の追及ではなく、「政治的領域の諸規則」を尊重した「ニーズをめぐる闘い」=「生のニーズ」が何であるかをめぐる「解釈の政治」がなされる可能性は増しているように思われる。千葉前掲注(15)八五頁、斎藤純一「公共性の複数の次元」現代思想二七巻五号二一二頁、二一四—二一六頁（一九九九）参照。

(39) 不可避的に多義的な約束の意味を決定しそれを貫徹するためには、必然的に「暴力」が必要となるはずだと説くものとして、Alan Keenan, Promises, Promises, 22 *Political Theory* 297, 313-320 (1994).

(40) Habermas (Anm.1), S.447-449. 彼に対する「ヨーロッパ中心主義」という批判の根幹は、この点をついたものであり、理由のないものではない。

(41) 仲正昌樹『〈法〉と〈法外なもの〉』五五—五七頁（二〇〇一）参照。

(42) Isaac, *supra* note 16, at 165. *See also* Wolin, *supra* note 14, at 300-301.

(43) Arendt, *OR* 164.〔一七三頁〕。

四　統一体としての国民と複数性としての国民
——ヘルマン・ヘラーからハーバーマス再論へ

1　なぜヘルマン・ヘラーを取り上げるのか

不可避的に政治的決定へと組み立てられている「政治システム」と市民的公共から生じる民主的力との間に必要な結びつきについては、まさにこの問題に頭を悩ませた国法学者の検討から示唆を得ようと思う。その理論家とは、ワイマール時代にユダヤ人の社会民主党員として学界のなかで苦しみながら自らの理論を鍛え、ようやくフランクフルト・アム・マイン大学で正教授となって一年も経たないうちにナチスの政権獲得による亡命を余儀なくされた、ヘルマン・ヘラーである。[1] 彼の名は、ワイマール期国法学の、とりわけ新傾向の主要人物の一人として必ず挙げられるが、戦後ドイツの憲法学への影響という面ではカール・シュミットやルドルフ・スメントには比肩すべくもない。その一因として彼がドイツを追われて早逝したために学界に影響力を残せなかったという「学界政治的」事情があることは事実だが、理論内容からしても、確かに彼にはシュミットやあるいはハンス・ケルゼンのような鋭い一貫性が欠けている。彼は、とりわけこの両者を批判しつつ自らの理論を組み立てようとしたが、結局それを両者のごとくアピール力のあるかたちで体系化することはできなかった。しかし、彼がなぜこのような困難な作業を引き受けようとしたのか、それが彼のいかなる同時代認識と規範的意識とに導かれていたのかという問題は、今日においても検討に値すると思われる。今日においても、現実性を保ちつつ規範性を失わない民主政の理論をうちたてることの困難さは変わらないからであり、まさにこの同じ困難に直面したのがハーバーマスでもあったからである。

ヘラーの民主政論は、一見したところ矛盾を含んでいるように見える。それは、彼が政治における自立的指導と国民主権とを共に断固として擁護しているからである。だが、この矛盾を解きほぐす作業は、ドイツにおいても十分なされてきたとはいえないように思われる。私の理解では、このヘラー理論に内在する困難性のなかにこそ、現代の民主政理論が引き受けなければならない難問が現れている。それは、多元的社会において、諸思想・諸集団の自由を守りつつ、一体的・強制的意思をつくりあげるという困難である。本節の課題は、ヘラーの民主政論を内的に再構成し、そこでなぜ、そしてどのような「代表」が求められたのかを示すことにある。

2　社会の分裂と代表の独立性

ヘラーは国家を「組織された決定および作用統一体」と定義したが、にもかかわらず、常に「いかにして、国家が多元的に生じさせられるがしかし一体的に作用するものとして理解しうるか」という問題を扱い続けていた。[2] 彼は国家の主権性を強調したが、同時に常に国家の存立可能性を問い続けていたのである。ここに、すでにヘラー理論に内在する矛盾の最も深い原因が存在している。それは、彼の国民主権の「統一体としての国民の複数性としての国民への支配（Herrschaft des Volkes als Einheit über das Volk als Vielheit）」という意味づけにもあらわれている。[3] ここでは「国民」という同じ言葉が二度使われているが、統一体としての「国民」と多元体としての「国民」が同じ意味を持つとは解せない。にもかかわらず、どうして彼はこのような定式化で「国民主権」を擁護しようとしたのか。ここではまず、支配される国民、つまりヘラーのいう「複数性としての国民」がどのように理解されているのかを調べた上で、次に彼が民主的な一体的意思形成をどのようにおこなおうとしたのか見ることにする。

ヘラーの「国民」の政治的状況についての理解を規定しているのは、ワイマール時代におけるドイツ社会の分裂である。彼は、国家によって媒介されない社会が一体的に活動することは不可能であると判断していた。[4]「人民・国民（Volk und Nation）の現実は、通常、統一性を示すどころか、政治的意思方向の多元性を示している。……とりわけ、完成した階級社会においては、国民の意思連関が活動しうる政治的統一体となることは考えられない」。彼は国民主権論者に対して、「国民概念をうっかり政治的作用統一体概念と取り違えてしまう」ことを警告している。後者は「本当は、国家にのみ当てはまるのである」。[5] ここから、彼のカール・シュミットへの皮肉をこめた同一性概念批判が生まれる。国民が「『その自覚した自分自身との同一性』において政治的に行為しうる統一体となる」というような主張は、「確かに政治神学ではあるかもしれないが、決して国家学ではない」。[6]

両者の国民・民主政理解の違いを明確に示すもう一つの例は、「公論による支配」という概念に対する正反対の評価である。シュミットが「民主政が公論の支配と呼ばれる」ことを「いかにも正当」と評価するのと対照的に、ヘラーはそれを「アメリカ的フィクション」であると片づけている。しかし、この相違は、シュミットの方がヘラーより民主的だということを意味するのではない。シュミットは自らのいう公論を秘密個人投票でおこなわれる選挙と対置させ、前者を高めることで後者から民主的正統性を奪おうとしているのである。しかも、彼の有名な言葉によれば、「公論は、現代的な種類の喝采である」。公論は、国民の同一性意識の直接の表現なのであり、シュミットの同一性民主政はこの同一性意識の存在に依存している。つまり、公共において公論は立ち現れるか立ち現れないかであり、彼は公論の形成プロセスには興味を示さない。(7) さらに、実はこの喝采としての公論の現れ方は、政治的指導者に完全に依存することになる。国民は「指導者を信頼し、彼との共属性と一体性の政治的意識から提案を承認するのである(8)」。

ヘラーはこのような同一性の欠如から出発する。実際には、社会には常に敵対的対立が存在し、「支配なく自ら造りだされる国民意思」などは存在しない。それゆえ、公論が支配するということもありえない。さらに、シュミット的フィクションは、経済的な「無責任で匿名の」勢力による意見操作を隠蔽するものとして機能する。この危険を自覚するゆえに、ヘラーは「国家の自律的組織と代表から独立した、公論という行為可能な統一体は存在しない」と断言するのである。(9)

シュミットは、国民の同一性を国家の一つの構成原理として、国家が存在する限り多かれ少なかれ存在するものとして理解するからこそ、代表をもう一つ別の国家構成原理としてそれに対置させることができる。シュミットの代表概念は、国民のなかにある様々な意見の一体化という機能を果たすものではない。それは、「高められた存在形態」として想定された「全体としての政治的統一体」を高貴な姿で再現前するのである。だから、議会が代表＝再現前として高められた存在であろうとすれば、現実の国民からは完全に独立している必要があることになる。同一性と再現前とは（少なくとも『憲法理論』のシュミットにおいては）、どちらか一方では国家を支えられず、「二つとも国民の政治的実存に不可欠」なのだとされる。現実に全国民が完全に同一ということはありえないし、再現前の秩序だけでは「政治的統一体の主体、すなわち国民が無視される(10)」。しかし、双方の概念が前提しているのは、事実としてか想定されてかの違いはあれ国民という統一された政治的実存であり、双方が他方の理念が有するワイマール・ドイツの現実とのギャップを埋め合わせる関係にたっている。しかし、再現前というカトリック教会に範をとった「静的」な秩序へのセンス、「多様なままでの統一」へのセンスは、当時の世俗化し分裂した国民には存在しなかった。と同時に、実は国民には事実としての同一性も欠けていたのであり、シュミットは実際には存在しない両者を、双方が互いを補って存立しうるように論じた上で、国家である以上必要な「原理」として時代批判的に要求していたのである。[11]

ヘラーは、シュミットを「既成の政治的状態しか見ていない」と批判し、そうであれば「政治的統一体の生成と存在は極めて非政治的なものとなる」という。ヘラーにとっては、シュミットが考慮しなかった「構成員の複数性の中から統一体としての国家が生まれ自己主張するというダイナミックなプロセス」こそ政治であった。[12]また、国民の同一性というようなフィクションは、「一切の社会的・個人的多様性と対立の廃棄、個人の社会への解消」を意味してしまう危険を持つ。それゆえヘラーによれば、「全ての社会、わけてもここのごとく分裂した社会では、生きていくのに不可欠な政治的統一はただ代表によってのみ……うちたてられうる」ことが強調されなければならなった。[13]ヘラーが国家的意思形成において代表機関による決定を不可欠としたのは、彼が社会の自由と多元性とを尊重していることとの必然的結果であった。

ヘラーはシュミットやケルゼンと違い、ワイマール憲法の直接民主政的制度にほぼ全く関心を寄せていない。[14]彼は、国民投票などによって人為的に国民のなかに多数派をつくりだすことに民主政につながる意義を認めなかったのである。国民は分裂しているのであり、この「複数性としての国民」が直接単一の意思を表明することは、抑圧を伴ってしかありえない。だとすれば、国家的統一は代表によってのみもたらされうることになる。ヘラーは、「国家の統一性を意思の統一性と誤解してはならない」と強調している。それゆえ彼は、「民主政においても『支配者』、つまり実効的決定統一体が存在しないといけない」ことを承認することになる。近代国家はその暴力独占によって主権的となったのであり、領土内での法的安定を確保するためその決定は統一的に命じられ守られねばならない。[15]しかし、代表者は多元的社会のなかからどうして統一性を創り出しうるのだろうか。一体的決定をするため、彼らはある程度分裂した社会から独立している必要がある。しかし、もし完全に独立しているのであれば、その支配を民主的とは呼べないであろう。民主的支配の正当性は国家権力自体とは別のところに求められなければならない。しかし、社会には利益や世界観の多元的分裂しかないのだとすれば、どうして民主的な統一的支配が可能になるのであろうか。ヘラー自身、当時において「市民革命およびプロレタリア革命によって脱フォルム化した社会を民主的にフォルム化しうることへの信念は、深刻に揺さぶられている」ことを認めている。支配が不可欠であるにもかかわらず、多様な見解に分かれている社会が「公論として決定統一体を示せない」ところに「あらゆる困難の原因がある」。[16]この困難を克服すべく彼が求めた論理が、代表者の被代表者からの法的拘束であった。

3　代表者の一般意思への法的拘束

ヘラーの代表概念の特徴づけは複雑であり、良くいえば弁証法的ということになる。ヘラーは常に代表者の独立性を強調している。あらゆる国家は「連合した大衆相互の対立から相対的に独立した政府の決定権力」を必要とする。しかし、その属性は国家形態によって異なるのである。「独裁制においては、代表が主権的である。つまり、被支配者から全く独立し、彼らを暴力的に強制するものとなり、また彼らによって罷免できない。民主政では、政府の代表としての地位とその任用は執政官としてのもの（eine magistratische）になる」。[17]この「執政官」としての代表は、ヘラーにおいては何より法的拘束を意味している。「国民主権の国家は、例外なく法的に拘束された、執政官的な代表しか知らない」。「多数決原理と代表による意思の一体化が、……統一体としての国民が複数性としての国民を支配するための技術的手段である」。「ライヒ大統領、ライヒ議会、ライヒ政府等々の地位は、もっぱら執政官的代表として理解されうる」[18]。

ヘラーのいう代表の法的拘束の内容を検討する前に、まずヘラーの代表概念が議会に限定されてはいないことに注意しておく必要がある。彼は、あらゆる支配形態を通じて「少数者支配の法則」が妥当していると考えており、国家の統一的決定に対して責任を負うのは全ての議員ではなくむしろ幾人かの指導的政治家であると考えるべきだという[19]。既述の通り、彼は代表の役割を何よりも一体的決定をおこなうことに求めているので、代表論での関心が法的というより社会学的に観察された国家権力の頂点に向かう傾向をもつのである。この指摘からは、ヘラーにおいて議会と執行府との権力分立が軽視されているようにも理解できる。しかし、彼は法律概念についての論文では、法律を他の法規範より優位に立たせることで、立法府の法的優越性を承認しているのである。「法律とは、法治国においては、……国民の立法府で制定された最高の法規範のみを、しかしあらゆるそのような法規範を意味する」。法律が「高められた実質的妥当力」を持っているのは、「実質的法治国思想」では「全ての国家の行為が法律のなかに表現された一般意思によって決定されるという原理」が妥当するからである。彼は、この考えでもって、ケルゼンの法実証主義を批判していく。ケルゼンによれば、「立法府とは実定法によって配置された立法のための技術に他ならない」ことになってしまう。なぜなら、彼は「全体をまとめ合わせ実質的決定をおこなう国民意思をフィクションにすぎない」としてしまうからである[20]。フィクションとしての国民意思？　しかしヘラーはシュミットの同一性概念を現実の国民意思の多元性を指摘して批判したのではなかったか。なのにヘラーはケルゼンに対しては、一体的国民意思が現実に存在するとして批判をおこなうのか。

しかし、実は代表者の法的拘束というヘラーの主張も、国民意思が存在することを前提にしている。執政官的代表は、「法的に一般意思へと拘束」されており、憲法所定の手続きにより国民から任用・罷免されるだけでなく、その「自立的決定権限」は「一般意思によって理解された通りの憲法の枠内」でのみ行使しうるのである。ヘラーは、一般意思とは様々な主観的な政治的意見の修正であって、「規範的意味での」意思であるともいっている。この一般意思に拘束されているからこそ、少数派も「多数派によって任じられた代表にしたがう」つもりになる。そしてこの一般意思は、「代表され、代表者を支えるものとしてイメージできるためには、現実に存在すると考える」必要がある。(21)

だが周知の通り、国民代表としての議会が国民意思に法的に拘束されているとのテーゼは、ケルゼンによって、政治的に動機づけられたフィクションであると明確に退けられている。全く逆に、近代憲法は自由委任原理の導入によって、「議会の議決を法的に……国民の意思から独立」させたのである。(22)むろん周知の通り、ケルゼンは議会を低く評価するのではない。逆にそれを分化した社会において「国家秩序を生み出すための特殊な社会技術的手段」として正当化するのである。その要点は、議会の手続きによって妥協の可能性が増大するという理解にあった。ケルゼンは議会を、分裂した階級社会においても妥協によって民主的に平和を維持するために不可欠の機関であると評価していた。(23)

議会およびそこで可決された法律の優越という点については、ヘラーとケルゼンは当時の保守的理論家に対立するかたちで一致している。ケルゼンがヘラーの報告をうけた国法学者大会での討論で、自らをあれほど批判したヘラーに対し「あらゆる重要な点で同意できる」と言っているのは有名である。(24)しかも、ケルゼンの議会の機能についての説明は、ヘラーをも満足させうるはずであった。なぜなら、それはまさに分裂した社会から独立の議員が妥協によって統一的国家意思をつくるべきであると主張しているのだから。しかし、ヘラーはこのような議会の正当化にはどうしても満足することができなかった。ケルゼンによれば、議会は妥協のためのフォーラムとなる。しかし、だとするとその妥協の結果が議会外で受け入れられるかどうかは、様々の集団に分化した国民に委ねられることになる。ケルゼンによれば、議会での妥協は現代社会で唯一可能な民主的立法方法であるから、社会の諸勢力もそれを受け入れるべきだということになる。彼にとっては、議会主義への攻撃は隠蔽された民主政への攻撃に他ならなかった。[25]しかし、ヘラーの理論構成においては、当時において議会内と議会外の連関が喪失しつつあるのではないかという危惧、その再建への指向が重要な役割を担っていた。ヘラーは、階級社会における「大衆の統治者への不信」を民主政にとって克服すべき深刻な問題と考えていた。[26]それゆえ、彼は議会の議決に対する国民の影響力行使を強調する必要に迫られたのである。

ヘラーによって何度も批判されたケルゼンの、国家の統一性とは法秩序の統一性に他ならないとのテーゼは、立法についていいかえれば、法律とは議会での妥協の結果に他ならないという意味を持つものとなる。しかしヘラーは、法律が複数性としての国民を拘束する妥当性を持つためにはそのような妥協以上のものである必要があると考えた。そのためには、国民自身のなかに「国家統一への意思」がなければならず、それこそが「法を実定化する」。「一般意思」の概念は、少数派を民主的に統合するためには不可欠なのである。代表者の意思が規則的に従われるのは、「支配の行為が一般意思の行為として妥当し、この一般意思によって実際に決定されている」限りにおいてである。ヘラーはさらに、「議員は全国民の代表である」とはその一般意思への拘束を意味するのだと述べて、自らの立論を憲法上の自由委任の文言を使って基礎づけている。ヘラーは、社会の「経済的・精神的不均衡」のなかで、個人が国家という政治的統一体の一員であると感じることが非常に困難になっているという現実を懸念しつつ、「具体的意思および価値共同体」が消失するなら民主政は破滅するだろうとの恐れから逃れられなかったのであり、この事情が彼の理論構成を規定しているのである。[27]逆に、そのような観念にとらわれていないケルゼンにとっては、「ヘラー氏が『高められた効力』という言葉で何を意味しているのか、私にはわからない」ということになった。[28]

したがって、ヘラーの理論のなかに矛盾を見出すのは、実にたやすい。「ヘラーは明らかに、……本来証明すべき事柄を常に前提している。それはつまり、一般意思が様々の利益や価値の主観性を修正することが本当にできるということである」[29]。そこから、ヘラーの理論は今日の分化した社会に適合的でないと結論づけることも簡単であろう。

しかし、既に見たように、ヘラーは社会の分裂を真剣に受けとめていた。彼の困難は、この分裂を抑圧することなく、にもかかわらず国民全体に対して妥当性を持ちうる民主的支配をうちたてようとしたことにあった。それゆえ、もしヘラーの理論を一貫したものとして理解しようとするなら、彼のいう一般意思を現存するはっきりした特定の意思として理解することはできない。ヘラー自身「一般意思が現実に存在ししかも代表されるという想定」を主張しているが[30]、一般意思が現実に存在するならそれは代表される必要がない。そのような明白な意思が存在するなら、民主政において国家機関はそれから独立ではありえないし、あってはならないだろう。ヘラーが代表による一体性形成機能を強調したのは、国民には一体的意思は存在しないと彼が考えていたからであった。それゆえ、存在するとされる一般意思も、その存在の仕方は議会の決定とは異なるものであると理解するしかない。ヘラーについて最初の包括的研究をおこなったヴォルフガング・シュルフターは、ヘラーの見解をまとめて、議会主義は、「いかに逆説的にひびこうとも、それを形成することがまさに議会の任務であるところの一般意思が存在していることに関わっている。多数決や執政官的代表は、国家意思を構築する技術的手段としては、国家意思が少なくともおぼろげながらであれ既に存在しているところでのみ、意味あるものとなる」と述べているが、彼のこの見解は——彼自身がはっきり根拠づけているわけではなく、また彼が続けてヘラーはコンセンサスの成立可能性を信じていたというのには後述の通り留保が必要であろうが——正当であろう。一般意思は「様々の意思方向を含んでいる」と考えることによってのみ、ヘラーの代表理論は矛盾なく理解することができる[31]。つまり、代表者は一体形成をおこなわねばならず、そのためには被代表者から独立して活動できなければならない。しかし、彼らは他方で国民のなかに存在する一般意思の諸可能性を無視することはできない。

このように理解するなら、ヘラーのいう一般意思は、実定法との関係において、彼が特定の意味で使用した概念である「法原則」と同じ地位に立つものといえることになる。「法原則とは、論理的あるいは倫理的な法の構成原理のことであるが、それはまだ実定法規ではない。なぜなら、それには規範に沿った行為を可能にする個別性、つまり実定性が欠けているからである」。国家は「それが倫理的法原則の適用と実現に奉仕する限りでのみ正当化できる」が、その個別化の多くの可能性から具体的な姿を決定し、そうして法としての拘束力を初めて与えるのは立法によってなのである。[32] この点については、ヘラー自身、「公論のしっかりした諸原則は、立法者がそこから部分的に法規を実定化し、また裁判官が実定法の解釈規則として使用する法原則を、構成する」と述べている。[33]

ヘラーにおいて、国家権力行使の正当性の基礎づけが、倫理的法原則という一種の自然法論と、民主主義思想に由来する民主的立法のもつ高められた「実質的」効力論で動揺していると指摘されることも右から明らかである。倫理的法原則は法と区分された道徳ではなく、法の妥当性根拠とされている。しかし、法規範としての効力はその特定化・具体化によってのみ生ずる点の強調、およびその具体化をまず議会立法が優先して担うとの理解に彼の特徴があらわれる。とはいえ、彼の理論がこの予定調和で満足しているわけではなく——つまり、実定法が法原則を破る可能性は承認されている——、国家権力の最終的正当性をどこに求めるかにおいて彼の理論は確かに混乱しているといわれてもやむをえない。[34] しかし、この動揺は、(彼の考えでは)かつては「実質的法治国」論として両立していた両契機がワイマール期において分裂してしまったとの認識に由来している。彼は、ケルゼンを「形式的民主政」論者として批判するが、自らも「一つの一般意思」への信念、「民主的立法のなかに倫理的に自律的な理性の働きが見られる」——だからこそ反対者をも拘束できる——との信念が既に消失していることを認めていた。[35] それゆえ、民主的立法の合法性が正当性付与のために機能することは原理的に困難となる。一方で、ヘラーは国家存立のためには共通の倫理的法原則が国民に共有されている必要があるとの考えに固執し、その実定法への具体化はまず民主的立法府によっておこなわれるとの考えも捨てなかった。つまり、ヘラーは倫理的法原則を超越的自然法と見たのではなく、その時々のドイツ国民に共有されている「正しい政治」についての信念であると考えた。彼は特にワイマール憲法第二編の諸規定にそのような法原則の現れを見ているが、その具体化は、同憲法の精神を内面化している（はずの）立法府に原則として委ねられると考えていた。そして、その他にもドイツの公論がそのような「倫理的法原則」として国家権力を大枠で規定することがありうるし、またドイツが民主国家としての統一を保つためにはそうでなければならないと考えたのである。

結局ヘラーは、分裂に瀕しつつあるワイマール・ドイツにおいて「多数による立法が合法だというだけでなく正当でもあるのはなぜであり、どのような状況においてか」という問題に――その原理的困難を承知しつつ――答えようとし、それを立法が確かに不明確ではあるが一定の内容を持つ一般意思によって支持されることに見いだそうとしたといえるであろう。(36) その結果、民意が多元的に存在する現実により、政治指導者の決断の要素が強調されると同時に、しかしその決断ができる限り「一般意思」に合致するよう求められるという緊張が帰結することになった。

4　社会的同質性と公論の形成

以上述べてきたように、ヘラーにおける一般意思概念は複雑な性格を持つが、このことは彼が民主政にとって不可欠だとする「社会的同質性」の説明にも反映している。「政治的統一体形成がそもそも可能であるためには、一定程度の社会的同質性が存在していなくてはならない。このような同質性の存在が信じられ想定されている限りで、敵対者と討論によって政治的一致へと達する可能性がありえる。そしてその限りで、物理的暴力による抑圧が放棄しうるのである」。「政治的に問題となるほどの部分の国民全てが、国家のシンボルや代表者ともはや同一化しえなくなる」とすると、民主政は立ちいかない。しかし、ヘラーは政治的敵対者どうしの現実の一致自体を求めたわけではない。求められた一致は、シュミットによって皮肉られた「自由な意見の競争による真理の発見」ではなく「共通の議論の土台の存在への信念、それゆえ内政上の敵対者とのフェアプレイの可能性」についてのものである。ヘラーは、「社会的同質性は、不可避的に敵対的な社会の構造の廃棄を決して意味しえない」ことを強調し、それはむしろ「常に存在する対立と利益闘争が、我々という意識と感情によって、そして現実に出現してくる共同体意思によって結びつけられて現れるような社会心理的状態」のことなのだと説明する。(37)

この叙述からは、ヘラーの同質性概念は内容的なものではなく手続き的なものだと理解することが可能である。ただし、その「手続き」は実質的平等を求める。公正な議論への相互の信頼が民主的な統合を基礎づける。さらにここで指摘しておくべきは、我々という意識の基礎の上でおこなわれる議論によって一般意思といいうるものが成立しうるとヘラーが考えていることである。そして、公共での討論の結果の信頼性のためには、選挙権の平等だけでなく公論形成への参加の平等が必要なのである。「確かに、政治的民主政は国家のあらゆる構成員に対して、代表者の任命によって政治的統一体形成への平等の影響力行使の可能性を保証しようとする。しかし、社会的不平等は至高の法（summum ius）を最悪の不法（summa injuria）としかねない」。「支配者は、経済的文化的優越性により、公論に直接間接に影響を与えることで政治的民主政を実際には反対のものへと歪曲してしまうのに十分な手段を有している。……これは、匿名で無責任であるためより一層危険である」。つまり、支配者がその優越的な社会的権力を配慮なく政治に投入すれば、共通の討論の土台への信頼は失われてしまうのである。(38) そもそもヘラーによれば、平等民主的に表明される一般意思が強い拘束力を持つのも、それが諸個人の「全ての者の利益の、恣意的でない、平等な評価」という意味での「実質的平等」理念に基づいているからであった。(39) しかし、今日、獲得された平等が労働者階級から「単に形式的」なものであり、公論形成において自分たちの主張が不当に軽視されていると感じられていることが、ワイマール憲法下の民主的な国家的統一体形成の大きな障害となっているのである。そして、「形式的平等」の選挙権に基づく議会による法の実定化が国民各々の「実質的平等」を反映していることへの信頼の喪失が、議会制の危機をもたらすのである。しかし、このような危機への対処として主張される、人類学的・文化的・宗教的な、つまり実質的な同質性の要求に対してヘラーは、——民主政の基礎づけにとってのそれらの価値を否定はしないものの——それらが社会的経済的不平等とそこから帰結する公論形成プロセスの不公正を隠蔽するものではないかとの疑念を投げかけている。(40)

既述の通り、ヘラーは「公論の支配」という概念をはっきり拒絶しているが、にもかかわらず「個々の階級や政党ごとに相異なる対立した公論が政治的に固定化し互いにそれに固執する」ようになることを恐れていた。「公論が国家統一体を支える力がないと証明」されれば、「民主的同意の代わりに独裁的強制が登場する」ことになってしまう。(41)それゆえ、彼は社会の対立を公正な議論によって媒介し、それにより代表の決定を教導して分裂した国民にも受け入れうるものにしようと努力したのである。国家は、信頼に足る公論が生まれてくるよう、議論の参加者の影響力行使のチャンスが構成に配分されるよう配慮する必要があることになる。

興味深いのは、ヘラーが経済的利益集団をそれとして政治過程に取り込むコーポラティズムについても全く否定的な評価をしていることである。もちろん、「組織化された現在の高度資本主義は……経済的政治的アトムを巨大な全体性へと組織化した」ことは事実である。しかし、同様に明らかなことは、「経済的利益集団からは民主的方法では政治的統一ではなく、永遠の階級闘争しか生じない」ということである。コーポラティズム国家は、「政治的意思のなくされた大衆によって担われる国家」を意味するが、そんなものは現実にはありえない。(42)むしろ政治的に自覚した国民が経済団体とは別に政党を創設し、それらが政治的統一体をつくろうと努力するのである。つまり、政治的討論に参加する市民は経済とは別の視点を持つことができ、それによりあからさまな利益対立を相互媒介することが可能になると期待されている。「国家領域で共に生活している経済主体は、しかし単なる経済主体以上のものなのである」(43)。

この視点から、ヘラーは当時の厳格な比例代表制選挙を否定的に評価していた。この制度の下では、「非政治的なスローガン」によって小政党が議会に議席を得ることができてしまうが、しかし経済的問題にのみ関心を集中する政党は議会制を麻痺させてしまうからである(44)。ヘラーによれば、政党は市民の政治的議論の場でなければならず、かつそのようなものとして市民を結びつけるのである。さらに、政党は相互に了解しあう可能性を持たなければならず、一般意思の形成、それにより導かれる国家の一体的決定を促進する任務を持つことになる。

加えて注意しておくべきは、ヘラーが統治者の公論形成への影響力行使を拒絶しておらず、むしろ求めていたということである。既に述べたように、国家は公共の議論が公正におこなわれるよう配慮する必要がある。だが、国家は同時に公共の意見がまとまるように内容的介入をすることも避けるべきではない。「社会的および国家的指導の任務は、国家の重要な問題において、指導と教育によって公論に、しっかりした、できる限り一体的な形態を与えることにある。……意識的で計画された公論への働きかけなしでは、政府はやっていけない」。つまり、ヘラーは公共の自由な討論から自然にまとまった意見が生じうるとは期待していない。そのためには、議論の機軸が必要であり、統治者は、何が論ずべき問題であるかを示し民主的政府を担える一般意思を創り出す条件を整える責任があるのである。

もちろん「民主的社会においては、一体的公論は国家支配の合理的な組織的産物ではありえない」。国家はただ「間接的に」作用できるにすぎない(45)。しかし、国家は自らの基盤に無関心であってもいけないのである。むしろ、ヘラーによれば、国家的な一体形成は代表者と国民の相互の影響力行使によって進められなければならない。統治者の助言が、分裂した国民がある程度共通の意見を持てるまでまとまるのをうながす。逆に、そうしてできた公論は代表者の決定を枠づける。こうして、「少数者支配の法則」によって正当化されていた、指導的政治家の一体的国家意思形成過程での働きと、ヘラーのもう一つの要求である法律の一般意思への拘束とが結びつけられることになる。それは、国家権力の行使を規定するが、しかし所与のものではなく、常に形成されていくべきものとしての公論の性格づけによって理解可能となるのである。確かにこの叙述から、公共での意思形成への国家の「圧力」の危険、ひいては「一般意思」捏造の危険を読み取ることも不可能ではない[46]。しかし、ヘラーが「間接」性にとどまるべきことを留保しつつもこの点を強調したのは、まさに社会の多元性を擁護しつつ国家権力を民主的に支えるために、多様な人々を議論に巻き込むきっかけが必要だからであった。代表者の側からの公共への政治的問題提起なしに自生的に国家権力をコントロールしうる公論が形成されると考えることの方が、多元化した社会という現実を軽視するものではないか。もちろん、代表者からの提案は、常に批判に開かれている必要がある。にもかかわらず、この提案が公共に議論の軸を提供することの意義は、国民が複数性としてしか存在しないからこそ、無視できないのである。

5　ヘラー理論の意義

以上が、私のおこなったヘラーの民主政論の再構成である。彼の要求の大きい（anspruchsvoll）、複数性としての国民に対する統一体としての国民の支配として民主政を説明するという試みは、シュミットとケルゼンという二つの体系化された理論の間に立って動揺していることがわかる。ヘラーは国民自体を政治的に行為可能な統一体であるとは見なさず、その内部の分化を尊重した。これに対し国民代表は国家統一体を形成するから、国民から独立に行動できなければならない。しかし、彼は国家の最高の決定である法律が議会での偶然の妥協によって生み出されることには満足できず、法律の正当性根拠を公共での議論による様々な利害の媒介に求めたのである。こうして彼は——シュミットが「精神史的に」、ケルゼンが「法学的に」議会を見ることで共に意識的に議論の枠から落とした——議会の内部と外部の連関を視野に入れることができた(47)。

私には、ヘラー理論の複雑性は、分裂した社会において民主的に正当化しうる支配をうちたてるという困難な課題に彼が正面から立ち向かったことのあらわれであると思われる。もはや、国民の同一性、静的な共同性は存在しない。公論は不断の論争からのみ生まれるし、それもはっきりした内容は持ちえない。分裂した社会は、それ自体としては一体的決定を正当化できないのである。このことを認めない理論は「政治神学ではあっても、国家学ではない」。しかし、我々が支配を民主的に根拠づけるという課題を放棄しないのであれば、代表を導く国民意思の可能性を否定してしまうこともできない。ヘラーは、このような社会においても政治的にふるまう能力が市民にあると考え、その国家機関への影響力を保障しようと努力したのである。ただし、その際各階級の国家への民主的な統一をはかろうとするなら、フェアな討論の条件の整備と議論の題材についての整理への権力者の配慮が不可欠となる。

ヘラーが民主政に不可欠と考えた代表は、国民意思に依存すると同時にそれを実定法へと創造的につくりあげる任務を有している。多元的な時代に求めるべき政治のあり方として、ヘラーの理論は再読する価値はあるように思われる。問題は、彼が支配の正当性を弁証するために一般意思への拘束という概念装置にこだわったことをどう評価すべきかである。彼がこれに固執したのは、たとえそのようなものが現実に存在するかは疑わしくとも、それのみが民主的な国家統一を保障してくれると考えたからであった。しかし、実は既に述べたように、ヘラーのいう一般意思も、理論的に一貫させて考えるなら、明確な姿を持ちうるものではなく、敵対的潮流どうしの政治的討論による媒介と理解しうるものであった。したがって、実はこの概念は、ハーバーマスのいうコミュニケーションの力を持った公論とさほど離れたものではないのである。

しかも、ヘラーが国民と代表者の動的な媒介機能を説明するのに静的な概念である一般意思を用いたため、彼は独立の代表者に対してそれがどのようにして拘束的に作用するのか、そのメカニズムを説明できなかった。確かに彼は既述の通り、議員についての憲法規定を援用している。しかし、それだけでは国民意思の恣意的な解釈を防ぐことはできないだろう。この恣意性を防ぐためには、議員同士が公開の場で議論しあう必要がある。実際、法律は議会での討論によってかたちづくられるのであり、まさにこの討論過程に公共での議論が影響を与える必要があるのである。また逆に、議会での法案をめぐる議論が市民の判断への材料を与えるのである。代表民主政のダイナミックな弁証法は、議会と公共での議論を連関させて観察するとき初めて完全に理解できるようになろう。

しかし、ヘラーが単なる両者の「連関」ではなく代表の一般意思への法的拘束を強調していた点には、特にハーバーマスとの関連で注目しておく必要がある。もちろん、一義的な内容をもたない一般意思が、法律が行政を拘束するようなかたちで議会を拘束するということはありえない。では、ここでの「拘束」をどのように理解すべきであろうか。

6　ヘラーとハーバーマス

【両者の比較】　ヘラーとハーバーマスはともに、民主主義国家においても社会の多元性を維持するためにこそ代表的機関が不可欠であることを示したといえる。ヘラーは、ワイマール時代の分裂した社会において、国民の多元性を傷つけずしかし同時に国家の統一性を擁護しようと努力した。そのためには、拘束的決定をおこなうための代表が必要になる。しかし、彼は他方で法律が正当な最高の妥当力を持つためには、それを規定する一般意思が存在しなければならないと考えざるをえなかった。この矛盾を解くための手掛かりは、ヘラーの公正な議論を通じての政治的意見形成への信頼によって調達されていた。一方、ハーバーマスはルソーの影をひきずる一般意思の観念を不要とし、同時に国民による直接の決定も放棄する。彼は、公共を権力化せず自由に保つことに優先的価値を与えているのである。この意味で、インゲボルク・マウスによる、ハーバーマスの関心は国家権力と暴力を持たない主権者国民との非対称性（Asymmetrie）ではなく、民主的コミュニケーションの対称性（Symmetrie）にあるという指摘は正しい(48)。

しかし、この点は逆にいうと、ハーバーマスが今日の社会統合の可能性自体についてはもはや心配していないということも示している。ヘラーが国民の一般意思という概念に固執したのは、たとえそのようなものが現実に存在するかは疑わしくとも、この概念のみが民主的な国家統一を保障してくれると考えたからであった。ハーバーマスにとっては、コミュニケーションの力によって生まれる連帯は、社会統合の三つの資源のうちの一つであり、あとの二つは金銭と行政権力である。後者二つは経済システムおよび政治システムに対応している(49)。ハーバーマスがコミュニケーションの力の動員を求めるのは、社会がすでにシステム的に統合されてしまっているからであった。ハーバーマスは、システム理論の導入によって、コミュニケーションの力というようなものは、法律の正当性を内容的には同意しない少数派に対して承認させるには弱すぎる概念なのではないかという問題に解答する責任からのがれることができる。社会はいずれにせよ金銭と行政権力によって統合されているのであり、だとしたら、それらよりは明らかに民主的な正当性を持つ法律に対してどうして牙をむく必要があろうか。

ヘラーは、国家の暴力独占が深刻に脅かされ、資本主義の正当性が根本的に疑われている時代に生きていた。問題は、今日このような状況を前提として理論を組み立てる必要があるかどうかであり、民主的国家の一応の存立を前提できる――つまりは適度な多元主義に生きる――国民にとってはハーバーマスの理論の方をとりあえずの出発点としてかまわないであろう。今日我々は、法律の正当性を根拠づけるために単数の「一般意思」を是非とも必要とするわけではない。

しかし、ヘラーの苦心は我々にとって決して無縁なのではない。既に述べたように、ヘラーのいう一般意思は、ハーバーマスのいうコミュニケーションの力を持った公論とさほど離れたものではないとも理解しうる。しかし、ヘラーは代表の一般意思への法的拘束を強調していた。それは、彼が、市民の独立した代表者に対する不信に大きな懸念を抱いていたからであった。もちろん、一義的な内容をもたない一般意思が、法律が行政を拘束するようなかたちで議会を拘束するということはありえない。一般意思が所与ではなく、公共の議論によって常につくられていくものだとすれば、我々の関心は、議会での審議過程にこそ向けられるべきであろう。そこでは、議会外での議論の傾向が反映されなければならない。影響力ある論拠は議会においても表明されねばならず、それによって議員の説得が目指されるべきである。こうして初めて、議会の議決が独自の決定ではなく一般意思の明確化とみなされうることになる。

ハーバーマスは、右記のように、流動化した公共と議会との関係をコミュニケーション的に主体をなくしたものであるとし、つまり自称「構造主義的」なものだと叙述している。しかし、立法過程の構造主義化は、議員たちの法的拘束を不明確にしてしまう危険があろう。いいかえれば、ハーバーマスにおいてはコミュニケーションの力の規範的内容が明確に説明されていないのである。今日多くの社会運動が議会内の出来事からの疎外感を感じ、それがいわゆる「政治への飽き」の重要な一因となっているのに、彼の理論からはこの現象への対応が得られない。議会の審議は確かに公開ではあるが、しかし多くの人はそこから排除されていると感じている。しかも、コミュニケーションの力という概念は一般意思と比べて拘束を求めるアピール力に劣ることは明らかなのであるから、なおさらその規範的効力を強調しておくべきであった。この要求は、決定強制から免れた自由な公共の保持という関心に合致しないものではない。そこで問題となっているのは市民社会と国家制度の直接の結びつけではなく、あくまで制度化されていないコミュニケーションの力の強化だからである。また、立法への影響力の期待が高まれば、公共での討論もより活発になるのではないか。

ところがこれに対し、ハーバーマスはあたかも政治システムが日常的には「ルーチンに沿って」動いていくことに満足しているかのような記述をおこなっている。危機的状況になって初めて、コミュニケーションの力が社会的周辺から政治課題を持ち上げてくることを求めればよいというのである。[50]しかし、だとすれば「コミュニケーションの『力』(Macht) の循環と……国家『権力』(Gewalt) のそれとが分離されてしまう。市民の公的判断が簡単に婉曲的に自己統治と表示されるが、他方で政治的行為は専門的政府に委ねられたままとなる」というマウスの批判が当てはまることになろう。[51]ハーバーマスのこの叙述は、自らの理論が一九八〇年代の西ドイツに対応した「現実的」なものだということを示すためのものであるが、[52]その経験から課題もくみとるのでなければ規範的な民主政理論として精彩を欠くこと大だといわざるをえまい。特に公共での問題提起は、自らが権力化することなく、しかし権力の行使をできるだけコミュニケーションの力によって合理化しようとする困難な作業なのであり、そのインセンティブを保つためには、自分たちの議論の説得力が政治システムへと影響を与える「力」を有していると参加者が感じることができなければなるまい。そのための法制度的条件整備を可能にするためにも、この点にこだわることは必要である。コミュニケーションの力は人と人とを結びつけるとともに、自分たちの共同体を変革していくのであり、この希望が現実に遮断されていればそもそも力は生じないだろうからである。

以上の考察より、以下ではハーバーマスの理論をその特徴を維持しつつより民主的なものへと再構成することを試みてみる。まず、彼においてコミュニケーションの力と行政権力との関係が曖昧に定式化されていることを修正する。彼は「民主的手続によってコミュニケーションの力へと仕上げられた公論は、自ら『支配する』ことはできず、ただ行政権力の行使を一定の方向に導くだけである」[53]と述べるが、しかし法治国の原理は民主的に制定された法律への行政の明確な拘束を求める。そのためにこそ、民主政の討議理論も公論を一体的形象を持つもの――ハーバーマスはそれを「統一体としての国民」とは呼ばないが――へと仕上げる場である議会を必要としたのである。コミュニケーションの力の意義は、公論の議会審議への影響に限定されるべきである。法律の法的拘束力の根拠がコミュニケーションの力にあるとしても、前者は後者の弱い拘束力と同一視されてはならない。ハーバーマスに対しては、「争う余地なく暴力独占を握っている」国家装置をコントロールするには主体なきコミュニケーションの力は弱すぎるとの批判のあるところだが[54]、そもそもこの弱い力と暴力を握っている行政権力とを直接対置すべきではないのである。前者は議会の審議と議決とをより民主化するために作用する力と理解すべきである。

また他方で、コミュニケーションの力を議会の意思形成手続きにも適用すれば、概念の真正性が傷つけられてしまうだろう。なぜなら、それは十全な、コミュニケーションから退くことも含めたコミュニケーションの自由を前提とするからである。政党政治による多数派形成の圧力から逃れられない議会には、制度的にこの条件が欠けている。コミュニケーションの力は、議会の議論を説明するのではなく、議会へと影響力を行使する力と解釈されるべきである[55]。

このような概念の明確化によって、公共の流動化の積極的意味もとらえることができるようになる。実際、通常社会には明確な多数意思が存在するわけではないのであるから、一般意思による法的拘束というような強い概念は、現実には逆に議員に対して「存在しないものにはしたがえない」あるいは「私の考えこそ一般意思と合致する」という口実を与え、その独立性を強化することになりかねない。しかし、自由な公共では常に新たな言説が生まれており、それらのいくつかは他のものよりも広い支持をえることがありうる。だから、議会での活動は――危機的状況だけではなく――常に公論の状況を考慮に入れてなされる必要がある、ということが可能になる。議会での討論は、常に議会外の討論とつながりを持っていなければならない。「代表的になされる討議」という議会審議の性格づけは、この規範的要求を含む必要がある。

要約していえば、ハーバーマスのいう手続きとしての国民主権は、議会の制度的公開だけでなく、法律を制定する議会の審議を規範的に公共での議論に拘束することを要求する。国民主権が憲法上の原理である以上、この拘束を「法的」と呼ぶことが可能であろう。注記すれば、この要求は議員の自由委任とは矛盾しない。それは議員を特定の命令に拘束するものではない。彼らは、ヘラーが示したように、多元的社会において統一体形成をおこない、行政権力を拘束する法律を多数決で採択するために、そのような指示から独立している必要がある。とはいえ、やはりヘラーが強調したように、彼らは全く独立なのでもない。彼らは自分の意思で決定に参加するが、その意思は公共の議論に導かれた議会審議によってつくられなければならないのである。つまり、ここでのテーゼとは、公共で不断につくられる意見が議会活動において尊重して扱われることを規範的に求める地位にあるということである。主体なきコミュニケーションの力は、個々の議員に命令することはできないが、にもかかわらず議会全体の意思形成プロセスを導く必要があるのである。

国民の一般意思という概念を放棄してしまっているハーバーマスの理論は、明確な国民意思をつくりあげるための政治的指導を必要としない。この意味で、彼はヘラーよりも自由な公共の維持という目的を尊重している。しかし、このことは同時に、彼がコミュニケーションの力の動員を危機の時期に限定していることの証拠でもある。「我々の目的にとっては、……市民社会の行為者が認知された危機状況で驚くほど積極的で実り多い役割を果たしうることを納得させることで十分である(56)」。しかし市民の討議が例外的にしか政治プロセスを規定できないということには到底満足できない。とはいえ、通常は政治的意思形成において政党指導者によるテーマ設定は不可避である。彼らは公論に基づいて自らのプログラムをつくりあげるが、他方で公共に対して論ずべきテーマを投げかけるのである。ハーバーマス自身立法に際しての議会の責任を強調していた。責任ある者は自らの提案をおこない、公共の批判にその提案を晒さなければならないはずである。こうしてコミュニケーションの循環回路が確保される。

公共を政党が道具化しているという危惧は、政党が一方的に政治方針を決め、市民にはそれについての討議ではなくただ賛成のみを求めるというとき強く生ずる。政党が、ヘラーの期待したように議論の場であり、公共の意見形成と議会決定との蝶番の役を果たすべきであるのに現実にはそう機能していないのだとすれば、そしてまた純粋な議会制的構造ではコミュニケーションの力が規範的に十分な影響力を持てないと判断しうるならば、何らかの市民の直接参加の方法について考察する必要があるということになる。

結局、議会の市民社会にとっての意味は矛盾をはらんだものとならざるをえない。一方でそれは公共から決定強制の負担を軽減し、強制なき討議の場を保障することができる。強制なき討議と多数決とは、本来的に矛盾するし、多元的社会ではその矛盾はますます大きくなる。(57) 加えて、もし市民が直接決定する権限を持つとすると、行政権力や社会的権力が自分たちに有利な決定を得ようと市民社会での議論により一層介入してくることが予想しうる。だが、市民社会は、制度化された議会よりもはるかにそれらによる議論への歪曲効果に弱いのである。さらに、にもかかわらず一度なされた決定は、「国民意思の直接の表現」との装いでそのテーマについてのさらなる議論を余分なものと印象づけてしまう危険があろう。国民意思は、不断の議論のなかからのみ常に暫定的に生まれてくるものであるのに。

しかし他方で、もし国家機関への影響力行使を可能性が非常に限られたものでしかないとわかっていれば、公共での討論が活発におこなわれるであろうかという危惧もぬぐいえない。コミュニケーションの力は説得された議論への参加者を結びつけると同時に、正当な立法の源として自らを主張しようとする。この妥当要求が制度化の不足ゆえに貫徹されないことが続けば、政治的活動への動機がなくなってしまうのではないか。この問題については、エルンスト―ヴォルフガング・ベッケンフェルデが興味深い循環論法を展開している。彼は、今日の代表民主政の困難を、社会が「個人主義的かつ利益多元主義的」であり「一般的なものへの媒介」が国家機関にのみ委ねられていることに求めている。そこからは、下からの支えのない代表への過大要求が生じるのである。しかし、他方で彼は市民の一般的なものへの指向の困難の理由を、代表民主政においてそれが、「段階をふまえて具体的な制度として媒介されるかたちではほとんど構築されておらず」、選挙においてのみ問題となることに求める。「いつもは常に『利益市民』として行動しえ、またすべきである市民に対して、選挙の日にだけ国家市民へと変身せよというのは、過大な要求である」。ところが、ベッケンフェルデは代表民主政を、結局今日の市民が政治参加に大きな関心を抱いていないという理由で擁護するのである(58)！　これはまさにアレントが今日の代表民主政における一般市民の無力として批判した事態である。この循環を破る方策はないのか。

【民主制改革の方向】　ライナー・シュマルツ―ブルンスはハーバーマスにおける市民社会の政治的抑制を批判し、市民の制度への直接参加を求めている。彼によれば、ハーバーマスが公共での討議的政治への過大要求を避けたこと自体は、現在の複雑な社会において一定の理由がある。しかし、「そこから、コミュニケーションによる社会化の定式が、……一方で国家装置の組織と他方で多元的で不安定な市民社会の公共の多かれ少なかれエピソード的な政治化圧力へと引き込められてしまうという結論を導かなければならないのだろうか」。ハーバーマスは「代表民主政の制度的論理の地平」にとどまっている。確かに彼は「自発的な公共のコミュニケーションで媒介される生活世界の再生産関連が破られる」ことへの恐れから市民社会の制度化を避けている。しかし、シュマルツ―ブルンスは、生活世界での経験への十分な近さを保持した制度化レベルというのも考えることができるのではないかと反問する。ハーバーマスが最終的に依拠している討議的政治文化自体、慎重につくられた制度的参加によって高められうるのではないか(59)。

クラウス・オッフェとウルリッヒ・プロイスは、「選挙民の道徳的かつ政治的『能力減少』をもたらす代表民主政における市民の政治疎外のメカニズム」として、選挙と立法期中の決定との乖離や国民と政治階級との距離を挙げている。彼らは、公共での討議を活発化するために民主的参加の「ラディカル化」が必要だというが、この単語にもかかわらず彼らは直接民主制の導入には実はかなり慎重である。なぜなら、彼らもまた意見形成のプロセスが歪められないことに大きな価値を認めているからである。(60) プロイスは、直接民主政を代表民主政より単純に上位に置くことを否定し、「政治システムが市民社会の刺激を受けとめうる」ような装置を求めている。彼は国民発案を推薦するが、それはこの制度が「特定の政治的問題を強められた公共の討論に引き込み、議会をより高い正当化強制の下に置く」ことを可能にすると予想できるからである。これに対し、プロイスは国民発案に続く国民票決の導入を積極的に求めてはいない。それは導入されるとしても、むしろ実際には使われない方がベターなのである。「ここで第一に問題となっているのは、……市民社会領域における活発な少数派に、議会すなわち議会の多数派の『責任性』を高めるための建設的道具を与えることなのである(61)」。

この提案は、私にはかなり説得的だと思われる。なぜなら私は、今日の熟議の民主政論の課題は、利益団体へと組織化されていない社会運動に注目し、国家の政策に公共でのその主張のもつ説得力をできる限り反映させることにあると考えるからである。いいかえれば、コミュニケーションの力を権力化するのではなく、可視化することにより、代表的になされる討議の民主化を進めることである。シュマルツ－ブルンスも、直接の「決定機能の負担を免れ」つつ、「公共で動いているテーマに対して議会を直接にセンシティブにさせる」ための装置として、国民投票から切り離された国民発案の効用を推測する議論を紹介している。(62) 既述の通り、アレントは活動の意欲をもつ者誰もが参加できる評議会を、そこから「権力」が生まれる「自由の空間」として重視していた。この評議会という構想がもつ危うさについても既に述べたが、それでも「権力」によって政治体を少しでも動かすことへの具体的なインセンティブが与えられることは、市民の――「勇気」を必要とする――政治参加をうながす効果を持つだろうということには賛同できる。ただ、アレント読解からも注意すべきは、その参加は全国的な統一的運動というよりも、むしろ地域ごとの運動の連携として考えるべきだということである。今日の国家全体を基礎とした国民発案は、非常に高度の組織的運動としてしかありえないだろう。これは市民の自発的活動とはかけ離れる危険が大きい。そのような遊離を招かないことこそ改革の眼目なのだとすれば、むしろ求められるのは、地域において全国的な問題について議論することへのインセンティブということになろう。熟議の民主政の理論は、市民の自由な討議を促進し、そこから生じる力に立法者を敏感にさせるような方法を模索すべきなのである。

以上の叙述を前提に、第三章、第四章では、政治資金問題と直接民主政の問題を、アメリカ憲法学の具体的な議論を素材としつつ検討する。前者は公共での公正な議論をどう確保するか、後者は公論の力をどう政治決定へと導くかという問題への対応である。公共内でのヨコの関係、およびそこから発する公論と国家権力とのタテの関係についてであるといってもよい。私がこれらを、民主政の規範理論のなかでも中核に位置する問題だと考えていることは、これまでの叙述からわかっていただけるであろう。あらかじめ示唆しておけば、両者とも簡単に片がつく問題ではない。公論は平等な複数主体の自由の行使から生まれるべきであるが、国家が議論の公正を求めて規制をかけることは自由自体を侵しかねない。また、公論は政治に影響力を持つ必要があるが、国民への決定の強制は自由な公論形成を害しかねない。

ここまで私は、ハーバーマスの熟議の政治論を他の論者との比較検討を通じてより洗練しようとしてきた。こうして示された規範的構想は、以上二つの緊張にどのように対処できるのであろうか。

第二章第四節の注

（1）　ヘルマン・ヘラーの生涯については、ヘルマン・ヘラー（安世舟訳）『国家学』（一九七一）の訳者解説（四四九頁以下）が詳しく述べている。

（2）Hermann Heller, Staatslehre (1934), in: ders., *Gesammelte Schriften* (1971), Bd.3, S.79, 339f.〔ヘルマン・ヘラー（安世舟訳）『国家学』三三一―三三三頁（一九七一）〕（以下ヘラー全集は GS と略記する）。

（3）Hermann Heller, Die Souveränität (1927), in: GS, Bd.2, S.31, 99.〔ヘルマン・ヘラー（大野達司他訳）『主権論』六四頁（一九九九）〕。Vielheit の訳には苦しむ。「多様性」と訳すのがよいとも思われるが、ここでは ein ではなく viel だという対比を明確に示すため、また前節での plurality の訳と一貫性をもたせるため、「複数性」としておいた。

（4）Vgl. Albrecht Dehnhard, *Dimensionen staatlichen Handelns* (1996), S.137, 141.

（5）Heller, Staatslehre, in: GS. Bd.3, S.263-265.〔二四一―二四三頁〕。

（6）*Ebd.*, S.394.〔三九七頁〕。

（7）Carl Schmitt, *Verfassungslehre* (1928), S.246f.〔カール・シュミット（尾吹善人訳）『憲法理論』三〇四頁（一九七二）〕。シュミットは、ワイマール時代を通じてエモーショナルな論争の的となった国旗問題――ワイマール憲法が定めた黒・赤・金と帝国時代の国旗だった黒・白・赤のどちらをドイツの旗と考えるか――について、「ドイツ国民の圧倒的で決定的な喝采は、まだ生じていない」としている。*Ebd.*, S.281.〔三五〇―三五一頁〕。

（8）Carl Schmitt, *Volksentscheid und Volksbegehen* (1927), S.35. 前掲注（7）の国旗論争は、結局ナチスへの喝采によって、ハーケンクロイツへと決定されることになったのである。

（9）Heller, Staatslehre, in: GS, Bd.3, S.284-287.〔二六五―二六八頁〕。

（10）Schmitt (Anm.7), S.205-216.〔二五四―二六八頁〕。Carl Schmitt, *Die geistesgeschichtliche Lage des heutigen Parlamentarismus* (2.Aufl. 1926), S.44f.〔カール・シュミット（樋口陽一訳）「現代議会主義の精神史的状況」同『危機の政治理論』四九頁、六八―六九頁（一九七三）〕。

（11）シュミットの「再現前」概念とその「自壊」の必然性については、もちろん和仁陽『教会・公法学・国家』特に第四・五章(一九九〇)を参照。

(12) Hermann Heller, Politische Demokratie und soziale Homogenität (1928), in: *GS*, Bd.2, S.421, 425.〔ヘルマン・ヘラー「政治的民主制と社会的同質性」同(今井弘道他訳)『国家学の危機』九三頁、九六—九七頁(一九九一)〕(以下 Politische Demokratie として引用する)。シュミットとヘラーの民主政理解の比較として適切な叙述をするのは、Pasquale Pasquino, Politische Einheit, Demokratie und Pluralismus, in: Christoph Müller und Ilse Staff (Hg.), *Staatslehre in der Weimarer Republik* (1985), S.114. また、「何らかの秩序の存在を必要とするシュミットの議論と、この秩序をむしろ構成すべきものとするヘラーとの対立」というとらえかたをした上で、シュミットが国民に「喝采」しか期待せず秩序の「経験的組織化」をおこなおうとしなかったと指摘する大野達司「ワイマール期国法学における方法と主体の問題(三)」神奈川法学二九巻一号一六五頁、一八一頁以下(一九九四)も参照。ヘラー国家論をこの「組織化」に着目して叙述するものとして広沢民生「組織問題としての国家主権(一)(二)」静岡大学法経研究三九巻一号七七頁(一九九〇)、同三九巻四号六一頁(一九九一)があるが、その理論的問題点の指摘には乏しい。

(13) Hermann Heller, Genie und Funktionär in der Politik (1930), in: *GS*, Bd.2, S.611, 617f.〔ヘルマン・ヘラー「政治における天才宗教と大衆自生主義」同前掲注(12)一四七頁、一五四頁〕(以下 Genie und Funktionär として引用する)。

(14) 唯一の特別の言及も、世界観政党の連立という状況で活動できなくなっている政府の独立性を強めるために、国民投票への訴えを活用すべきだという文脈である。Hermann Heller, Ziele und Grenzen einer deutschen Verfassungsreform, in: *GS*, Bd.2, S.411, 415.

(15) Heller, Staatslehre, in: *GS*, Bd.3, S.333-336, 345.〔三三四—三三七頁、三三九頁〕。Heller, Die Souveränität, in: *GS*, Bd.2, S.62f.〔二八—二九頁〕。Vgl. Michael W. Hebeisen, *Souveränität in Frage gestellt* (1995), S.447-452. ヘラーは確かに国家の主権性を強調する理論家であり、彼への左からの留保はこの点への違和感に基づくものが多い。しかし彼を理解するには、当時のドイツにおける階級闘争の激しさと、とりわけ日本の紹介では意識されることが薄いようだが、ワイマール時代には国家の暴力独占がかなりの程度破られていたことへの考慮が欠かせないように思われる。Vgl. Heinrich August Winkler, *Weimar 1918-1933* (2.Aufl. 1994), S.602f., 612f. いわゆる「合法戦術」時代のナチスが非暴力だったわけでは全くない。諸勢力の実力闘争が頻発するなかで、ワイマール共和国を擁護する政党すら、自前の実力組織を結成する必要に迫られていたことについては、前掲注(1)の四六五頁参照。大きな武力衝突の脅威にさらされ続けていた当時において、――そして彼自身、社会民主党内においてワイマール共和国を否定する左派と激しく論争していた(vgl. Hermann Heller, Staat, Nation und Sozialdemokratie (1925), in: GS, Bd.1, S. 527.)――国家のみが法安定を確保してくれるという主張は、当たり前のことをいっていたのでは全くなかった。国家による平和の実現という考慮は、本文でも示すとおりケルゼンの議会制論を支える思想でもあり、この時代の国法学者が常に私的暴力の跋扈をいかにして抑えるかに頭を悩ませていたことを示している。

(16) Hermann Heller, Europa und Fascismus (2.Aufl. 1931), in: GS, Bd.2, S.463, 467.;Die Souveränität, in: GS, Bd. 2, S.62.〔二一八頁〕。

(17) Heller, Genie und Funktionär, in: GS, Bd.2, S.618.〔一五四頁〕。

(18) Heller, Die Souveränität, in: GS, Bd.2, S.97f.〔六二―六三頁〕。

(19) Heller, Genie und Funktionär, in: GS, Bd.2, S.618.〔一五四頁〕。この点を正しく指摘するのは、宮井清暢「ヘルマン・ヘラー国家論の構造(二)」早稲田大学法研論集四三号二六九頁、二七六―二八〇頁(一九八七)。しかし、同論文がヘラーの議会軽視を批判するとき、次の注(20)にあげる法律概念についての論文は無視されている。

(20) Hermann Heller, Der Begriff des Gesetzes in der Reichsverfassung (1928), GS, Bd.2, S.203, 224f., 246.〔ヘルマン・ヘラー(今井弘道・大野達司訳)「ライヒ憲法における法律概念」神奈川大学法学研究所研究年報一三号二五三頁、二七三頁(一九九二)〕(以下 Der Begriff des Gesetzes として引用する)。ヘラーは、ワイマール憲法の国民主権原理からして、例外状態においても「通常の代表的立法者」としてのライヒ議会がライヒ大統領より優位に立つと述べている。Heller, Die Souveränität, in: GS, Bd.2, S.127f.〔九三頁〕。

（21）Heller, Die Souveränität, in: *GS*, Bd.2, S.97-99.〔六二―六四頁〕。

（22）Hans Kelsen, *Allgemeine Staatslehre* (1925), S.312-317.〔ハンス・ケルゼン（清宮四郎訳）『一般国家学』五二三―五三二頁（一九七一）〕。もちろん、宮沢俊義の一九三四年に書かれた論文「国民代表の概念」『憲法の原理』一八五頁（一九六七）も参照。同二二〇頁にはヘラーの代表概念も「法科学概念としては……成立しえぬ」と述べられている。

（23）Hans Kelsen, *Vom Wesen und Wert der Demokratie* (2.Aufl. 1929), S.26-37, 53-68.〔ハンス・ケルゼン（西島芳二訳）『デモクラシーの本質と価値』五三―六四頁、八〇―九五頁（一九四八）〕。ケルゼンの議会政論についての文献は枚挙にいとまないが、ここでは特に樋口陽一「憲法―議会制論」鵜飼信成・長尾龍一編『ハンス・ケルゼン』六三頁（一九七四）、高田篤「ケルゼンのデモクラシー論（一）（二）」法学論叢一一五巻三号四七頁、同一一六巻一号八四頁（一九八九）を挙げておく。

（24）*VVDStRL* 4 (1928), S.176. Vgl. Thomas Vesting, Aporien des rechtswissenschaftlichen Formalismus, in: *ARSP 77* (1991), S.348, 364f.; Christoph Müller, Kritische Bemerkungen zur Kelsen-Rezeption Hermann Hellers, in: *Staatslehre in der Weimarer Republik* (Anm.12), S.128, 144, 149-154.

（25）Hans Kelsen, *Der Staat als Integration* (1930), S.82. むろん、ケルゼンも議会の民主主義的改革の必要性を人一倍痛感していた。Kelsen (Anm.23), S.38-46.〔六五―七三頁〕。しかし、純粋代表の理念による議員の独立を政党の規律を法的に強化することによって制約するという彼の主張は、政党どうしの妥協の余地をより少なくしてしまうものではなかったかと思われる。そうでなくとも、ワイマール時代の議会政の機能麻痺は妥協困難な世界観政党の乱立によって生じていたのである。

（26）Hermann Heller, Europa und Fascismus, in: *GS*, Bd.2, S.468. Vgl. Ellen Kennedy, Möglichkeiten und Grenzen einer freien Gesellschaft in der politischen Theorie Hermann Hellers, in: Christoph Müller und Ilse Staff (Hg.), *Der soziale Rechtsstaat* (1984), S.347, 359f.

（27）　Heller, Europa und Fascismus, in: *GS*, Bd.2, S.468-477, 526; Die Souveränität, in: *GS*, Bd.2, S.61, 97f., 107.〔二七頁（ただし、「一般意思がそこでの階級対立をおよそありそうもないものに見せかけている」という箇所は重大な誤訳であり、「そこでの階級対立が一般意思をありそうもないものとしてしまっている」とすべきである）、六三―六四頁、七二頁〕。

（28）　*VVDStRL* 4 (1928), S.178.

（29）　Thomas Vesting, *Politische Einheitsbildung und technische Realisation* (1990), S.212f.; Ingeborg Maus, Hermann Heller und die Auseinandersetzung um die Interpretation des Grundgesetzes, in: Winfried Brugger (Hg.), *Legitimation des Grundgesetzes aus Sicht von Rechtsphilosophie und Gesellschaftstheorie* (1996), S.133, 163f.; Wolfgang Kersting, Neuhegelianismus und Weimarer Staatsrechtslehre, in: Uwe Carstens und Carsten Schlüter-Knauer (Hg.), *Der Wille zur Demokratie* (1998), S.195, 210-218. 宮井清暢「ヘルマン・ヘラー国家論の構造（一）」早稲田大学法研論集三六号三〇五頁、三一四―三一五頁（一九八五）も参照。

（30）　Heller, Die Souveränität, in: *GS*, Bd.2, S.119.〔八四頁〕。

（31）　Wolfgang Schluchter, *Entscheidung für den sozialen Rechtsstaat* (2.Aufl. 1983), S.188-190.〔ヴォルフガング・シュルフター（今井弘道訳）『社会的法治国家への決断』二四一―二四三頁（一九九一）〕。ヘラーの一般意思論については、栗城壽夫「憲法におけるコンセンサス（一）」大阪市立大学法学雑誌二八巻一号一頁、一八―二六頁（一九八一）も的確に紹介している。ヘラーの一般意思概念をこのように理解するなら、それは、その表明がすなわち法であるところのルソーの一般意思とは性格を異にするといえよう。つまり、ヘラーの一般意思概念は、それ自体が支配することはありえないが民主政にとって必要とされるその公論概念と基本的に同一だということになる。

（32）　Heller, Der Begriff des Gesetzes, in: *GS*, Bd.2, S.227-229.〔一七六―一七八頁〕。Heller, Staatslehre, in: *GS*, Bd.3, S.332f.〔三二一―三二四頁〕。Heller,Die Souveränität, in: *GS*, Bd.2, S.69-73.〔三六―四〇頁〕。ヘラーの法原則論については、特に山崎充彦「ヘルマン・ヘラーの国家正当化論について」同志社法学四一巻二号二八五頁（一九

八九）を参照。

(33) Heller, Staatslehre, in: *GS*, Bd.3, S.279.〔二六〇頁〕。倫理的法原則としての公論のヘラー民主政論のなかでの重要性を指摘する論文として、Vgl. Gerhard Robbers, Kulturstaatliche Aspekte der öffentlichen Meinung, in: *Der soziale Rechtsstaat* (Anm.26), S.413. また、山崎充彦「ヘラー国家論における倫理的法源則について」同志社法学四三巻三号四六二頁、四六八頁（一九九一）、谷喬夫「主権論をめぐって」法学新報八四巻一〇・一一・一二号二〇七頁、二二六—二二八頁（一九七八）も参照。

(34) Vgl. Maus (Anm.29), S.146-148; Jürgen Meinck, Rechtsnorm und allgemeiner Rechtsgrundsatz, in: *Der soziale Rechtsstaat* (Anm.26), S.621.

(35) Heller, Die Souveränität, in: *GS*, Bd.2, S.61.〔二七頁〕。Heller, Staatslehre, in: *GS*, S.330f.〔三二一—三二三頁〕。

(36) Vesting (Anm.29), S.85. Vgl. David Dyzenhaus, *Legitimacy and Legality* 213-217 (1997). これに対しシュミットは、結局ワイマール末期において議会立法で統治していくことはできないと最終的に判断し、その「合法性」に対して憲法上の別の統治手段——とりわけドイツ国民の実質的同一性への決断——の「正当性」を優位させるよう主張することになった。Vgl. Carl Schmitt, Legalität und Legitimität (1932), in: ders., *Verfassungsrechtliche Aufsätze* (1958), S.263, 335ff.〔カール・シュミット（田中浩・原田武雄訳）『合法性と正当性』二二四頁以下（一九八三）〕。

ただし、ヘラーも一般意思の存在を疑っていたのであり、この疑問は実は彼をこの論述でとどまらせることを困難にさせた。つまり、民主的立法が「倫理的法原則」の具体化といえない危険があるにもかかわらず、それに服従する義務が生じることへの対処として、彼は（亡命後に書かれた）『国家学』において個人の倫理的抵抗権で「悲劇的」に対処することになる。法的安定性を保持するためには国家の主権的決定への合法的抵抗は許されない。このことは、とりわけ国民諸階層が暴力的に分断化されつつあったワイマール時代には切実な要求であったはずである。しかし、その決定が法原則を踏みにじるものであったときには、「倫理的人格」としての個人に「倫理的抵抗権」を承認することが、国家を倫理的に正当化するためには必要だとヘラーは考えている。この悲劇的抵抗が権力保持者に影響をおよぼすことを期待することによってのみ、死に瀕した彼の理論は完結しえた。Heller, Staatslehre, in: GS, Bd.3, S. 336-339.〔三二七―三三〇頁〕。したがって、この抵抗権論が「ヘラー国家学の極致」であるという山崎前掲注(32)三〇二頁のような指摘は、むしろ皮肉に聞こえる。彼が抵抗権について積極的に論じたのは『国家学』においてのみであり、それはなりよりそれまでの「実質的法治国」の再建への自らの取り組みの最終的挫折を意味するものだったからである。安世舟「ヘラー」小林孝輔編『ドイツ公法の理論』一四九頁、一六六―一六七頁（一九九二）も、ヘラー抵抗権論が「国家と市民」の「内的連関性」を「再び回復」させようとする彼の試みの挫折の産物であるとの理解に乏しい。

(37)　Heller, Politische Demokratie, in: GS, Bd.2, S.427f.〔九九―一〇一頁〕。

(38)　*Ebd.*, S.430f.〔一〇三―一〇六頁〕。シュミットとヘラーの同質性論の相違については、Vgl. Pasquino (Anm. 12), S.122f.; Ilse Staff, Staatslehre in der Weimarer Republik, in: *Staatslehre in der Weimarer Republik* (Anm.12), S.7, 8-12. また、山崎充彦「シュミットとヘラー」初宿正典・古賀敬太編『カール・シュミットとその時代』八七頁、九五―九九頁（一九九七）、斉藤誠「ヘルマン・ヘラーの民主主義論」宮田光雄編『ヴァイマル共和国の政治思想』二六三頁、二八二―二八五頁（一九八八）も参照。シュミットは、国民の同一性を理論の前提としてしまうからこそ、公論操作の危険を軽視することができた。確かに、民主政において「目に見えぬ無責任な社会的諸勢力が、公論ならびに国民の意思をひきずって行く危険がつねに存在する」。しかし、「実質の民主的同種性がなお存在し、国民が政治的意識をもつ、すなわち友と敵を区別しうる限り、この危険は大きくない。民主政のその実質的前提が消滅すれば、どんな組織、どんな法律的規律もいかんともなし難い」。Schmitt (Anm.7), S.247.〔三〇四―三〇五頁〕。

(39)　Heller, Begriff des Gesetzes, in: GS, Bd.2, S.224f.〔一七三頁〕。

(40)　Heller, Politische Demokratie, in: GS, Bd.2, S.431-433.〔一〇六―一〇九頁〕。アイケ・ヘニッヒは、ヘラーの民主政の前提についての要求がもはや当時のドイツ社会の状況に適応していなかったにもかかわらず、自ら必要だという同質性概念について「社会科学的分析」をおこなわなかったと批判している。Eike Hennig, Nationalismus, Sozialismus und die ›Form aus Leben‹, in: *Staatslehre in der Weimarer Republik* (Anm.12), S.100, 107-112. しかし、まさに当時の社会が敵対的に分裂しているという事態に直面したからこそ、ヘラーは「ワイマール憲法の開かれた政治フォルム」に賭けようとしたのである。「この憲法フォルムはあらゆる集団に平等な闘争条件を保障するから」、国家を民主的で平和に保つチャンスを持ちうるのであり、その際この平等の実質的保障が重大な要件となる。これは一つの「社会科学的分析」といえるものであろう。Hermann Heller, Freiheit und Form in der Reichsverfassung (1929/30), in: *GS*, Bd.2, S.371, 377. Vgl. Maus (Anm.29), S.139.

(41) Heller, Staatslehre, in: *GS*, Bd.3, S.286.〔二六八頁〕。

(42) Hermann Heller, Rechtsstaat oder Diktatur? (1930), in: *GS*, Bd.2, S.443, 458f.〔ヘルマン・ヘラー「法治国家か独裁か」同前掲注(12)二二一頁、一四〇―一四三頁〕。Heller, Europa und Fascismus, in: *GS*, Bd.2, S.481f.

(43) Heller, Staatslehre, in: *GS*, Bd.3, S.323.〔三二一頁〕。Vgl. Dehnhard (Anm.4), S.67.

(44) Hermann Heller, Die Gleichheit in der Verhältniswahl nach der Weimarer Verfassung (1929), in: *GS*, Bd.2, S.319, 343f.

(45) Heller, Staatslehre, in: *GS*, Bd.3, S.286, 345f.〔二六八頁、三三九―三四〇頁〕。Heller, Genie und Funktionär, in: *GS*, Bd.2, S.622.〔一六〇―一六一頁〕。

(46) Vgl. Kersting (Anm.29), S.213f.

(47) 公論形成のメカニズムについては触れないが、この概念によりヘラー理論が、国民の複数性と統一性という「二元主義」を維持したままで代表者への民主的媒介機能を論ずることが可能となったと的確に指摘する論稿として、Vgl. Pasquale Pasquino, Souveränität und Repräsentation bei Hermann Heller, in: *Festschrift für Wilhelm Hennis* (1988), S.189, 196-198.

(48) Ingeborg Maus, Freiheitsrechte und Volkssouveränität, *Rechtstheorie* 26 (1995), S.507, 551.

（49） Jürgen Habermas, *Faktizität und Geltung*（1992）, S.187, 363.
（50） *Ebd.*, S.432-434, 461-467.
（51） Maus（Anm.48）, S.557f. Vgl. Rainer Schmalz-Bruns, *Reflexive Demokratie*（1995）, S.112-120; Joshua Cohen, Reflections on Habermas on Democracy, 12 *Ratio Juris* 385, 409-411（1999）.
（52） *Faktizität und Geltung* の議論を一九八〇年代の平穏無事なドイツにしか当てはまらないと皮肉るのは、Bernhard Schlink, Abenddämmerung oder Morgendämmerung?, *Rechtshistorisches Journal* 12（1993）, S.57. これに対し、当時の西ドイツ政治に一定の危機を認める論稿として、高田篤「戦後西ドイツにおける多数決論の展開（一）（二）」広島法学一七巻三号一八三頁（一九九三）、同四号二六五頁（一九九四）。
（53） Habermas（Anm.49）, S.364.
（54） Maus（Anm.45）, S.554f.; James Bohman, *Public Deliberation* 179-181（1996）; William E. Scheuerman, Between Radicalism and Resignation, in Peter Dews（ed.）, *Habermas: A Critical Reader* 153, 168-169（1999）.
（55） *See* Klaus Günther, Communicative Freedom, Communicative Power, and Jurisgenesis, 17 *Cardozo. L. Rev.* 1035（1966）.
（56） Habermas（Anm.49）, S.460.
（57） シモーネ・チェンバースは、カナダのレファレンダムの経験から、「討議当事者が決定をおこなう必要に縛られていればいるほど、彼らが討議的にふるまう動機は減少し、戦略的にふるまうよう動機づけられる」という結論を導いている。*See* Simone Chambers, Discourse and Democratic Practices, in Stephen K. White（ed.）, *The Cambridge Companion to Habermas* 233, 250（1995）.
（58） Ernst-Wolfgang Böckenförde, *Staat, Verfassung, Demokratie*（1991）, S.363, 385, 403f.
（59） Schmalz-Bruns（Anm.51）, S. 112-120. Vgl. Hubertus Buchstein, Die Zumutung der Demokratie, *PVS Sonderheft* 26（1996）, S.295, 319; Bohman, *supra* note 54, at 172-195; Cohen, *supra* note 51, at 411-414.

(60) Claus Offe and Ulrich K. Preuß, Democratic Institutions and Moral Resources, in David Held (ed.), *Political Theory Today* 143, 164-171 (1991).

(61) Ulrich K. Preuß, Plebizite als Formen der Bürgerbeteiligung, *ZRP* 1993, S.131, 135ff. Vgl. Claus Offe, Wider scheinradikale Gesten, in: Gunter Hofmann und Werner A. Perger (Hg.), *Die Kontroverse: Weizsäckers Parteikritik in der Diskussion* (1992), S.126.

(62) Schmalz-Bruns (Anm.51), S.181f.

第三章　民主政の歪みとは何か

――アメリカの政治資金規制論議を中心にして

一　日本の問題状況から

最近の法改正により、「会社、労働組合、職員団体その他の団体」が政治活動に関しておこなう寄付は個人による寄付よりもかなり厳しく規制されることになった。特に、団体から政治家個人に対する寄付は法文上は全面的に禁止されることとなった（政治資金規正法第二一条）。このような法改正が一連の「企業と政治」の関係に関するスキャンダルに対応するものであったのはいうまでもない。しかし、少なくとも現在の法人の憲法上の権利についての日本の判例である八幡製鉄事件最高裁判決(1)の論理からすれば、このような法改正には疑問を提起することもできたはずである。同判決は「会社の行う政治献金は会社が憲法によって保障された会社の有する〝国民の権利〟であることを宣言しており、制度上の建前からはこれが憲法解釈に関する最高の有権解釈である訳だから、当然、政治資金規制に関わって企業献金の禁止が話題になれば、〝憲法違反の制限である〟との企業献金の存続論が出てきても不思議ではない」。実際には法改正過程において「企業献金の自由は法律によっても奪われない『人権』である、との考えはつゆほども見られな[2]」かったといわれており、このこと自体、同判決が「『人権』の安売り」をおこなったことの傍証とも解しうる[3]。

いわゆる「法人の人権」論に対する樋口陽一の問題提起を一つのきっかけとして、最近の憲法学界は法人の憲法理論上の扱い方について格段にセンシティブとなってきている[4]。特に、団体の社会的実在性をその「人権享有主体性」の根拠づけとする考え（右記判例の立場でもある）に対しては、「この見解を採る論者が共通して指摘する『高度に組織化された現代社会』という現状認識が正しいとしても、そこからストレートに『法人の人権享有』を認めなければならない」わけではないはずだという主張が対峙されうる[5]。そもそも、「人権の享有主体性」という論点に対して、「人的基礎に結び付けることが困難な経済団体」が現に存在するという指摘がそれを肯定する理由となりうるということ自体信じがたい[6]。「法人・団体の活動をすべて自然人に還元・分解して捉えようとすることは、やや現実離れしている」との指摘に対しては、そもそも全ての自然人が人権を持つという思想自体の驚くべき非現実性への注意を喚起すべきであろう[7]。この想定を前提とする憲法学にとって、法人に固有の人権享有主体性を認めないことの非現実性などとるに足りない。この論点についての規範的理論に功利主義が入り込む余地はないように思われる。

しかし、本章は法人の憲法理論上の扱い方自体を対象とするのではない。この論点についての議論を規定した八幡製鉄事件の内容が示すように、本来は経済市場での営利活動を目的とする団体が政治に対してどの程度の影響力を及ぼすことができるのか、という問いこそが法人を巡る議論の核心であったと思われる[8]。そして、この点については社会的実在性から法人の人権享有主体性を認める論者も八幡製鉄事件判決の論理を認めているわけではない。判例への次のような批判的指摘は論者に共通して見られるところであり、法人の人権享有主体性についての判断は実はここではあまり実際の帰結の相違をもたらしていない。「強大な経済力と社会的影響力をもつ会社（……）に、定款所定の目的とかかわりのない行為まで、『社会通念上、期待ないし要請されるもの』ないし『社会的実在としての当然の行為』だとして、自然人と同じく政治的行為の自由を無限定に憲法が認めていると解するのは、行き過ぎであり妥当ではない[9]」。このように、法人の政治的行為が国民による政治という民主主義の要請に対して悪影響を及ぼすという懸念が、同判決の論理を「行き過ぎ」だと感じさせているのであろう。次のような指摘も同趣旨であろう。「自然人たる国民と法人企業との圧倒的な経済力の差を考えれば、（個人と同様法人にも政治献金を認めることによって――引用者）自然人たる国民不在の法人企業による政治支配がたちどころに出来上がることは容易に推測される。しかも法人企業という存在が、まさに冷徹なる資本の論理に貫徹された私的営利の追求を本来的目的とする存在であることを考えるとき、そこに出来上がる政治状況というものがいかなるものであるかは、火を見るよりも明らかであろう[10]」。

しかし、このような企業の政治活動がもたらす弊害について、八幡製鉄事件判決が全く配慮していなかったわけではない。同判決は、「会社が政治資金寄附の自由を有する」ことを前提として「それが国民の政治意思の形成に作用することがあっても、あながち異とするには足りない」と述べつつ、「大企業による巨額の寄附は金権政治の弊を産む」「豊富潤沢な政治資金は政治の腐敗を醸成する」という指摘に対し、そのような「弊害」に対しては「立法政策」によって対処すべきであると答えている[11]。冒頭に挙げた政治資金規正法はこの立法政策に他ならないが、しかしまさに「政治献金の権利」が主張されなかったこともあって、それが一体いかなる弊害に対処するために必要となったのかは十分議論されたとは思えない。例えば、企業の政治的活動が寄付に限定される必然性はないが、当該法は寄付以外の行為については何もふれていない。だが、もし企業の持つ巨大な財力が政治過程にもたらす影響が「弊害」だとするならば、企業自らがおこなう政治的行為――意見広告の掲載など――も弊害だということになるのではないか。「団体、とりわけ巨大企業・団体は、その豊富な資金力を背景に、有効かつ多量に意見表明を行う能力を持つ。このような団体は、表現媒体として視聴覚メディア（audio visual media）を用い、多量な放送時間を購入することによって、主権者の意思形成に対して効果的に影響を及ぼすことが十分可能なのである。そして、そのような影響の結果、公的な議論が私的な利害関心によって歪曲されるという事態が生じてくる(12)」という主張も成り立ちうる。

あるいは、「豊富潤沢な政治資金」を持つのは何も法人には限らない。小規模な株式会社よりもはるかに多くの資産を有する個人はかなりの数——とはいえ国民全体から見れば全くの少数——存在する。そのような個人が自らの資産を活用して政治活動することは、民主政を「歪曲」することにはならないのだろうか。改正後の法律によっても個人の政党への寄付には「年総額二千万円」という制約しかないが（政治資金規正法第二一条の三）、二千万円の寄付ができる個人は限られているだろう。そのような一握りの人物が他の大多数の国民に比べて政治に強い影響力を持つことも十分予想できるが、これは民主政の「歪曲」ではないのだろうか。むろん、「営利を目的とする株式会社がなす政治献金は、言うまでもなくその本質において営利に資することを狙いとするものであって、いわば賄賂的性質を免れ得ない(13)」という理由で、定款によって存在するに至る法人と自然人との違いを前面に出すことも可能ではあるが、前段落で述べたような「弊害」はこのような寄付者と権力者の間の贈収賄関係に着目しているというよりは、国民の民主的意思形成過程自体の「歪曲」を問題としていると解することもできるのではないか。

一方で、政治的な意見表明は寄付に比べれば直接的な表現活動の一つであるから、寄付の場合以上に憲法上の権利としての考慮を働かせる必要が生じるであろう。また、とくに政治的表現とはそもそも他人に影響を与えるためにおこなうものであるのだから、資金力を使った表現が広範な影響力を持つといっても、それを「不当な」影響だと評価できるのかは問題である。通常の世論調査の対象も、あるいは当然選挙権者も国民個人個人であり、アウトプットにおいての平等は確保されている。その結果を「歪められたものだ」と判断するはっきりした基準は存在しない。では、「法人企業による政治支配」というような現象は一体何を意味するのだろうか。

当然のことながら、「ある種の富の集中形態は、民主的自己統治のプロセスを歪める傾向がある」という「歪曲の非難」は、「必然的に、変性させせられてしまった理想・規範の概念を伴っている」[14]。何が民主政治の腐敗、歪曲形態だと考えるかは、あるべき民主政としてどのようなものを想定するかにかかっている。あるいは、どのような事態を歪みとして認識するかを明確にすることが、いかなる民主政治像を「あるべき」ものとして選択すべきかを考える際の有益な基準となろう。本章は、従来「法人の人権」論の範疇で語られてきた問題に対し、法律による政治資金規制がいかなる弊害に対処するものと考えられるべきかという規制利益の側からのアプローチをとることにより、新たな光をあてることを目的とする[15]。その際本章はアメリカ合衆国における選挙資金法制に関する議論を主な検討対象とするが、それはまさに同国で「政治献金を行う権利」や「法人の政治活動の権利」が、それらを規制する法律に対して「憲法上の権利」として繰り返し主張され、またそのような権利主張に対してどのような規制利益を正当なものとして提示できるかが広範な議論を巻き起こしてきたからである。「現在の決定的に重要な憲法上の問題の一つは、政府がこの問題（政治過程における金銭の役割に関する問題——引用者）を扱う一環として選挙資金に規制を及ぼすことが、修正第一条の観点からどの程度まで許容されるのかである」[16]。しかも、長らくこの問題についてのリーディング・ケースと考えられてきたBuckley v. Valeo, 424 U.S. 1（1976）およびFirst National Bank of Boston v. Bellotti, 435 U.S. 765（1978）とは理論的に合致しがたいとも思える連邦最高裁判決Austin v. Michigan Chamber of Commerse, 494 U.S. 652（1990）が出されたこともあって、興味深い議論が展開し続けている。本章は、これらの判決を紹介した上で、「金銭と民主政」を巡る議論のエッセンスを取り出して提示しようとするものである[17]。ただし、政治過程における法人の位置づけについての考察では、ドイツでの議論にも着目する。

当然ながら、アメリカと日本には国家制度上も政治慣行上も大きな違いがある。アメリカの政治資金規制はもっぱら選挙および住民投票に関しての資金規制としてあらわれているが、「アメリカでは、日本におけるように、選挙期間中に候補者や政党が当選を目指して行う活動を『選挙活動』と呼び、通常の政治活動一般とは区別されて特別な規制に服すべきものとする思考はない」。したがってこの点では日本との差は実際には大きくない。重要な差異はやはり政党のあり方であろう。周知のことながらアメリカには「リジッドな政党組織は存在しない」ため、資金規制も、主として運動を展開する候補者個人およびその関連団体、あるいは選挙に影響を与えようとするその他の個人・団体（住民投票の場合には投票に影響を及ぼそうとする個人・団体の支出）を対象とすることになる。(18) したがって本章での検討・結論がそのまま日本の問題状況に適用できるとはいえないが、民主政の原理的問題を扱うかぎりにおいて貴重な示唆をえることはできるであろう。

第三章第一節の注

（1）最大判昭和四五年六月二四日民集二四巻六号六二五頁。
（2）鳥居喜代和「法人の基本権能力に関する覚書」札幌学院法学一一巻一号一頁（一九九四）。
（3）芹沢斉「法人と『人権』」憲法理論研究会編『人権保障と現代国家』一九頁、二九頁（一九九五）。
（4）樋口陽一『近代憲法学にとっての論理と価値』一六八頁以下（一九九四）など参照。
（5）木下智史「団体の憲法上の権利享有についての一考察」神戸学院法学二二巻一号一頁、三頁（一九九二）。アメリカでの団体の憲法上の地位をめぐる議論を詳細に分析したこの論文は、本章執筆に際して大変参考になった。本章はアメリカの団体・法人をめぐる議論とも深く関係するが、それ自体に入り込むことはこの論文が存在する以上もはや不要であろう。
（6）芦部信喜『憲法学II』一六五頁（一九九四）。

（7）　樋口陽一他『注解法律学全集・憲法Ⅰ』一八九―一九〇頁（佐藤幸治執筆、一九九四）。

（8）　むろん、もう一つ、何らかの事業をおこなおうとする個人に加入が強制（あるいは事実上強制）される団体の活動能力という問題も広く論じられてきた。本章はこの問題を直接扱う訳ではないが、当該団体の政治活動が議論の対象となっている限りでは本章の趣旨をおよぼすことも可能であろう。

（9）　芦部前掲注（6）一七四頁。

（10）　新山雄三「株式会社企業の『社会的実在性』と政治献金能力」岡山大学法学会雑誌四〇巻三・四号四九一頁、五二〇頁（一九九一）。三枝一雄「『会社のなす政治献金』論について」法律論叢六三巻二・三号一頁（一九九〇）も参照。

（11）　民集二四巻六号六三一頁。

（12）　橋本基弘「非政治団体の政治的活動と構成員の思想・信条の自由（下）」高知女子大学紀要人文・社会科学編四三巻一一頁、一八頁（一九九五）。

（13）　新山前掲注（10）五一九頁。

（14）　Stephen Loffredo, Poverty, Democracy, and Constitutional Law, 141 *U. Pa. L. Rev.* 1277, 1375（1993）.

（15）　当然ながら、法人への憲法上の保護が自然人と比べて弱いということを認めるとしても、国家が法人に対して恣意的な介入をおこなってよいという結論は出てこない。「政府は何かするためには常にそのための理由を必要と」し、「必要とされる説明は公共に関係するといえるものでなければならない」というカス・サンスティン Cass Sunstein, *The Partial Constitution* 17（1993）の指摘は、彼独自の共和主義憲法学とは独立に、一般に成立する命題である。参照、毛利透「国家意思形成の諸像と憲法理論」『講座憲法学・第一巻』四三頁、五四―五五頁（一九九五）。本章は、政治資金規制に際して正当と考えうる「理由」を探究する。もちろん、個人と法人の性質の違いが理由の正当性判断に際して影響することはありうる。

（16）　Marlene Arnold Nicholson, Basic Principles or Theoretical Tangles, 38 *Case W. Res. L. Rev.* 576, 590（1988）.

アメリカの政治資金規制の概観として、藤本一美『アメリカの政治資金』（一九九九）がすぐれている。

(17)　このような試みとしては、既に奥平康弘『なぜ「表現の自由」か』第三章（一九八八）が存在する。奥平は本文で示すオーースティン判決以前の連邦最高裁の諸判決を分析した上で、「選挙や政治の世界でも企業利益擁護のための言論・文書活動が大手を振ってまかりとおり、人びとの思惟と行動を支配し操縦することができるようになるとすると、表現の自由なるものは、まことに空しいもの・無意味なものになってしまうのではあるまいか」という疑問を投げかけている。私はかつて本書を一読したとき、この第三章での結論と第四章（戸別訪問禁止を中心として日本の選挙活動規制を論じる）での著者のスタンスとの間が本当に架橋可能なのかが疑問に思えた。奥平は選挙の公正確保は選挙資金規制でおこなうのが本筋であり戸別訪問禁止のような表現活動への直接的な禁止はそのような「包括的な大義名分」によって正当化されるものではない、とする。しかしながら両者は選挙活動への国家による制約という点では同一であり、なぜ資金規制なら戸別訪問禁止とは違って「公正確保」の名の下で正当化できるのかについての詳しい説明はない。企業のための言論が「人びとの思惟と行動を支配し操縦する」のを防止するという説明が不十分な「包括的な大義名分」には当たらないのかにも納得することができなかった。本章は奥平の論稿から受けた刺激を自分なりに受けとめ検討した結果であるともいえる。

本章と素材・問題意識において共通する論文として、川岸令和「言論の自由と熟慮に基づく討議デモクラシー」早稲田政治経済学雑誌三二四号二四二頁（一九九五）も参照。

(18)　右崎正博「アメリカにおける大統領選挙公費補助制度と憲法上の諸問題」森英樹編『政党国庫補助の比較憲法的総合的研究』二六三頁、二七七頁（一九九四）。*See also* Peter Lösche, Problems of Party and Campaign Financing in Germany and the United States, in Arthur B. Gunlicks (ed.), *Campaign and Party Finance in North America and Western Europe* 219 (1993).

ただし、特に一九九〇年代以降、それまで選挙用の資金を規制対象としてきた法の網をくぐるかたちで、政党が一般の政治活動のために使う金銭であるとして法の枠外で巨額の資金を集めるようになった（いわゆるソフト・マネー）。しかし、その金銭を投入して選挙前に流されるコマーシャルは特定候補者への支持・不支持を訴えるものが大半で、ただ法に触れないように明示的な投票呼びかけを控えているだけである。そのため、このような脱法的行為の横行がアメリカの政治資金をめぐる論議の大きな焦点となっており、法的にも選挙運動と他の政治活動との区別をどうつけるべきかが重要な問題となってきている。*See* Richard Briffault, Drawing the Line Between Elections and Politics, in E. Joshua Rosenkranz (ed.), *If Buckley Fell* 121 (1999). そこからまた、選挙活動は一般の政治活動と違って「制度的言論」だから規制が許されるという、両者が大部分重なっていたアメリカではこれまで正面から主張されてこなかった理論が提唱されるに至っている。*See* C. Edwin Baker, Campaign Expenditures and Free Speech, 33 *Harv. C.R.-C.L. L.Rev.* 1 (1998). 本文で後述する自らの理論によりこの区別に慎重な態度をとるものとして、*see* Robert Post, Regulating Election Speech Under the First Amendment, 77 *Tex.L.Rev.* 1837 (1999).

また、資金集め・分配における政党の役割が増大することになるが、これは必ずしも選挙過程での政党の役割を高めたとはいえず、むしろ政党はあいかわらず個人中心の選挙運動における資金調達のための迂回路として機能しているという側面が強いようである。そのため、選挙ではなく政党の政治活動のための資金だから無制限でよいという理由づけへの批判が強い。*See* Richard Briffault, The Political Parties and Campaign Finance Reform, 100 *Colum. L.Rev.* 620 (2000); Note, Soft Money : The Current Rules and the Case for Reform, 111 *Harv.L.Rev.* 1323 (1998).

これまでの連邦最高裁判決の分析を中心に規範的な民主主義観を探っていこうとする本章は、これらアメリカの最新の議論状況を直接にフォローするものではない。

二　連邦最高裁判決の流れと理論の選択肢

1　バックリー判決

選挙資金問題への最初の連邦最高裁の反応は、ウォーターゲート事件などをうけて制定された一九七四年連邦選挙運動法に対するものであり、早くもこの判決[1] Buckley v. Valeo, 424 U.S. 1 (1976)（以下バックリー判決と記す）において現在まで判例として拘束力を持ち続けるいくつかの理論が構築された。アメリカでは以前から法人から候補者への寄付は禁止されていたが、それに加えて同法では個人からの寄付にも各候補者ごとおよび年総計額に制限が設けられ、さらに個人および団体が特定候補者に関連して、つまりその候補者の当選または落選を助長するために、候補者との連絡なく支出する額（それゆえ「独立支出」と呼ばれる）の上限を年千ドルに設定した。また、候補者が自らおよび家族の財産から選挙運動に使える額、および選挙運動に使用できる総額にも制限を設けた。この法律に対し、連邦最高裁は寄付制限は合憲としつつ、支出に関する制約はことごとく違憲であると判示したのである。

まず法廷意見（意見執筆者が明示されない、例外的なPer Curiamである）は、当該法律の規制が表現の自由を保護する「修正第一条に関する行動の最も基本的な分野」に関係していることを強調する。「国民が主権者である共和国では、市民が公職候補者らの間から情報をもって選択する（informed choices）能力は不可欠のものである」として、本法が非表現的要素への制約ではなく、選挙に関する情報の流れ自体を規制するものであるとの位置づけを明確にするのである。「個人や団体が選挙運動期間中に政治的コミュニケーションに使用できる金銭の量への制約は、必然的に、論じられる問題の数、それらの探究の深さ、そして議論の届く聴衆のサイズを制限することによって、表現の量を減少させる。これは、今日の大衆社会では思想を伝達するほとんど全ての手段が金銭の支出を必要とするからである」。しかし、次に判決は寄付と独立支出では金銭的制約の持つ深刻さは異なるとして、次のように述べる。支出制限は「政治的言論の量や多様性への単に理論的ではすまない実質的制約を課す」のに対し、寄付制限は「寄付者の自由なコミュニケーションへの参加能力への周辺的制約を含むにすぎない」。なぜなら寄付は支出者自身の表現活動への経費ではないために「支持の根底にある理由を伝達しない」からである。そのお金を使って実際に表現活動をするのは寄付を受けた者である。だとすると寄付について表現の自由の視点から重要なのは「寄付する」という行為のシンボリックな政治的意味にすぎず、金銭的制約はこのシンボリックな意味にはあまり関係しない。また、候補者にとってもこの制約は「より多くの人々から資金を集める」ことを求めるだけであって、その選挙活動自体を実質的に妨げるようなものではない。寄付できなかったお金が独立支出に回されるとすれば、政治的コミュニケーション全体を収縮させるものでもない（424 U.S. 14-22）。

次に法廷意見は、寄付制限にはより強い規制利益が存在すると述べる。それは「個人による多額の金銭的寄付から帰結する現実の腐敗もしくは腐敗の外観（actuality and apperance of corruption）を制限する」ことである。「多額の寄付が現在の及び潜在的公務員から政治的代償（political quid pro quo's）を確保するためになされる限りにおいて、我々の代表民主制の高潔性（integrity）は傷つけられる」。また、「個人による多額の金銭的寄付が認められる制度には本質的に公職権限が濫用されがちな状況がつきまとうということを、国民が意識することから生じる、腐敗の外観の影響も、現実に代償関係が取り決められる危険とほとんど同じくらい懸念される」。贈収賄罪や資金公開の要請ではこのような国民の不審を取り除くには不十分だという議会の判断は妥当である。したがって、当該法律の寄付制限は正当な理由に基づくマージナルな制約であって、合憲である（424 U.S. 26-29）。

しかし、本判決が大きなインパクトを持ったのは、一九七四法の支出制限がことごとく違憲と判断された点であった。すでに判決は支出制限が政治的表現自体に対する実質的制約であると述べているが、そのような制約を正当化できるような政府側の利益は見つからないと判示されたのである。まず独立支出について、寄付の場合のような「現実の腐敗もしくは腐敗の外観」は理由とならない。そもそも独立支出はその定義からして候補者との代償関係の危険を有しない（候補者と通謀してなされる支出は法律上寄付とみなされる）。支出者がよかれと思っておこなった表現でも、当の候補者にとって有り難いかどうかはわからない。次に、もう一つの規制利益として挙げられた主張に対し、バックリー判決のなかで最も有名となった文章が続くのである。「しかしながら、個人および団体の選挙結果に影響を及ぼす相対的能力を平等化するという付随的な政府の利益が……候補者の選出・敗退への支持表明に対する制約を正当化する、と主張されている。しかし、政府が我々の社会のある部分の言論を、他の部分の声を相対的に高めるために制限できるという概念は、修正第一条には全く無縁である」。修正第一条の保護は、「ある個人の公共の討論に参加する財産的能力」によって左右されるものであってはならない。法廷意見はこのような断言には釈明が必要だと考えたのか、ここで選挙権の平等に関する判例および放送メディアへの公正ドクトリンの強制を合憲とした Red Lion Broadcasting Co. v. FCC, 395 U.S. 367（1969）との区別を論じている。まず、選挙権を財産によって制限してはいけないという要請は「政治的表現への制約」を正当化するものではない。「民主政はよく情報の行き渡った選挙民に依存するのであって、候補者や問題について討論、議論する能力を法律で規制された市民に依存するのではない」。つまり、選挙自体とそこでの選択の前提となる選挙運動における情報流通の自由とを切り離す論理を提示した。また、レッド・ライオン判決に対しては放送メディアの特殊性論によって区別しつつ、最後に公正ドクトリンは「公共問題を扱う際の量および質を高める」ことに寄与するが、当該法律の支出制限はそのような効果を持たない、という区別をも提示している（424 U.S. 44-51）。

さらに法廷意見は候補者本人または家族からの支出制限、あるいは選挙運動資金支出の総額規制も認めなかった。「候補者間の財産資源の相対的平等化」という規制理由は候補者が自分のために表現する自由という修正第一条の権利を制約する理由とならないとする。そもそも「修正第一条は、ある人の政治的見解を広めるための支出が浪費的で過剰であり賢明でない、ということを決定する権限を政府には与えていない。我々の憲法によって規律される自由社会においては、政治運動の中での公共問題の討論の量や範囲を管理しなければならないのは、政府ではなく国民——個人的には市民や候補者、集団的には結社や政治委員会——である」（424 U.S. 52-58）。

以上が本章の目的と関係するかぎりでのバックリー判決法廷意見の内容であるが、寄付と独立支出との区別に対し、バーガーおよびホワイトが反対する意見を述べている。ただし結論は全く逆で、バーガーは双方とも規制は違憲とするのに対し、ホワイトは合憲としている。バーガーは寄付も独立支出も思想をコミュニケートするための金銭の使用という点では同じであり、より制限的でない方法がないかを厳格に審査すべきであるとする（424 U.S. 241-246）。ホワイトの反対意見は法廷意見に対しより根本的な批判を加えている。彼は、金銭はどのように使われるかわからないのだから、額の制約は表現活動自体を制約するものではない、として本法律が情報の流通自体を規制しているという判決の見解に反対する。Money is speech という理解は受け入れがたいというのである。さらに彼は、当該法律の目的が「選挙過程」の腐敗を防ぐことにあるとし、その腐敗は「選挙での金銭の自由な使用の結果」であると述べる。そのような腐敗防止のためには寄付制限だけではなく独立支出制限も必要であるとの議会の判断は、特に「連邦選挙への国民の信頼を回復、維持する」ことの重要性に鑑みれば尊重に値する。「連邦選挙がもっぱら純粋に金銭の作用であり、連邦の公職は売ったり買ったりされており、また選挙に勝つための大きな資産を集めたり寄付したりできる利益、団体、個人を呼び集めるために必要なことなら何でもするという能力——と欲望——を持った者に政治上の競争が限定されている、というような印象を排除、一掃することは非常に重要である」。「巨大な選挙資金という理由から圧倒的有利さを持つ」というような候補者をつくらないようにするという議会の判断は是認できる（424 U.S. 257-266）。

判決にはあと三つの個別意見が付されているが、特に記しておくべきものとしてはマーシャル意見がある。マーシャルは候補者個人および家族の財産からの支出に対する制限を違憲とする法廷の判断に反対する意見を付しており、そこでは「政治アリーナへの平等なアクセスの現実および外観を促進する」という利益のために制限が認められるべきだと述べられている（424 U.S. 286-290）。

このように、バックリー判決は選挙運動を一人一票の原則が貫かれる選挙自体とは切り離し、自ら政治活動するために金銭を使用するという場面での制約は一切認められないというはっきりした態度をうちだした。その際のポイントは、支出には「代償関係」という意味での腐敗の危険が存在しないことであり、また支出への制約は情報の自由な流通という修正第一条の要請と正面から衝突するという理解である。政治に参加する各市民の影響力の平等化という理由で政府が政治活動の分野に介入することは、不必要な政治活動というものを政府が判断することの容認につながり、認められない、ということになる。さらに法廷意見は明らかに、各人が自らの考えを全く自由に表明することによってこそ、有権者の選挙での選択に際して必要な情報が行き渡るはずだという想定を基礎にしている。つまり、資金の差による政治的表現の規模の大小によっても、有権者が判断する際の資料に偏りが生じるというようなことはない、という判断を前提にしているといえる。これに対し、ホワイト意見は「腐敗」という現象をもっと広くとらえていたようである。つまり、選挙結果が資金力の差によって左右されているという国民の不信が腐敗である、というのである。しかし、では一体何が左右するのがあるべき政治過程なのか、という問題については、ホワイトは詳しくは述べていない。

2　ベロッティ判決

バックリー判決から二年後、今度は特に法人の政治活動に関する事件において連邦最高裁は再び重要な判決を出した。本判決 First National Bank of Boston v. Bellotti, 435 U.S. 765 (1978)[2]（以下ベロッティ判決と記す）はバックリー判決の論理を更に展開したという側面を持つ。営利法人に対しその事業・財産に重大な影響を持つ問題以外の問題についての住民投票に関連した寄付および支出を禁じる州法の合憲性が、具体的には個人所得への累進課税の導入の是非を巡る住民投票に際し、いくつかの会社が反対の旨の主張をするために自社の資金を使おうとしたことにより問題となった。パウエル執筆の法廷意見は、本件のような言論活動をおこなうことの禁止は個人が対象であれば合憲ではありえないはずだとする。「それは民主政における決定をなす際には不可欠な言論の類型であり、このことはその言論が個人ではなく法人から来ているからといってもいささかも変わらない」。判決は個人の自己表現の利益とは別個の修正第一条の関心を「開かれて情報の行き渡った討論」による「自己統治」に求め、「公衆に情報を与える能力という見地からした言論固有の価値は、発言者のアイデンティティには依存しない」とするのである。だとすれば、「保護される言論の領域においては、立法者は、人が何をしゃべってよいか、あるいはある公共問題を論じられるのは誰かという問題を決定する憲法上の権限を持たない」のだから、本法は明らかに修正第一条への重大な侵害である（435 U.S. 776-786）。

しかし州はそのような侵害をも正当化するやむにやまれぬ利益が存在するという。まずは腐敗防止であるが、本件はそもそも選挙ではないのだからバックリー判決で登場した「代償関係」は存在する余地がない。しかしながら州側は、会社のレファレンダムへの参加は投票結果に「不当な影響」を与え、「国民の民主政過程及び政府の高潔さへの信頼を破壊する」と主張する。「法人は裕福で力強く、それらの見解が他の視点をかき消す（drown out）おそれがある」という。しかし、マサチューセッツ州のレファレンダム運動過程において法人の声が圧倒的であったというような証拠はない。より根本的には、「確かに法人による広告は投票結果に影響を与えるであろう。これはその目的であろう。しかしながら、主張が選挙民を説得するかもしれないという事実が、それを抑圧する理由になるとはとてもいえない」。ここで法廷意見はバックリー判決の「政府が我々の社会のある部分の言論を、他の部分の声を相対的に高めるために制限できるという概念は、修正第一条には全く無縁である」というキーセンテンスを引用した上で、「さらに、我々の民主政においては、国民に、互いに衝突しあう議論の相対的価値を判断し評価するという責任が委ねられているのである。……もし上告人の提示する情報や議論を国民が評価できない危険があるのだとしたら、それは修正第一条の制定者によって予期された危険なのだ」という徹底した議論を展開した。法廷意見は、州の主張はこのような民主政の主人公である国民を信用しない「パターナリズム」であるとも述べている(435 U.S. 786-792)。

もう一つ、州側は会社の政治方針に反対する株主の財産が会社の政治活動によって侵害されるのを防ぐという利益を挙げた。が、これに対して法廷意見はこの目的のためには規制が過小（レファレンダム以外の政治活動を規制していない）であり過大（全株主の同意があるときにも禁止される）であって不適切であるとしつつ、会社の政治活動に反対する少数株主のとれる法的手段は他にも存在するし、そもそも株主は株式投資を強制されているわけではなく、いざとなったら売却すればよいのであって、それほど厚い保護を与える必要もないとも述べて州の主張を認めなかった(435 U.S. 792-795)。

この法廷意見に対し再びホワイトが反対意見を執筆したが（ブレナン、マーシャルが同意）、注目されるのは彼に加えてバックリー判決の支出規制違憲論には賛同していたレーンキストも反対意見を述べたということである。まずホワイトを見よう。彼もまた、この反対意見においてバックリーでの反対意見の論理をさらに進めることとなった。「法廷の根本的誤りは、法律によって課されると主張されている修正第一条の権利への制約を評価する際に鑑みなければならない州の規制利益が、それ自体修正第一条に由来するということを理解しなかったことにある」。ここでは「修正第一条の競い合う利益」の間の選択が問題となっているのであって、その際の選択に際しては立法府に広い裁量を認めるべきなのである。では一体州の主張の何が修正第一条に由来する利益なのだろうか。まずホワイトは法廷意見が一般国民の情報を受け取る権利に着目した点に対し、それだけの理由で個人の自己表現という価値を欠く法人の表現を個人の表現と同等に保護すべきであるという結論は導けないし、法人の言論を禁止しても当該法人に関係する個人は自由に金銭を使って発言できるのだから「重要なコミュニケーションが失われるとも思えない」と述べた上で、法人の性格から修正第一条による規制利益を導こうとする。

「法人（以下ホワイト意見での「法人」とは「営利目的のために機能する法人」435 U.S. 805 のことを指すと理解できる――引用者）は、特定の経済的目標を促進するために法律によってつくられた人工物である。そのような目的の達成を促進するために、法人には通常、有限責任、永遠の命、資産の集積・配分・課税といった事項に関する特別の規則が適用される。……しかし、次のようなことは長らく認識されてきた。つまり、法人はその特別の地位によって巨大な経済力をコントロールする立場につき、もし規制されなければその経済力は経済のみならず我々の民主政の核心である選挙過程をも支配しかねない、ということである」。バックリー判決は選挙資金の平等化を正当な規制利益と認めなかったが、本件は「平等化」の事案ではなく、経済的特権付与の結果として巨大な富を蓄積しうるようになった法人が、「政治過程において、特に本件のように法人の事業に重大な関係を持たない問題に関係する場合において、不公正な有利さを獲得するためにその富を使用する」のを防ごうとした事案である。「そのような支出は思想の自由市場の保護者としての修正第一条の役割を深刻に脅かすものだと考えうる」。このような修正第一条の利益を守るための立法者の判断を裁判所が無効と判断することはできない（435 U.S. 803-812）。

会社の政治活動に反対する株主の保護の点でも、ホワイトはこの法人理論を持ち出してくる。通常の事業活動においては、少数株主の意見が通らなくても問題は生じない。しかし、「法人がその特権的地位を、法人の事業や財産と関係せずしかもそれを支持しようとしない株主が存在する可能性のあるイデオロギー的聖戦の資金として使おうとする」ときには話は異なる。ここでもやはり株主の修正第一条の権利と会社の政治活動の権利という修正第一条の利益どうしの衡量が問題となり、立法者の判断を尊重すべきである。州は経済的目的のためにつくられた法人への投資が政治的イデオロギーに左右されないようにする利益も持つので、反対株主は株式を売ればよい、というのも規制を拒絶する理由とならない。ホワイトは最後に、「私の考えでは、表現の自由のシステムを保護するという利益」は本件規制を十分正当化する、と述べて法廷意見に反対した（435 U.S. 815-821）。

レーンキストは、法人が州の許可によって存在するに至ったものだということを特に強調し、それがどれだけの憲法上の保護を受けるかは個別に考えていかなければならないとする。そして、ホワイトと同様「経済的存在としての効率を高める」ための数々の特権的地位が「政治の領域に特別の危険」をもたらすおそれがあることを指摘する。また、法廷意見が強調した国民の情報を受ける権利についても、個人の活動が自由である以上、情報の流通は制約されない、とする。また、ホワイトに対して、少数株主保護の論理は、反対株主がいないなど「そのような懸念の存在しない場合」には説得力を失うと指摘し、それ以外の論理だけで合憲性を示すには十分であると明示した（435 U.S. 822-828）。

このように、法廷意見は国民への情報流通自体に修正第一条の一つの価値を見出すことで、法人の憲法上の地位を積極的に論じることを回避した。発言主体にかかわらずともかく情報がより多く流れることが修正第一条の価値に沿うものだとの思想のあらわれであろう。ただし、州側の民主政治の過程への不当な影響の除去という主張に対しては、法人の政治活動を許しても実際に不当な影響はあらわれず、かえって国民の情報に基づく適切な判断が促進されるという解答よりは、むしろ、民主政とは国民の判断能力を信頼する政治形態のことであり、およそ「不当な影響力」などというものはありえないのだ、という理念のレベルでの反論が前面に出てきているように思われる。莫大なお金をつぎ込んだ宣伝に有権者が惑わされることがあったとしても、それは民主政に内在する危険なのであって、政府がそれを理由にして政治過程に介入することはカテゴリカルに禁じられているのだ、という理論が読み取れるであろう。それは国民を大人扱いしない「パターナリズム」だというのである。ここではあきらかに一定の民主主義像が想定されるに至っている。

一方、ホワイトは法廷意見とは全く逆に、規制利益自体が修正第一条に由来するという理論をうちたてるに至った。むろん、バックリー事件を先例として前提せざるをえない以上、政治活動における影響力の平等化が修正第一条によって求められているということはできない。そこで彼が持ち出してきたのが、アメリカの表現の自由論における伝統の一つである「思想の自由市場」論であった。ただし、ここでの自由市場論の使われ方は、「何が正しい思想かは自由な思想交換の結果定まるものなのであって、政府が特定すべきものではない」という通常の使われ方とは異なる。つまり、思想交換の「市場」全体が外部からの力を受けて歪められる危険があり、その危険を除去すべきことは思想の自由市場を守るという「修正第一条に由来する利益」に他ならない、という論理なのである。ここでは政府の規制利益を積極的に説明するために思想の自由市場論が使われている。その際思想市場にとっての外部と考えられているのは、本来の市場、経済市場に他ならない。ただしバックリー判決の後ではこの論理もそのまま押し通すことは難しい。支出制限を認めないということは、経済市場で勝利して大きな富を勝ち得た個人がその富を政治活動に利用することを認めることに他ならない。この難点を克服したのが、営利法人が州から個人には認められていない特権を受けているという指摘であり、その特権は「経済」の分野における営利法人の活動を促進するためのものだということが強調される。そして、法人がそのような個人にはない経済的特権によって集められた富を思想市場に流し込むのは、政治過程における「不公正な有利さを獲得する」ことになる、という。

ここでは、「思想市場」あるいは「政治過程」が「経済市場」とは別の存在として、輪郭を持ったものとして想定されているようである。ただし少なくともベロッティ判決でのホワイト意見・レーンキスト意見は、経済市場におけるメディアである金銭が政治過程に影響をおよぼすこと自体を否定するのではなく、本来経済市場で機能することを目的として特権を与えられ財産を築いた営利法人がその財産を政治市場に移しかえることを、修正第一条の危機と考えていることになる。しかしいずれにせよ、法廷意見が、政治の判断権が国民個人個人に委ねられている以上、各人がどのような情報からどのような影響を受けようがそれは政府の与り知らぬところであると考えなければならないとしたのと比べれば、ホワイト意見・レーンキスト意見は政治において何が影響力を持つべきかについてのある規範的見解を有しているといえる。そうでなければ「法人の特権的地位論」も「国民を信用しないのか」の一言で片づけてしまえるはずであるから。ホワイトは法人の政治的言論が修正第一条にとって脅威であることの理由として、そのような特権によって集められた金銭の支出による政治的言論には、「コミュニケーターが思想を表現する際に有している信念」が欠けていると指摘している（435 U.S. 810）。これはむろん、「有しているべき」と読みかえて理解すべき文であろう。ホワイトの民主主義観はこの文によってかいま見ることができるが、詳しくはさらなる探究を待たなければならない。

3　その後の判決の流れとオースティン判決(3)

一九八〇年代の連邦最高裁は、選挙運動資金制限法の合憲性につき、概ね以上の二判決の枠組みに沿って判断を続けた。Citizens Against Rent Control v. Berkeley, 454 U.S. 290 (1981)（以下バークレー判決と記す）では、住民投票に関する政治献金の額を制限する市条例の条項が問題となった。原告となったのはある住民投票での案件の否決を目的とする非法人結社であり、自らが同条例によって政治活動資金を十分集められなくなることを修正第一条に反するとして提訴したものである。つまり、ベロッティ判決の場合とは異なって法人自らの支出が問題となったのではなく、結社への個人の献金制限が問題となったのであった。バーガー執筆の法廷意見は、当該条例を違憲とした。

同判決は共通する意見の持ち主が結社をつくって政治的影響力を高めようとすることは「アメリカの政治過程に深く根づいて」おり、本条例の寄付制限はこの結社の自由への侵害であるとする。しかも「バックリー判決によれば、寄付者は、他の者がより多くの寄付をしてしまうという可能性からは保護され得ないということも明らかである」とし、その証明としてまたもバックリー判決の「政府が我々の社会のある部分の言論を、他の部分の声を相対的に高めるために制限できるという概念は、修正第一条には全く無縁である」というキーセンテンスを引用する。唯一の正当な規制利益は「候補者への多額の寄付による不当な影響」なのであって、ベロッティ判決と同じく当然ながら住民投票にはそのような利益は存在しない（454 U.S. 294-299）。これに対しレーンキストは、本条例が法人に限定されたものではないことを指摘して、法廷意見への同意を正当化している。非法人に関する限り、自身も同意したバックリー判決の論理からして法廷意見は正当と認められるというのである。逆に法人について彼は、「法人という盾」は「州が限定づけとの代償（quid pro quo）の形式として法人に与えた」ものだとし、この場面で「代償」という用語を使用することで自らの立場をより明確にしたといえる（454 U.S. 300）。

ホワイトはみたび反対する。こうして、連邦最高裁多数派、レーンキスト、ホワイトという三つの考え方が次第に明確になった。彼は、住民投票における寄付も「寄付者以外の誰かの言論」のために使われるに過ぎない点で、バックリー判決で認められた寄付制限と性格は同じであると指摘する。本法律は、多額の寄付をしたい者に自分の声でしゃべることを求めるだけであって、公共討論における「視点の多様性」に貢献する。さらに、代償関係抑制以外には政府は全く規制利益を持たないとは言い過ぎだとする。確かに「莫大な出費が特定の住民投票の勝利を『買った』ということを証明するのは不可能である」。利益集団の支出と投票結果に「因果関係」があるということを「証拠」で示すことはできない。だが、政治過程への、多くは法人組織からの莫大な金銭の支出は政治に対して悪影響をおよぼすという指摘はかねてから繰り返しなされてきた。「数少ない組織的金源からの莫大な寄付が個人の努力をかげらせうるという認識は、住民投票運動への参加意欲を失わせ、レファレンダム過程への人々の信頼を損ねることになりかねない」。このような立法府の判断を無視するべきではない（454 U.S. 303-311）。

もう一つ挙げておくべき事件として、FEC v. National Conservative Political Action Committee, 470 U.S. 480 (1985) がある（以下 NCPAC 判決と記す）。これは、大統領選挙候補者が公費補助を受けることを選択した場合に独立政治委員会（政治委員会 political committee とは、選挙や住民投票に影響をおよぼす目的で資金を調達し支出する結社のこと。「独立」とは委員会の活動が候補者との連絡なく独自におこなわれること）がその人物を支援する目的で支出することができる金額を制限する連邦法の合憲性が争われたものであった。レーンキスト執筆の法廷意見は、バックリー判決を引きながら今日の社会においては金銭への制約は言論への制約となることを再び認め、かつ本件は規制対象が法人か否かを区別していないことに注目する。そして、政府の唯一の正当な規制利益は「現実の腐敗もしくは腐敗の外観」の防止だとしつつ「腐敗の特徴とは財産的代償、政治的恩恵に対する金銭のことである」と明示する。本件のような独立支出はバックリー判決と同じくそのような弊害を生まない。組織による言論の影響力が大きすぎるというが、民主政治においてある言論が聴者の考えを変える力を強く持つことをもって「腐敗」などといえるわけがない（470 U.S. 493-498）。

これに対してはホワイトが反対した。レーンキストとホワイトの意見が正面から対立したわけである。彼はあらためてバックリー判決への批判をおこない、金銭自体は言論ではなくそれを規制しても表現には間接的規制にしかならないこと、たとえ独立支出でも候補者はそれに配慮を払わざるをえず寄付との機能の違いは小さいことを挙げる。さらに、公費補助を受ける候補者に関する規定であることにも着目して次のように述べる。「私はいまだに、大規模 PAC の支出が政治過程におよぼす影響についての多数意見の平静さを共有しはしない(4)」。「選挙が同等の資金を持つ候補者どうしで争われるべきであり、各人のために支出される金銭の量に左右されるべきではない、という議会の明白な願望」は、公費補助がなされる場合には特に強い説得力を持つ（470 U.S. 507-518）。

これらの意見を通じ、連邦最高裁としては選挙資金規制の正当な理由は「腐敗」の防止であるが、そこでの「腐敗」とは「候補者との代償関係」のことにほかならず、それ以外に政治の「腐敗」なるものは存在しない、という立場を明確にしていったといえる。これに対してホワイトも一貫して、少数の資金源からの莫大な政治資金の支出が政治過程に与える悪影響の防止も正当な規制理由となると主張し続けている。これらの事件での彼の反応を見ると、ベロッティ判決での「法人の特権論」は彼の理論にとって必ずしも不可欠のものではなかったと考えうる。「思想の自由市場」を歪めるものは、法人が経済市場での特権によって集めた資金には限られない。不平等な資金使用自体がやはり問題なのである。また彼は国民を信用する限り政治過程自身の腐敗などありえないという主張に対し、金が選挙を買うということを証明することはできないということを認めつつ、にもかかわらず偏った政治資金の使用が政治にとって有害であるという見解に固執しているのである。一方ベロッティ判決での「法人の特権論」は、レーンキストにとっては論理上不可欠のものであったこともわかる。レーンキストは営利法人への法人格の付与に「代償」性をみてとり、その活動を経済分野に限定することの正当性をここに求めているのである。彼にとっての重点は、経済市場の思想市場への不当な影響というよりは、法人の属性論——州によって認められた存在なのだから、その広い規制に属してかまわない——に置かれているように読み取れる。

このように連邦最高裁の姿勢は固まってきたように見えたのだが、それからするとNCPAC判決の翌年のFEC v. Massachusetts Citizens for Life, 479 U.S. 238（1986）（以下MCFL判決と記す）は奇妙な判決であった。ここでは法人に対し連邦選挙に関して自己資金から支出をおこなうことを禁じ、そのような支出は関係者からの自発的寄付による分離基金からおこなうよう求める連邦法の合憲性が問題となったが、判決は事件の当事者団体に適用される限りでその条項は違憲、という適用違憲の判決であった。その団体というのは州法によって認められた、反中絶運動のための非営利法人であった。ブレナン執筆の法廷意見は、「法人構造の特殊性」という政府側の主張を取り上げ、それを詳しく検討した。「法人による政治活動への直接の金銭の使用は、経済市場で蓄積された資源が政治市場での不公正な有利さをもたらすために使用されうるという予想を生じさせる」。もちろん、これまでの先例が示すように、資金が平等でなければ政治競争が公正でない、ということではない。「資金の相対的な使用可能性というのは、結局のところ、人々の支持の大体のバロメーターである。しかし、営利法人の資金源はその政治思想への人々の支持を示すものではない。そうではなく、それらは投資者や顧客の経済的動機による決定を反映している。こうした資源の使用可能性は、法人をして恐るべき政治的存在たらしめうる」。問題となっている法律はこの恐れをなくし「政治アリーナでのアクターの競争が真に思想の競争であることを保証」するためのものであり、その必要性は是認できる。

しかし、だとすると規制目的は「法人形態それ自体の使用ではない」。MCFL は元来政治的主張を広めるための団体であり、その資金は「政治市場でのそれへの支持」の関数である。こうして、判決は「立法者の懸念の正当性」は認めつつ、全ての法人をそこに含ませることはできないとしたのである。そして判決は、例外として認められるための三つの条件を挙げた。第一に「政治思想の促進という明確な目的を持っており、営利活動に参加できない」団体であること。第二に株主など法人の資産への持分権を有する者がいないこと。これは、法人の政治活動に反対するメンバーが経済的配慮をせずに脱退できることを保証する。第三にメンバーに営利法人や労働組合を含まず、それらからの寄付も受け付けていないこと。これは当該団体が営利法人らの政治への直接支出をカモフラージュする「導管（conduit）」として機能することを防ぐ。MCFL はこれら三条件を満たすため、連邦法を当該団体に適用することは違憲である（479 U.S. 256–265）。

これに対し、レーンキストが部分反対意見（ホワイト、ブラックマン、スティーブンス同意）を書いた。その要点は、法廷意見を大筋で認めつつ、法人内での区別は「程度の相違」でありそこでの線引きは立法者に任せるべきだということである。「このような種類の規制を憲法上許容できるものにする点について、法人ははっきりした一つのカテゴリーである、という議会の判断を私は尊重したい」。つまり、当該法は全面的に合憲である（479 U.S. 266-271）。

この判決は、それまでの連邦最高裁判決の流れからすると非常に不可解である。[5] ここでは、ベロッティ判決でホワイト反対意見が強く主張していた経済市場と政治市場の区分という考えが九人全員の同意を得ているのである。しかも多数意見は、バックリー判決の独立支出規制への反対も「資金の相対的な使用可能性というのは、結局のところ、人々の支持の大体のバロメーターである」という認識に基づいていたと解釈するそぶりも見せている。しかし、バックリー判決はそんな認識に基づいていたのだろうか。適用違憲という結論であったことが多くの新任の裁判官に厳密な検討の必要性を感じさせなかったのだろうか。実際、本件でブレナン意見に同意していた者のなかから、四年後の同趣旨の意見には猛反発を見せる裁判官が出現することになる。

連邦最高裁多数の方向が転換したことを明確に示したのが、Austin v. Michigan Chamber of Commerce, 494 U. S. 652（1990）であった（以下オースティン判決と記す）。ここでは、MCFL事件と同趣旨の州法の合憲性が、ミシガン商工会議所によって争われた。同商工会議所はミシガン州の非営利法人であるが、メンバーの四分の三は営利法人であり、州経済の発展などのための活動をおこなっている。判例からして当然ながら、商工会議所側は独立支出は正当な規制利益である腐敗防止とは関係なく、制約することはできない、と主張したが、マーシャルが執筆した法廷意見は次のように述べた。『財産的代償』による腐敗のこの危険が独立支出の制限を正当化するのに十分かどうかとは関係なく、ミシガン州の規制は政治アリーナにおける別のタイプの腐敗をねらっている。それは、法人という形態の助けによって集められ、法人の政治的思想への人々の支持とはほとんどあるいは全く関係を持たない富の莫大な集積のもたらす腐敗的、歪曲的効果である」。「その法律は選挙における話者の相対的影響力を平等化しようとしているのではなく、支出が法人によって主張される政治思想への人々の実際の支持を反映することを保証する」。しかし、法人が多くの富を蓄積するということだけが規制を正当化するのではなく、「有限責任、永遠の命、資産の集積・配分についての有利な扱い」といった「大きな資産の蓄積を促進する、州によって与えられた特殊な法人構造」を使用して集めた財産だということも重要な点なのである。そのような資産が政治に用いられることが「不公正に選挙に影響を与える」ことになる。さらに連邦最高裁は、会社の規模を考慮しない規制は過大であるとの主張に対し、このような特権を持つ法人は全て「歪曲の潜在力」を有するので、一律禁止も正当化されると述べた。

次に法廷意見は本商工会議所がMCFL判決が示した三つの例外条件を満たさないことを示す。まず同商工会議所の目的は本来非政治的であるし、次に株主はいないとしても、脱退は経済的支障を伴うため政治方針に反対の者がそれを理由に脱退するのは難しいうえ、さらにメンバーの多くが営利法人であり、その政治活動の導管として使われる恐れが大きい。最後に法廷意見は、当該州法がマスメディア会社を例外扱いしていることについて触れ、法律の規制をそこにまでおよぼすと、情報の収集、伝達という民主主義社会にとってのメディア重要な社会的役割が果たせなくなる恐れがあるとして区別を正当化した（494 U.S. 658-669）。

これに対し厳しい反対意見を突きつけたのは、MCFL判決では法廷意見に同意していたスカリアであった（ケネディも反対意見を書いているが、同趣旨であるのでここではスカリア意見だけを取り上げる）。確かに法人は州から特権を受けているが、それは他の結社や個人の経済上の地位と質的に異なるものではなく、なぜ法人の政治的支出だけがそれほど疑わしいのかの説明とはならない。巨額の富の問題性も指摘するが、独立支出は政治への弊害を伴わぬというのが判例なのではないか。「バックリー対ヴァレオは変更されるべきではない。なぜなら、それは完全に正しいからである」。法廷意見はバックリー判決と本件の区別を示していない。「法廷意見は、政治的『腐敗』——英語をしゃべる者がその言葉を理解する意味での——の実質的危険を独立支出がもたらすという提案を擁護しようとしていない」。そうではなく、法廷意見は「別のタイプの腐敗」なるものを新たに登場させてそれを根拠に合憲性を導いた。が、「この分析手法では、最高裁が政治的に望ましくないと考えるほとんど全てのことが政治的腐敗といいかえられてしまう」。こんなはっきりした内容を持たない「詩的メタファー」によって、修正第一条に反し、公権力によって何が影響力を持つべき政治主張かが定められてしまうのは大変悲しいことである。そもそも法廷意見の「別のタイプの腐敗」論からすれば、対象は法人に限定されないはずである。大金持ちの個人の政治活動支出がその思想への「人々の支持を反映」しているはずがない。法廷意見は「法人の特権論」とこの「新種の腐敗論」を組み合わせているが、ここには理論的整合性は全く存在しない。また、法廷意見は法人の「潜在力」が規制を正当化するなどというが、潜在的危険によって表現を抑制することはできないというのは、表現の自由法理の基本である。マスメディアの例外扱いの正当化も説得力がない。「新種の腐敗」の危険は法人資産を堂々と政治的言論に使えるメディア会社の方がはるかに高いはずではないか。

確かにミシガン州法の目的はもっともらしい。「しかし、我々の人権条項の前提は、一見望ましい事柄であろうが、政府がそれをなすようには信託されえない事柄がある、ということである。その第一は、『公正』な政治討論を保証するような言論への制約の樹立である」。だがさらにいえば、「新種の腐敗」をなくすことがそもそも望ましいことなのかも疑問である。人々の支持をまだあまり集めていない主張こそ、より多く流布される必要があるのではないのか。さらに彼はトクヴィルをも引きながら、法人の富を警戒してその言論を制約することは、「政府の常に支配的な権力を増大させるかあるいは公共討論を貧困化する」であろうとし、法人敵視自体をも疑問に付す。スカリア反対意見は最後に次のように述べる。「我々のシステムの前提は、多すぎる言論というようなものはないということであり、国民は愚かではなく利口であり小麦と籾殻を区別するだろう、ということである」。もちろん、この想定はそのまま事実ではない。けれども、立法者が政治的言論の量を調節したり誰がしゃべってよいかを決めたりできる体制で民主政が持続するという想定よりは、よほど現実的である（494 U.S. 679-695）。

攻守は逆転した。判例との整合性という点からすれば、明らかにスカリア意見の方が筋は通っている。法廷意見の「別のタイプの腐敗」の持ち出し方はいかにも唐突である。しかも、スカリアの先例違反との批判にもかかわらず「オースティン判決はバックリーとベロッティの両判決を覆してもいないし、疑ってもいないし、明示的にその射程を狭めてもいない」(6)。判例との整合性を保つことを故意に放棄したとすら感じられる。また、ホワイトとレーンキスト両者とも法廷意見に同意しているが、前者はともかく後者はこれまで、法人と州との「代償」関係を除けば、政府の唯一の正当な規制理由たる「腐敗」は寄付者と候補者との「代償」関係の防止しかありえないと明言していたのであり、法廷意見への全面的同意には疑問も残る。逆にいえば、レーンキストを法廷意見に引き入れるためには、「別のタイプ」の定義に法人の特殊性論を含めることが不可欠だったはずである。こうして、「法人という形態の助けによって集められ、法人の政治的思想への人々の支持とはほとんどあるいは全く関係をもたない富の莫大な集積のもたらす腐敗的、歪曲的効果」という定義が生まれたのだろうが、そこでの「法人という形態の利用」要件と「人々の支持の反映」要件との間のつながりは、スカリア意見が述べるように、明確ではない。MCFL判決での「資金の相対的な使用可能性」というのは、結局のところ、人々の支持の大体のバロメーターである」という想定に反論することはたやすいだろう。逆に考えると、法廷意見は営利法人以外の政治アクターに関してはこの想定を思考の前提とするという選択をおこなったともいいうるが、だとすれば今度は、なぜ政治活動との関係で営利法人だけがそれほど特殊だと言えるのかというスカリアの疑問が投げかけられることになる。

さらにMCFL判決とあわせて考えてみると、連邦最高裁は「政治アリーナでのアクターの競争が真に思想の競争であることを保証」するためには政治活動に使用される金銭の量が相対的にその政治主張への国民の支持の度合を大体反映していることが必要であり、そのために政府は政治アリーナに介入できるという認識を示したといえる。

が、これに対しても、政治過程において「不公正」な影響力などありえないというスカリアの原理的批判――以前の連邦最高裁の立場に他ならない――が向けられると同時に、支持の少ない主張は金銭をあまり使えないという想定は、これもスカリアのいうとおり、まさに思想市場におけるダイナミズムを阻害するのではないか、との疑問が投げかけられよう。NCPAC判決反対意見にあるように、ホワイトは各政治的主張の金銭使用の平等化を求めていたのではないかと解しうるが、バックリー判決などの拘束力から、連邦最高裁としては思想市場と経済市場との分離という思想をこのような定式であらわさざるをえなかったと理解しうる。しかし、その定式は思想市場の機能自体を阻害するのではないかとの疑念を生じさせてしまった。(7)

第三章第二節の注

（1）　本判決は非常に多様な問題を扱っており、ここでは本章の目的からした限定的紹介にとどめることとせざるをえない。本判決について詳しくは、石田榮仁郎「選挙運動費の支出制限を違憲としたアメリカ連邦最高裁の判例と選挙資金問題の再考(一)(二)」近大法学二四巻三・四号一頁（一九七七）、二五巻二号四五頁（一九七八）参照。

（2）　本判決について詳しくは中原俊明「会社の政治的言論権」琉大法学三五号一一七頁（一九八四）参照。

（3）　ベロッティ判決以後一九八〇年代半ばまでの最高裁諸判決の概観として、中原俊明「バーガーコートにおける会社の政治的言論権の拡大(上)(下)」琉大法学三九号一頁（一九八六）、四〇号三一頁（一九八七）参照。

（4）　アメリカでの政治過程における資金供給団体としてのPAC（Political Action Committee）の重要性・問題性については、土居直美「企業と労組の献金禁止と政治資金団体の役割」堀江湛編『政治改革と選挙制度』一九七頁（一九九三）、石田榮仁郎「アメリカにおける会社・組合による政治献金と公職倫理」近大法学三九巻一・二号三九四頁（一九九一）、右崎正博「アメリカにおける政治資金規制と憲法論」法律時報六四巻一一号二五頁（一九九二）など参照。

合性に疑問を呈する。

（5） Marlene Arnold Nicholson, Basic Principles or Theoretical Tangles: Analyzing the Constitutionality of Government Regulation of Campaign Finance, 38 *Case W. Res. L. Rev.* 576, 596-600（1988）は、MCFL判決が「公務員への影響ではなく選挙過程への影響」に着目した「腐敗の新たな定義」を示しているとし、その先例との適合性に疑問を呈する。

（6） Jill E. Fisch, Frankenstein's Monster Hits the Campaign Trail: An Approach to Regulation of Corporate Political Expenditures, 32 *Wm. & Mary L Rev.* 587, 614（1991）.

（7） その後、連邦最高裁は選挙資金規制について、政党の独立支出への規制を他の主体のおこなう独立支出への規制と同様違憲とする判決を出している。その限りで、この意見は政党をPACなどと同じ、候補者と一応「独立」して行動する一般の政治団体と考えたことになる。ただし、この理由づけは過半数の裁判官の同意を得ておらず、そもそも政党とその党の候補者とは利益が一致しており共同して運動する関係にあるのだから、たとえ政党の支出が候補者と連絡をとっての上であったとしても、それはバックリー判決が考えていた寄付とは性格が異なっており規制することは許されないという意見が加わって、違憲の結論が導かれている。他方、政党の選挙関連支出は全部寄付と見なすべきであり、それへの規制は候補者との間での「現実の腐敗または腐敗の外観」の防止という従来の論理からして正当化できるのみならず、バックリー判決でのホワイト意見を引いて選挙運動へのアクセスの平等化を正当な規制利益と考え直すべきだとする反対意見もついている。この意見は、二番目の意見と同様、政党が候補者と特別の関係を有する団体だということを認めながら、その関係において政党が金銭を使って強い影響力を有することに「特別の危険」を認めるという、逆の価値判断をおこなったわけである。Colorado Republican Federal Campaign Committee v. FEC, 518 U.S. 604（1996）.

本判決は、政党という巨大な団体に対してオースティン判決の論理をあてはめなかったことになるが、これは政党がまさに政治活動のための団体であることから当然ともいえる。（後掲のブリフォールの論文は、この判決の意見分布によって、オースティン判決の「『法人』についての特別のケース」としての限定的性格が強まったと述べている）。

しかし、ならば政党を一般の政治団体と同じく扱ってよいのかについては、裁判官の間で意見が分かれたことになる。政党と党員たる政治家との関係をどう考えるかという興味ある論点を提起する判例であるが、本章での直接の検討対象とはしない。本判決については、高橋和之「政党の選挙運動関連支出に対する制限の合憲性」ジュリスト一一七四号九三頁（二〇〇〇）参照。*See also* Richard Briffault, Campaign Finance, The Parties and The Court, 14 *Const. Commentary* 91 (1997).

最近、連邦最高裁は州法による寄付制限について、バックリー判決を適用して合憲との判断を示した。Nixon v. Shrink Missouri Goverment PAC, 120 S. Ct. 897 (2000). それ自体はふつうの判決であるが、むしろ個別意見においてバックリー判決の見直し、柔軟解釈を求める主張が相次いだことが注目される。ただし、司法審査をより緩めるのか、強めるのかの方向においては諸意見は正反対に分かれており、実際に判例変更にいたる見込みは薄いように思われる。

三　経済市場と民主政過程

以上のように一九七〇年代以降、常に反対意見を抱えながらも連邦最高裁は選挙資金問題、より広くは政治と金銭・経済の関係の問題についてかなりはっきりした態度をうちだし、しかも一九九〇年にそれまでの態度を詳しい説明なく一挙にくつがえすという荒技を見せた。議論の持続性、政治的重要性からして、確かに修正第一条の最重要問題の一つであり続けてきたといえる。以上の叙述から、その中核を占めてきたのは、公職（候補）者との財産的代償関係という以外に主権者である国民に対して「不公正」な影響というものがありうるのか、思想の市場と経済市場との関係、そして法人、特に営利法人の地位を政治過程との関係でどのように考えるか、というような問題であったことがわかる。当然ながら連邦最高裁の態度への批評というかたちをとる多くの議論が提示され続けてきた。これらの問題は密接に連関しているが、叙述の便宜上、まず前二者の問題について考察し、次にそこで設定された理論枠組みのなかで法人に特殊な問題を考察するという手順を踏むことにする。実は憲法学的に重要な問題点は以上の諸判決の分析によって出尽くしたともいえるが、諸論稿のなかには判決という形式からの制約を被ることなく理論を深化させたものも見られる。

1　民主主義の要請について

選挙資金規制を積極的に認める代表的人物としてカス・サンスティンを挙げることができる。彼は、国家が行為するのに必要な公共性ある理由を「熟議の民主政（deliberative democracy）」によって保障しようとする理論を、一貫して提唱してきた。その背景には、従来の利益集団によるプリュラリズム的な政治観では、現状の社会における政治的力の構造が自然的、中立的と見なされてしまい、そこに存在する歪みが見えなくなってしまうという批判的視点が存在する。私的選好が直接政治に影響してよいとすれば、組織化された集団とそうでない人々との間での影響力の差も是認されてしまい、個々人を平等に扱うことはできない(1)。民主政治のプロセスは「ある集団が他の集団よりより強く組織化されているという事実、富や影響力の偏在、そして様々な公的、私的強制によって、しばしば歪められる」のであって、それへの対処装置が必要である。また、「コンテクストから離れた選好はない」ゆえに「私的選好は時々、現状の慣行や機会に含まれる不当なあるいは不正な限界に対応している」。そのような「選好の尊重は、自律の点から、そして恐らくは福祉の点からも、不正だと思われる」。さらにいえば、「選好はしばしば法的ルールの産物である。……そうであれば、法的ルールの内容を選好に訴えることで決定することはできない。分析の基礎として使える前法的な選好は存在しない(2)」。

したがって、政治とは現存する社会構造に基づく選好の登録ではなく、そのような制約から自由な公共の善についての議論から出発すべきものだと考えられる。サンスティンは、アメリカ合衆国憲法はまさにこの熟議の民主政を生みだすための制度をつくったのだと考え、現代においても憲法解釈のための原理形成においては、熟議の民主政の機能確保という観点から議論を進めるべきだとする。そして、そこから導かれる理念として政治の規律理念としての合意、政治的平等と並んで、「市民としての地位」(citizenship) の保護を挙げる。「自由な共和主義は、政治上の結論が市民の幅広い参加から影響されることを保障しようとする」。そのためには市民が国家から独立していることが必要であるとして、彼は私的所有権の保障や国家から干渉されない自律の領域の保障、言論の自由などを憲法上の権利として導き出す。また、「市民と代表とは、『自分の望むもの』を求めそのために代価を払うのではなく、社会的な結果について討議すると想定されている」。「市民は彼らが『望む』ものではなく、彼らが何者であるか――自分たちの価値は何であり、その価値が何を要求するのか――を決定するのである。彼らが法によって求めるものは、理由によって支持されていなければならない」とも述べる[(3)]。つまり、サンスティンは市民の広範な熟慮=討議への参加を保障するものとして憲法をとらえようとするのである。

このような理論的前提から、サンスティンは選挙資金規制の理由として、判例が認めてきた「代償」関係の予防だけでなく、市民の「政治的平等」および平等な市民から生じる「討論による統治」という「アメリカ憲法の伝統」的価値をも認められると主張する。経済市場での平等は「一ドル一票」とでもいうものであり、また商品を購入する際に欲しいという以上の理由は必要でない。しかし、政治においては別の原理が働く。まず、確かに民主政を達成するために経済的平等が必要だとはいえないが、富の大小が政治的影響力に影響をおよぼすのは「非常に困惑すべきことである」。「富または貧困と他者への政治的影響との関係」の「縮減」は「一人一票」原則の拡張といえるものであり、許容できる。また、政治とは現存する私的選好を登録するものではなく、言明の理由をめぐる熟議をおこなう場である。利益集団からの金銭支出を放置しておいては、立法者が「理由ではなく私益によって」行動することを助長してしまう。このように、「政治的平等と政治的熟慮＝討議の目標は、経済市場と政治との適切な領域を区分する企てと関連している」。

さらにサンスティンは、バックリー判決が選挙運動への介入を国家の中立性を理由として禁じたととらえ、そのような判決は現存の資源配分を前政治的で正しいものだと想定していたニューディール以前の連邦最高裁の立場への逆戻りであると批判する。経済市場もまた法の産物であり、国家の不介入は中立ではなく現存の資源配分の承認に他ならない。逆に、経済市場で生まれた貧富の差を是正するための国家の介入も「非中立」なのではない。そして、右記のような経済市場と政治の場での規律原理の違いを考えれば、政治における平等と熟議の確保はなおのこと「許されざる再配分」と見なされるべきではない。「無制限の選挙運動支出を認めるシステムこそ、資源の偏りが政治的影響力の偏りへと変化させられることを認める規制決定だと考えるべきである」[4]。

サンスティンと同様の根拠から選挙資金規制の合憲性を主張していた人物としては、J・スキリー・ライトがいる。彼も連邦最高裁を経済市場の論理の政治への持ち込みであるとして批判し、政治においては各個人の影響力の平等が維持されるべきこと、および有権者の選択が政治主張の「思想」「内容についての真の対話」に基づくべきことが理念的に要請されると述べていた[5]。その際ライトは、バックリー判決を背後で支える民主政像を、私的利益の追求のために結成された集団が金銭の支出を有力な武器として政府の決定にプレッシャーをかけ、他の集団との競争のなかで自らの要求の実現を目指す、というプリュラリズムであると把握した。この考えでは、「公益」とは利益集団のせめぎあいの結果に他ならず、「公益がどこに存在するかということについての個人の主張は、全て本質的に疑わしい」と判断されてしまう。したがって、政治の「公正」のためというような名目で利益集団の政治活動の重要な部分である金銭の支出を制限することは、許されないということになる。しかし彼は、このような思想は「政治からその道徳的、知的内容を奪」い、「我々の選挙過程の高潔性と我々の政治的信念の本質を破壊する」ものだと批判するのである(6)。

連邦最高裁の規制合憲論のなかで示されていた思想市場と経済市場の分離論は、サンスティンやライトによれば、平等な市民の熟慮＝討議に基づく政治——そこでは主張の内容の説得力のみが政治的影響力を持つべきものとされる——から要請されるものであった。そこではしたがって、経済市場の論理によって生じた不平等が、寄るべき原理を異にする政治の場に反映されることは民主政過程の歪みとみなされる。「多額の支出はしばしば、論争点の完全に不均衡な提示を保証しうる。それゆえ、そこには思想の公正な競争はなくなってしまう」というのも同趣旨の指摘であろう(7)。ここでは、民主政治の原理は投票をおこなう国民各自が議論にも参加することに求められている。このように討議の場に着眼する以上、そこでは各人の発言権の相対的平等が確保されている必要があり、議論が言明の中身の説得力によって決しなければならない、という要請が必要とされるのは当然であろう。ベロッティ判決でホワイトが、思想の自由市場を守ることが修正第一条に由来する利益であると述べているのも、同条文を民主政治と結びつけて理解し（このこと自体は一般的である）、その民主政の正当性のために政治のための討議の場の確保が必要であるとする思想のあらわれと理解することができる。

では、規制違憲論の側はこの民主政における議論をどのようなものと理解しているのだろうか。判例の紹介でも明らかになったように、確かに従来の判例およびオースティン判決への反対意見は、政治における競争の「公正」を政府が保証することをカテゴリカルに否定している。例えばオースティン判決に対しても、政治への金銭使用に関するコスト・ベネフィット計算を信用するほうが、法人の政治支出への「はるかに効率的な制限」であって「社会的に最適な結果」をもたらすはずであり、資金使用を規制するのは国民に対するパターナリズムに他ならないし、思想への支持を反映しない支出が不公正だというのは憲法の伝統に反する、という判決の論理に沿った批判がなされている。[8] しかしここでは、サンスティンを正面から批判し、自らの民主政像をかなり明確にうちだしているリリアン・R・ビヴィアーの説を独自に検討することにしよう。ビヴィアーは、修正第一条の権利は国家の権限を制約するものという考えを守るべきであるとして、それを政治の場における熟慮＝討議の確保のための政府の積極的権限を根拠づけるために使用することに反対する。政治過程の歪みを指摘するということは、「正常な」民主政治を想定しているはずであるが、まさに特定の民主政像を政府が採用して規制をかけてくることこそ民主政に違反するのではないか。より多くの人々に影響を与えようとしてなされる言論は政治活動の根本であり、政治的平等というような理由でその活動を制約することは、討議をおこなうことの意味をなくしてしまう危険がある。

そもそも共和主義者の民主主義理念にもかかわらず、一般市民が政治に興味を持って情報を集めようとするインセンティブは乏しい。「どの選挙においても、個々人の投票が結果に『意味を持つ』可能性は極めて小さい」から。利益集団は、そのように必然的に政治に積極的には取り組まない大多数の国民にかわって立法者の行為を監視し、必要な情報を市民の身近までもたらすという重要な機能を有している。もちろん、国民の間の各種の利益が利益集団に適切に反映される保証はないから、この点での是正は必要であろうが、一概に利益集団の活動を民主政を歪めるものだと判断するのは誤りである。もし本当に利益集団の活動を抑制しようとするなら、それらが目的として競うものの価値を引き下げるしかない。つまり、政府の権限を縮小することである。逆に、問題となっている資金規制のような権限を政府に認めることは、ますます「政治ゲームにおけるかけ金を上げる」ことにつながってしまう。自分に有利な立法を求める利益集団の活動はますます活発化するであろう。[9]

彼女の描く、政治の場に積極的に参加する利益集団とそれが流す情報を受動的に受け取る国民という図式は、規制違憲論の主張を的確に裏づけることができると思われる。つまり、そこでは発言する者とそれを聴取し評価する者とが論理的に分けられている。もちろん、利益集団を構成するのは通常国民の一部に他ならないが、政治過程の討論への国民の加入チャンスの平等という要請は存在せず、「一部」の集団による政治的影響力の行使も問題とされない。ここでは、修正第一条は政治に影響力を与えるために発言したい者の言論を、それがどんなものであれ妨げない、という原理だと理解される。たとえある言論が望ましくないとしても、それへの対処は規制ではなく「より多くの言論」であるべきだというよく出される議論[10]は、この場面では「発言したい者には全てしゃべらせる」ということを意味し、国民各人に政治的影響力を行使する機会を与えるという要請は存在しないことを前提にしている。ただし、このような「何でもあり」状態を正当化するのは、最後の瞬間に登場する国民自身である。平等な政治参加権を持つ個人全員からなる国民は、発言者各自によって自由になされた政治言論に対し投票というかたちで判断を下すときにのみあらわれ、しかもその主権的決断に対しては何人も異議をはさむことはできない。国民を信用すれば不公正な政治的影響などありえないという繰り返しなされてきた主張は、政治過程における国民の受動的立場を前提とした上で、にもかかわらず政治判断の責任を国民の投票に委ねることの承認を前提としている。本書第二章で検討したニクラス・ルーマンの理論との類似性は明らかであろう。

規制違憲論は一見国民への信頼に基づく理論と思われるが、こうして考えると、それは実は国民へのあきらめの表明だと理解することも可能である。ビヴィアーらの違憲論は、国家が特定の民主政観によって自由を侵害することは許されないともいうが[11]、問題はこのような政治観が憲法の予定するものであるのかである。民主政過程における市民各自の役割は、憲法の前提とする政治観からしてもより積極的にとらえるべきなのではないか。表現の自由は、市民による政治参加の価値を示しているのではないのか。この点に注目して選挙資金規制問題を論ずるのが、ロナルド・ドゥオーキンである。彼は、選挙での一人一票が示す影響力の平等だけではなく、平等な立場の市民が「真理のみがものをいう」という道徳的確信にしたがって政治的討論に参加できる——したがってそこでは影響力の平等は求めるべきではない——とき、判断の主体はあくまで個人個人でありながら結果としての共同体の決定の責任を「国民」として共同で担うことが可能になるのであり、これこそが憲法適合的な「よき民主政」と解釈できるという(12)。

この理論的前提から、ドゥオーキンは政治資金規制をどう評価するかも民主政観の違いに由来するとして、その多数決的理解（majoritarian conception）とパートナーシップ的理解（partnership conception）を区別する。前者もまた多数決に先立つ情報受領と議論の機会を求める――そうでない理解はおよそ魅力的な民主政理解ではない――が、そこでは国家から自由な情報流通が確保されさえしていればよく、そのなかで個人個人が自由な判断をおこなうことが民主的だとされる。だから政治的議論の場への介入はパターナリズムだとして批判されることになる。しかし、この民主政理解は価値ある政治観といえるのか。我々のほとんどが持つ民主政が価値ある政治形態だとの考えは、単なる多数決が持つ価値ではなく、「市民が互いに積極的で平等な仲間（partner）として、パートナーシップによって集団で自らを統治する」ことに由来しているはずである。そこでは、市民は「政治的コンテストの審判」であるばかりではなく、そのコンテストへの参加者とも見なされなければならない。集団的決定がなされる前には、平等な政治過程への参加者としての市民たちが「個人個人として一緒に熟議することが必要である」。そして「熟議の焦点は集団的行動への賛成・反対の理由に合っている必要がある。それにより、論争点で負けた市民も、単に数で負けたというだけではなく、他者を説得する機会があったのだがそうできなかったのだと納得できるのである」。そうであって初めて、民主政は「他の手段でする戦争としての票集め」ではなく、共同的な企てとして価値ある統治形態と理解することができる。この熟議の場を保持するために、政府による内容に基づく言論制約は許されないのだが、使える金銭の大小という「意見や議論の実質とは全くかけ離れた環境」による不利益もまた許容できないのである(13)。

本書第二章でも検討したように、政治的決定が社会の諸システムを調整する機能を有しなければならないとしたら、その決定がシステムによってのみ担われるのでは不十分である。政治的決定の正当性が常に問われるのは、その決定が社会を拘束するのに十分な民主的力を有しているかが、システム外の熟議に依存しているからである。とはいえこの決定を準備するための政治的議論の場には他システムからの圧力が常にかかっているのであり、そこはシステム化できないからこそそのような力に非常に影響されやすい。この影響が「民主政過程の歪み」として理解されるのである。ドゥオーキンの議論もこの規範的な「熟議の民主政」論の一例として読むことができる。ホワイト意見では、自由な場における歪みというこの事態に対処するために、輪郭をもったものとしての思想市場のメタファーが使われたのであろう。

2　国家、議会による規制の問題点

しかし、国民の間の積極的政治議論の場を確保するという目的の正当性を認めるとしても、政治資金規制法の問題点は、それを国家の強制によって確保しようとする点にある。国民の政治的討論への平等な参加は望ましいが、しかしそれはまた自由な討論である必要がある。実は、サンスティンもドゥオーキンも現実の規制が行き過ぎとなる、あるいは予期せぬ悪影響を与えることがありうることを指摘し、規制に歯止めが必要であることの指摘を忘れていなかった(14)。この点につきサンフォード・レヴィンソンは、一方で経済市場による資源配分の論理が社会の全ての領域で信頼できるという極端な主張に対しては反対するのだが(15)、その彼も自らの資源を使って表現しようとする者への規制は「ほとんど直観的に不快」であると感じてしまう。なぜなら、それは「構造的関心」によって個人の自己表現を示す決定を制約し、これにより「個人の尊重と尊厳を根本的に否定」するからである。少なくとも、アメリカ合衆国においては「このようなリバタリアンな理論が強いアピール力を有しつづけている(16)」。また、確かにフェデラリストたちが既に私的利益集団による政治への歪曲効果への懸念を有していたことからして、スカリアの

「新種の腐敗」批判は一面的であるといえるが、彼らも問題の解決を連邦憲法の諸制度に求めたのであって、そこから国家による政治活動支出への制約の正当化を読み取るのは飛躍があるといえる。国家が政治議論のルールであるとして提示する公共の福祉が、議論の方向を恣意的に操作する危険性に敏感である必要も理解できる。

このような論理的難点に対し、かなり説得的な切り口を与えてくれるのが、ロバート・ポストの理論である。ポストは、民主政治においてはコミュニケーション過程への参加によって個人の自律と集団の自己決定とが調整されていると理解する。参加によって政府の決定を「自分のもの」と受けとめることができるようになる。これは既述のドゥオーキンの議論に近いが、しかし彼はここから市民間の議論の自由を尊重する必要を導く。つまり、そこで自律の価値も賭けられているとすれば、公共討論に特定の目的・目標を設け、それに沿うように討論を「管理」することは許されない。「個人の自律の価値は、自己統治の願望そのものと不可分なのである」。公共討論のあるべき姿自体も、それについての自由な意見が表明される討論のなかで論じられるべきものであって、外から定められるものではない。不公正な社会背景の下では個人の選択を真に自律的だと見なすことはできないという主張は、少なくともそれが法による公共討論への介入の理由として使われる場合には不当である。なぜならその場合法は市民を管理の対象として扱うことになり、民主主義の理念に反するからである。その意味で、自律を尊重するかどうかは民主政へのコミットの「境界を示す」といえる。

唯一許容できる介入の理由は、「公共討論の現実が市民に疎外や不信を引き起こし」個人の自律と集団の自己決定との調整がうまく機能しなくなった場合への対処である。「公共討論によって自己決定の価値を維持しようと思うなら、民主国家はこの効果に対しては闘わなければならない」。これは、民主政の維持のために最低限必要な「管理」であるといえる。結局、市民の政治からの疎外が生じているといった「形式的な自由の条件が実際の民主的正当性の達成のために有害となるような状況」という「緊急の必要」のあるときにのみ、そのかぎりで討論の場への介入が許されるということになる(18)。

サンスティンらは経済市場と政治討論の論理の違いを強調したが、それだけでは、自由な参加による議論という重要な価値を侵害しかねないであろう。表現の自由を前提とする限り、金銭の公共討論の場への浸透を完全に拒絶することはできないのであり、にもかかわらずあるべき公共討論のかたちを法律によって直ちに実現しようとするのは、自由への過大な侵害となり民主政治の根幹を揺るがすことになる(19)。選挙という、国家意思を直接表明する者を選ぶ制度においては平等が徹底させられなければならないとしても、公共の場はまさに非制度であることが一つの大きな特徴であり、「管理」にはなじまない。ドゥオーキンが述べていたように、だからこそここでは影響力の平等を求めることはできない。そして、である以上現実の影響力のうちどの部分が投下された金銭の不平等に基づくものであるかを明確に定めることはできないのである。既述のとおりホワイトは選挙過程の歪みの存在を投票結果から示すことはできないと述べていたが、それも政治の場では市民の自律的参加・判断が前提とされる以上当然のことであったといえる。民主政過程に対して外からその歪みを指摘できるような者が存在すると考えることはできない。これに対し、連邦最高裁諸判決の反対意見のなかでホワイトはしばしば、選挙運動に組織的に多額の金銭が投入されることが市民の政治への不信をつのらせていることをも指摘し、そのような政治不信の解消を正当な規制理由として認めていた。政治活動において投票に至る過程での議論が持つ重要性を承認しつつ、一方的に国家によってあるべき討議像をたてることを避けて、市民自らの政治過程についての評価を尊重するというこの道筋は、説得力を持つ理論だと思われる。ベロッティ判決は、国民が情報を適切に評価できない危険は修正第一条に内在しているのだと言い切ったが、国民自身が投票だけでなく政治過程の議論の主体でもあるとすれば、その討論の場の機能確保に国民が関心を寄せるのは必然的である。それは民主政の正当性自体に関連するからである。

確かに、ビヴィアーもいう通り実際に多くの国民に政治への積極的参加を求めることは非現実的であり、そもそも政治資金の規制が必要になること自体、国民の間から共和主義の伝統が失われたからだということもできる。[20]だが、政治資金の規制が求められるということは、国民各自が自ら政治的討論に参加することに価値がまだ認められているからでもある。金銭が政治を支配してはならないという主張は、この討論の場が意味を失うことが——たとえ平等な選挙権は存続したとしても——民主政の正当性にとって致命的であるという直観から生じているのであろう。既に検討したハーバーマスは、政治過程が「戦略的に行動する集団の競争」に占められ、国民が「投票に数量化された同意」によってその争いに決着をつけるだけになってしまうと、民主政治の過程が権力行使を誘導することができなくなり、匿名的な妥協の結果である「政治権力の行使を正当化する」だけのものに縮減してしまうとして、彼のいう「自由主義」を批判していた。[21]この「自由主義」が「熟議の民主政」の実践を無価値にするほどに政治過程で支配的となることに対しては、やはり多くの市民が潜在的な排除感、そしてそれによる政治の正当性危機を感じているのであり、だからこそそこに歯止めが必要だとの要求が広まっているのである。巨大な経済力の政治アリーナへの流入によって市民の議論が持つ政治力が縮減されてしまうことへの危機感を国民が感知することは、民主政過程の是正を正当化するといえよう。そして例えばドゥオーキンは、現在のアメリカの政治的議論が「民主世界のなかで最も悪質で低級だ」との認識ゆえに、政府批判を妨げず、また新人を阻害しないような高い程度の支出規制であれば許容されると結論するのである。[22]結論として、政治的平等を財産の政治的使用を規律する際の原理として用いることが憲法上禁じられているとまで断言することは、行き過ぎだといえる。[23]

だが、違憲審査の問題としては、さらに課題が存在している。というのは、果たして議会でつくられた立法がこのような国民の意思を反映したものとなっているかは早急には決められないからである。マーク・タシュネットは、アメリカ政治が政治資金規制を必要とするようなプリュラリズムに支配されている以上、そのようなシステムのなかから生まれた法律も国民のための改革ではなく「現職議員やその他の現状の諸側面を保護する」傾向にあるはずだとして、規制立法がかかえるジレンマを指摘する。[24] 実際、選挙資金規制は議員の地位に直接関係する事項であり、この場面での立法者の行為が他の表現の自由制約と比べてより信頼できるという根拠は薄いといえる。[25] この問題は民主政の政治過程に対して司法審査のとるべき態度をめぐるものであり、当然ジョン・ハート・イーリーの代表補強理論が力を発揮する場面であると思われる。[26] ただし、代表補強理論がここでどのように適用されるべきかは実は明確とはいえない。イーリー自身は選挙資金問題を正面から扱っていないが、やはり資金規制を民主政プロセスに対する議会の介入という次元でとらえているようである。[27] これに対しアーサー・S・ミラーは、代表補強理論をいうイーリーが代表を選出する政治過程への金銭の影響の問題性に注意を払っていないことは、まさにその理論の欠点を示すと指摘している。[28] イーリーは従来の連邦最高裁判例およびそれを支えるプリュラリズム的民主政観に問題性を感じていないのであろうが、本章で指摘してきたように、この問題を国家による民主政過程への抑圧とだけ見るのは正しくない。実際この種の立法は議員だけの活動によるものとはいえず、議会の外からの政治過程の是正を求める声に影響されているといえるであろう。[29]

だが結局のところ、政治過程への経済市場の不当な影響を除去するための立法に対しては、表現の自由への影響を考えればかなり厳しい審査が要求されることにはなろう。[30] そして、このような限定を考慮すれば、特に法人の政治的支出に限って制約を設けるという思想が登場するのは十分予想できることである。右のとおり、MCFL 判決およびオースティン判決は、経済市場と政治市場の分離を政治的活動への出費が政治思想への人々の支持を反映する必要があるというかたちで定式化したが、この原理を文字通りに適用することはスカリアの批判を待つまでもなく不当であろう。したがって同判決も、その原理の適用を法人の経済市場における特権的地位を利用して蓄積された富に限定している。確かにこの二条件の間には論理必然的つながりはない。だが国家の民主政過程への介入が限定的におこなわれるべきであるという前提からして、法人の政治活動が公共討論にとって個人とは区別されるような有害性を持つということが示せれば、法人のみを規制の対象とするという選択にはそれなりの合理性があると思われる。連邦最高裁は、個人にはその政治活動資金の出所を事実上問わないことでその最大限の政治活動を許しつつ――その活動から生じる弊害は少ないという判断が存在するとも考えうる――法人の活動に対してはその特殊性により規制をおよぼしうるという立場をとったのだと理解することができる。むろん、この扱いが正当化できるためには、法人、特に営利法人の特殊性が政治過程にとって個人とは違ったインパクトを与えるということが示せることが条件となる。そこで次に、選挙資金規制立法において法人の特殊性論がどの程度有効な理論であるのかの検討に移ることにしよう。

第三章第三節の注

（1）Cass Sunstein, *The Partial Constitution* 125（1993）.

（2）*Id.* at 168, 181-193.

（3）*Id.* at 135, 164, 178. アメリカで民主政過程の理論化として、プリュラリズムに対抗して主張される共和主義は、このようにかなり広義のものであり、本書第一章でハーバーマスが用いていた概念とほぼ一致する。したがって、熟議の民主政と特に区別する必要はない。

（4）Cass Sunstein, Political Equality and Unintended Consequences, in *Free Markets and Social Justice* 223, 224-30（1997）.

（5）J. Skelly Wright, Politics and the Constitution: Is Money Speech?, 85 *Yale L. J.* 1001, 1018-1021（1976）; *Id.*, Money and the Pollution of Politics: Is the First Amendment an Obstacle to Political Equality?, 82 *Colum. L. Rev.* 609, 625-631（1982）. *See also* Owen M. Fiss, Free Speech and Social Structure, in *Liberalism Devided* 7（1996）.

（6）Wright, *supra* note 5（*Politics and the Constitution*）, at 1013-1018; *id.*（*Money and the Pollution of Politics*）, at 625.

（7） Carl E. Schneider, Free Speech and Corporate Freedom, 59 *S. Cal. L. Rev.* 1227, 1280（1986）.

（8） Jill E. Fisch, Frankenstein's Monster Hits the Campaign Trail, 32 *Wm. & Mary L. Rev.* 587, 617-629（1991）. *See also*, Douglas M. Ramler, Austin v. Michigan Chamber of Commerce, 43 *Federal Communications L. J.* 419, 433-442（1991）.

（9） Lillian R. BeVier, Campaign Finance Reform: Specious Arguments, Intractable Dilemmas, 94 *Colum. L. Rev.* 1258, 1260-1269, 1274-1276（1994）. *See also Id.*, Money and Politics: A Perspective on the First Amendment and Campaign Finance Reform, 73 *Cal. L. Rev.* 1045（1985）. 同様の議論として、*See* Bradley E. Smith, Money Talks: Speech, Corruption, Equality, and Campaign Finance, 86 *Geo. L.J.* 45, 63-76, 95-98（1997）. 本文最後の政府権限の縮小を述べた箇所は、リバタリアンであるリチャード・エプスタインの影響を受けたものである。*See* Richard A. Epstein, Property, Speech, and the Politics of Distrust, 59 *U. Chi. L. Rev.* 41, 56-57（1992）. 日本のリバタリアンからも同様の提唱がなされている。森村進『財産権の理論』九八―九九頁（一九九五）参照。しかし、政府の再配分機能を縮小すれば本当に利益集団の政治への関与が縮小するとは信じがたい。二〇世紀初頭以前の国家における方が現在より政治と利権の絡み合いが少なかったといえるのだろうか。

（10） *See, e.g.*, L.A. Powe, Jr., Mass Speech and the Newer First Amendment, 1982 *Sup. Ct. Rev.* 243, 279-282.

（11） *See also* Kathleen M. Sullivan, Political Money and Freedom of Speech, 30 *U.C.Davis L.Rev.* 663, 678-682, 684-685（1997）. しかし、そもそもプリュラリズムを徹底するなら、選挙での買収がなぜいけないのか説明するのは困難である。*See* Daniel R. Ortiz, The Democratic Paradox of Campaign Finance Reform, 50 *Stanf. L. Rev.* 893, 910-913（1998）. 買収罪も特定の民主政観を採用しているとして違憲とされるべきなのだろうか。ふつうそうは考えられていないとしたら、それは一定の民主政への規範的要請が前提されているためではないか。

（12） Ronald Dworkin, Equality, Democracy, and Constitution : We the People in Court, 28 *Alberta L.Rev.* 324

(1990); *Id.*, Political Equality, in *Sovereign Virtue* 184（2000）. 近年のドゥオーキンにおいて平等論は民主的共同体論と一体として論証されている。彼の複雑な議論全体について本章は紹介を与えることができない。ドゥオーキンの平等論については、小泉良幸「R・ドゥオーキンの『リベラルな統合』」『公法の思想と制度（菅野喜八郎古稀記念）』三〇九頁（一九九九）、同「リベラリズム――R・ドゥオーキンの場合」山形大学法政論叢一九号六九頁（二〇〇〇）、同『リベラルな共同体』（二〇〇二）をぜひ参照していただきたい。

（13） Ronald Dworkin, Free Speech, Politics, and the Dimensions of Democracy, in *Sovereign Virtue* 351, 356-367（2000）.

（14） Sunstein, *supra* note 4, at 230-240; Dworkin, *supra* note 13, at 367-370.

（15） Sanford Levinson, Electoral Reguration: Some Comments, 18 *Hofstra L. Rev.* 411, 414-419（1989）.

（16） Sanford Levinson, Regulating Campaign Activity: The New Road to Contradiction?, 83 *Mich. L. Rev.* 939, 950-951（1985）.

（17） John S. Shockley & David A. Schultz, The Political Philosophy of Campaign Finance Reform as Articulated in the Dissents in Austin v. Michigan Chamber of Commerce, 24 *St. Mary's L. J.* 165, 187-191（1992）.

（18） Robert Post, *Constitutional Domains* 268-289（1995）. それゆえ Julian N. Eule, Promoting Speaker Diversity: Austin and Metro Broadcasting, 1990 *Sup. Ct. Rev.* 105 のように、オースティン判決を、政治アリーナ全体においても政府による言論の多様性確保の利益が認められた判決とまで読み込むのは不当である。

（19） Edward B. Foley, Equal-Dollars-per-Voter: A Constitutional Principle of Campaign Finance, 94 *Colum. L. Rev.* 1204（1994）は、経済力の大小から政治を完全に隔離するために、選挙資金やひいては政治活動資金全般について政府が各個人に支給する一定金額以外の使用を認めない、という制度を提唱するが、個人の自発性を無視し政治をあまりにも人工的なものにしてしまうこのような提案に対しては、ジョージ・オーウェルの描く世界だというスカリアの政治資金規制批判 *Austin*, 494 U.S. 679（Scalia,J., dissenting）が当てはまってしまうように思われる。

(20) Mark Tushnet, *Red, White and Blue* 288 (1988); Ortiz, *supra* note 11, at 895-897, 913-914.

(21) Jürgen Habermas, *Faktizität und Geltung* (1992), S.331-332, 363-366.

(22) Dworkin, *supra* note 13, at 369-370, 381-384.

(23) *See*, David A. Strauss, Corruption, Equality, and Campaign Finance Reform, 94 *Colum. L. Rev.* 1369, 1383-1385 (1994). ただし、このように述べることは、政治資金規制の具体策を考える際に、市民の大多数が政治に対して消極的な態度をとっているという現実を無視してよいということを意味するわけではない。多くの市民にとって政治に関する情報は、自分でなくても誰かが集めてきて主張してくれれば自分の利益にもなる典型的な公共財であり、フリーライド（ただ乗り）が合理的な行動となる。しかしその結果、広く薄く広まっている政治的見解は、集団を通じての政治的影響力において逆のタイプの見解に劣ることになる。これが利益集団政治として批判されるのであるが、しかし対処として利益集団の金銭力を規制するだけでは、必ずしも前者のタイプの見解の影響力があがることにはならない。多くの人々にとってフリーライドが合理的な行動である以上、市民の政治参加の徳に訴えるだけでは効果は期待できない。意識的に広く薄い資金集めを刺激するような施策が必要となろう。Thomas Gais, *Improper Influence* 171-198 (1996).

(24) Tushnet, *supra* note 20, at 288. サンスティンも政治資金規制立法が議会にいる現職を有利にするためにつくられる可能性が高いことを指摘し、慎重な審査の必要を認めている。Sunstein, *supra* note 4, at 231, 240.

(25) BeVier, *supra* note 9 (*Money and Politics*), at 1070-1081.

(26) *See id.*; Frederick Schauer, Judicial Review of Devices of Democracy, 94 *Colum. L. Rev.* 1326, 1335-1344.

(27) John Hart Ely, *Democracy and Distrust* 234 n. 27 (1980).

(28) Arthur S. Miller, On Politics, Democracy, and the First Amendment, 38 *Wash. & Lee L. Rev.* 21, 22-23 (1981). *See also* J. M. Balkin, Some Realism about Pluralism: Legal Realist Approaches to the First Amendment, 1990 *Duke L. J.* 375, 378-382.

（29）*See* Daniel Hays Lowenstein, A Patternless Mosaic: Campaign Finance and the First Amendment after Austin, 21 Cap. *U. L. Rev.* 381, 425-426（1992）. Thomas F. Burke, The Concept of Corruption in Campaign Finance Law, 14 *Const. Commentary* 127, 140-148（1997）は、熟議の民主政理論はアメリカの伝統にも沿った魅力的な理論であるからこそ学界の内外で盛んに論じられているのであり、それに対してプリュラリズムがポピュラーなのはせいぜいロバート・ダール以来の「政治学者や公共選択論者」といった「狭い世界」だけであると指摘している。

（30）*See* Laurence H. Tribe, *American Constitutional Law* 1132-1136（2nd ed., 1988）. 資金規制の効果がそう単純ではないことを指摘するものとして、Stephen E. Gottlieb, The Dilemma of Election Campaign Finance Reform, 18 *Hofstra L. Rev.* 213, 216-228（1989）.

四　営利法人と民主政過程

1　政治的意思形成への参加権の否定による企業献金禁止論：ドイツの議論より

個人と比べて、法人、特に営利法人の政治的金銭支出が民主政過程に対してどのような特殊性を有するのか、有しないのかを考える際、理論的にまず問題となるのは、果たして自然人ではない団体に政治過程へ影響を与える資格が存在するといえるのか、であろう。この点はアメリカの最高裁判例では正面からは争われず、肯定的に考えられているといってよい。ベロッティ判決は発言主体が法人であるか自然人であるかを不問に付したし、オースティン判決でも問題は州による法人への経済面での特権付与であって、政治過程において団体が影響力を行使すること自体は疑問とされていない。しかし、政治には国民各自が平等な立場で参加すべきであるという考えを徹底すれば、団体からの政治資金支出自身に対して疑問を投げかけることも可能となるのではないか。この点の考察のために、ここでは近年のドイツの企業献金をめぐる議論に少し寄り道することにする。

ドイツでのこの問題における最重要文献は、連邦憲法裁判所の一九八六年政党法判決（BVerfGE 73, 40）におけるベッケンフェルデ反対意見だといえる。この反対意見は連邦憲法裁判所の一九九二年政党法判決において法廷意見として採用されたのだが[1]、ここでは理論的により詳しいベッケンフェルデ意見の方を分析の端緒とする。ドイツではアメリカとは正反対に、政治資金問題はほとんどもっぱら政党財政の問題として論じられている。もちろんこれは基本法において政党の役割が積極的に承認されていることに加えて、実際に選挙においても日常の政治活動においても政党としての活動が中心をなしている実情にもよる。そして、政党への寄付が政治的影響力行使の主要な手段と考えられている[2]。ここでも法人から政党への献金が議論の対象となっているのだが、実は同箇所で判決の対象として論じられているのはその是非自体ではない。一九八三年の法改正後の西ドイツでは、個人および団体からの政党への党費あるいは寄付としての支出は一定限度（この限度をどのように定めるかも平等原則との関係で大きな争点だったのだが、ここでは詳しくは立ち入らない。ここではとりあえず、当時は非常に多額の寄付もまるごと控除されうる制度だったということだけを指摘するにとどめる）までそれらの納付すべき所得税および法人税の査定の基礎額から控除することができる制度がとられていた[3]。ベッケンフェルデはこの税控除を個人以外の団体に対しても認める法人税法の規定を違憲だと主張したのである（したがって、同意見での「法人」とは法人税法の対象となる団体全てを指している。Vgl. BVerfGE 73, 105.）。

彼は、この税査定からの控除を（本来国庫に入るはずだった税収を放棄することによる）国家による政党への寄付の助成であるとし、そのような措置は「民主主義原理」からして「市民の政治的意思形成への平等な参加権」——それは「選挙自体だけではなく、政党の支援をも包括する選挙より前域での政治的意思形成への」権利を含む——という原理によって律せられなければならないとする。だが「法人は、……それ自体としては政治に参加し協働する権利を有しない。特にそれらは積極的および消極的選挙権という形式での政治的意思形成への参加を欠いている。しかし、市民の政治的意思形成への平等の参加権が政党への寄付に対する税の優遇を規律し制約する原理である以上、この税の優遇は法人を含み得ない。自然人は未成年であってもこの権利をすでに潜在的に所有しているが、これとは違い法人はこの権利から、始めから、そして原理的に、排除されているのである」。加えて注意すべきことは、法人の背後にはそれを動かしそれから利益を得ている自然人が常に存在しているという事実であり、法人への税優遇を認めることは彼らを他の自然人に対して不平等に優遇することになる（BVerfGE 73, 104-106）。

実際、この個人・法人共通の税優遇措置は国民の政治参加を促進するというよりは政党の収入を増やすためという側面が露骨であり、「主に資本力のある（法）人」のための制度であったとすら評されている。(4) ベッケンフェルデ意見に影響を与えたハンス・ヘルベルト・フォン・アルニムも「まさに法人こそが、多額の寄付をなし、これにより国家に対して多額の税放棄を強制できる地位を占められるのである」(5) と述べ、この制度が市民の平等な政治参加という理念に反していると指摘する。これに対し、法人の寄付に関しても税優遇をなすべきだとして一九八六年のベッケンフェルデ意見や一九九二年判決に積極的に反対する議論は、少なくとも学者の主張としては見られない。(6) 一九八三年の法改正に関与した、アルニムの論敵ハンス＝ペーター・シュナイダーの主張ももっぱら、税優遇を個人の小額寄付にのみ認めるだけでは政党活動に必要な資金を集めることはできないという現実論であり、憲法学的な批判がありうることを認めている。一九九二年判決に対してもその論理に反対するのではなく、献金の減少という「副作用」を懸念するにとどまる。(7) 法人の寄付への税優遇に憲法上問題があるという点ではドイツの学界に一応の合意が形成されていると思われる。

ところで、このような政治に参加できるのは本来自然人だけだという理由による、法人からの寄付に対する税優遇の違憲論は、「理論的には、企業献金の禁止に転用することも不可能ではない」[8]。実際、アルニムは自らの理論を進めて「政党への寄付供与が政治的意思形成への参加の一形態なのだとすれば、寄付供与は選挙権を持つ唯一の存在である自然人に限定されるべきではないのかという問題が徹底的に問われるべきである」とも述べている[9]。しかし、ベッケンフェルデ意見自身は法人の献金自体の禁止へと踏み込んではいない。彼は自らの理論を、国家による税優遇という一種の特権付与に際しての規律原理という場面に限定しており、国家が関与しない政治活動の空間では誰が何をするのも原理的に自由であるという前提から、「ドイツ連邦共和国の法秩序においては、政党への財産的寄付は何らの禁止にも服さない。政党は誰からでも、自然人からも法人からも、給付を受けることができる」と述べる。多額の資金によって政治過程がある特定の集団に有利に動いてしまうという「考えうる危険」に対しては、基本法上、政党収入の公開義務で対処することになっている、ともいう（BVerfGE 73, 103-104）。

これに対し、積極的に法人からの寄付を禁止すべきであると主張するのがクリスティーネ・ラントフリートである。彼女は、「腐敗は寄付の本質に『制度的に』根づいている」として政党への寄付に法的規制を設けるべきだと主張し、特に「選挙での投票権も持たない企業、銀行、結社は、政治的意思形成プロセスに多額の寄付による影響を与えられないとすべきであろう」と述べる。彼女にすれば、ベッケンフェルデ意見は法人の寄付が持つ危険を過小評価しているのであり、それは公開によって防ぎきれるものではない。法人の寄付はそれ自体が市民の平等な政治参加の権利を侵害するのであるから、「民主主義原理を満たす政党財政のためには、法人の寄付を禁止する方が一貫していたろう」ということになる[10]。その他にも法人の寄付禁止を主張、あるいは少なくとも憲法上許容する見解は見られるが、それらに共通するのは法人は選挙権を持っていないのだから政治過程への影響力を持つべきではない、という理由である[11]。

日本の問題状況からして注目されるのは、この場面で法人の基本権能力を定めた基本法第一九条三項を持ち出す論稿が、少なくとも管見のかぎり見られないということである。むしろ強調されるのは政党活動の基盤が市民社会に根づいていなければならないという要請であり、これは周知の通り政党への国庫補助を限定する法理として一貫して連邦憲法裁判所からも学界からも主張されているものであるが、企業献金が問題になる場面でもその正当性を疑わせる論拠として働いている。「憲法的にも民主主義理論的にも、問題性を含まないのは少額の寄付と党費のみである。なぜなら、この金銭はなにより政策への一般的賛同に発するものであり、原則的に自由意思による協力と同一視されうるからである。これに対し公的資金の政党・候補者への支出は問題性がより大きい。なぜなら、これによりしばしば政治家がその基礎から乖離してしまうことが見うけられるからである。最後にしかしながら、政治的意思形成プロセスのなかでの声を有していない法人の寄付は政治資金の最も危険な形態だと考えられている」[12]。政治過程の構成員は個々の市民であり、法人は本来その場に属するものではないという意識は共有されているようであり、法人も社会的実在であって当然政治活動の自由を有するというような短絡的論理は見られない[13]。ベッケンフェルデの理論も右のとおり、政治過程への本来の参加資格は自然人にのみ留保されているという考えと、政党活動・政治的意思形成過程の国家からの自由の要請との衡量の結果といえるものである。だからこそ基本法の定める政党財政の公開義務が政治過程の民主性を保つための不可欠の要請として理解される[14]。この点では、基本法のこの要請の根拠としてナチスと大企業との癒着に対する反省が挙げられることにも注意すべきであろう[15]。実際、一九九二年政党法判決では公開基準の引き上げが違憲とされている（BVerfGE 85, 318ff.）。

のみならず、ベッケンフェルデは自由を認められる団体の政治活動をもそれを構成する諸個人の政治活動へと還元してとらえようとしている。彼は団体の政治活動を個々の市民が組織をつくって政治に参加するという政治への影響力行使の一形態であると評価しており、だからこそその自由な活動も市民の平等に反しないのであると指摘している（BVerfGE 73, 107-108）。国家からの自由を尊重する彼の理論も、団体の政治活動を承認するにはもう一つこのような論理的媒介をはさむ必要があったのである。そもそも法人への税控除がその背後に存在する自然人への二重の優遇となるという論理が導かれたのも、政治の場ではいかに純粋な物的会社であろうともそれを独自の主体と理解することはできず、個人の集合として把握しなければならないという要請が前提として存在したからであろう。(16)実際、このような論理がもし日本で提唱されれば、現代社会において「人的基礎に結びつけることが困難な」団体が果たしている重要な役割からして「現実離れ」しているとの批判を受けることが容易に想像できることからすれば、ベッケンフェルデ意見へのそのような批判がドイツの学界に存在しないことはむしろ驚きですらある。

だとすれば、現実の団体の政治活動が有志市民の共同作業という想定からかけ離れている場合には、このような政治観は単に論理的前提としてだけでなく現実に対する規制原理としても働きうるはずである。ベッケンフェルデは、民主政の要請と現実との乖離に対しては基本法は公開要求によってのみ対処すると決断したのだ（つまりそれが国家介入の最低限かつ最大限となる）と解釈しているようであるが、ラントフリートのように「そのような手段では、多額の寄付と結びついている政治的意思形成への危険に対処するには不適当であるということが、実際の経験からわかったときには」それ以上の措置がとれると解することも可能であろう。(17)日本より公開度が高いドイツでも、報告書を一般人が分析することは非常に困難であるし、また公開されるのが「遅すぎる」という問題もある。(18)過去への反省を重視する立場からは、「ワイマール共和国やナチス独裁の経験からの歴史的負債にもかかわらず、企業からの寄付がただ報告義務にのみしたがう」とされているのは「驚き」であって、それはただ「一応の向こう見ずな企て」と解すべきだという指摘もなされている。(19)

しかし逆に、法人には投票権がないから政治過程に影響をおよぼしてはならない、と説くのは短絡にすぎると思われる。平等な個人の自由な表現などの活動こそが政治の基礎であり、それは国家の権力的意思を直接表明するために大かれ少なかれシステムとして構築された議会の選挙への参加権と同一視されてはならない。直接権力に関わらない自由な公共での討論から政治的な力は生まれるのであって、それは「市民全体」が意思表示をおこない国家の統治機構を出発させる制度とは一応切り離された、その意思表明に民主的正当性を与える「前域」に属する問題である。さらに当然のことだが法人・団体といっても内容は千差万別であり、まさに政治的目的のために設立された団体から巨大株式会社までを同一に扱うのは不自然であろう。前者のような団体であればそれは「コミュニケーションの力」によって結びついた人々の活動と見ることができ、むしろ一般市民の政治的影響力行使のための有益な手段と考えることができる。政治的意思形成にとっては個人と個人の議論を介した結びつきこそが最重要なのであって、団体としての活動が一切許されないと解するのは全く適当ではない。ベッケンフェルデの言葉によれば、社会の諸団体は「個々人の（基本権的）自由」によってつくられ、「政治的意見・意思形成の開かれた過程」にも「媒介機能」を営むものとして参入する。[20] この「媒介」の自由な活動が保障されることが、その後の制度としての選挙の意義を保障するのである。その選挙で投票権を各個人がばらばらに行使するのは、「投票行為に先立つ政治的意思形成の概念的に公開でのプロセス」[21]を前提にして、権力保持者を制度的に選ぶという最も自由の損なわれやすい場面での自由を保持するためであろう。[22]

しかし、ベッケンフェルデの理解からしても、本来経済活動のために設立され、人的な結びつきを原理的に持たないような会社まで政治的活動に参加する権利を有するという必要はなかろう。政治に参加する権利が本来平等な自然人のものであるなら、人的基礎をほとんど持たない巨大法人の参入は「媒介機能」を営むのではなく、逆に政治過程を攪乱するものと評価できるであろう。もちろん、ここでベッケンフェルデのように国家の介入に対しあくまでも抑制的に対処するのも一つの選択ではあるが、現実の政党への寄付の多くが「潜在的」にも政治参加の権利を有しない者からなされているという状況に対し、民主政過程の高潔性を維持するために規律を加えるということも許されると思われる。団体がそれ自体として政治的価値を有しているのではなく、政治的に活動する市民が影響力を拡大するための「媒介」として重要なのだとすれば、その観点から様々の団体を区別して扱うことが可能であり、また必要ともなろう。だが、この点ではドイツの議論は有益な示唆を与えてくれない。そこで、以上の点を確認した上で、アメリカでの議論に戻ることにしよう。

2　営利法人の特殊性論

既に述べたようにオースティン判決は、「大きな資産の集積を促進する、州によって与えられた特殊な法人構造」を使用して集めた財産は「法人の政治的思想への人々の支持とはほとんどあるいは全く関係を持たない」ので政治過程に「腐敗的、歪曲的効果」をもたらすとして、その選挙運動に関する支出の禁止を合憲とした。連邦最高裁は、それまで認められてこなかったはずの「代償関係」以外の規制利益を、あたかもそれがこれまでは論じられてこなかっただけであるかのように導入して結論を導いたのであるが、その際に問題となった州法が「話者の相対的影響力の平等化」をはかるものではないという理由づけのために使われたのが「法人の有する州からの特権」論であった。

だが、これもすでにスカリア反対意見の検討を通じて触れたように、選挙活動への支出がその「政治的思想への人々の支持の反映」となっているかどうかの問題と法人の特権論との論理的結びつきについては当然疑問が投げかけられる。そしてこれは、スカリアのように「代償関係」以外に政治過程の歪みを認めない従来の連邦最高裁判例に賛成する立場からだけでなく、(23)全く逆に選挙運動資金の制限を法人に限らず一般的に認めるべきだという立場からも主張されることになる。つまり、民主政の理念からして富の不均衡が政治過程に影響をおよぼすべきではないとの規範的立場から、オースティン判決を「富に基づく政治力の分配を基本的に不当と見な」したものと解釈してその判例からの逸脱性を強調し、評価する。他方、判決自体においては強調されている法人形態への着目を論理的に不必要な限定として除外し、その射程を広げようとするのである。この立場も、法人への限定を取り去る際にはスカリア反対意見に依拠し、個人でも法人でも州から経済活動上の様々な便宜を受けているという点では違いがないし、また大金持ちの個人の支出と法人の支出の民主的正当性に違いは存在しないと論じることになる。(24)

とはいえ、オースティン判決に至るまでの連邦最高裁判例の蓄積からして、法人の特権論が同判決にとっての核心にあることは確かである。人的にいってもレーンキストを取り込むためにこの要素が必要であったはずだということは既述の通りであるし、国家による政治過程への介入は限定的にすべきだという前節の結論からしても、この部分が抜け落ちれば同判決の正当性はかなり疑わしくなってしまうであろう。スカリアのいう「新種の腐敗論」と「法人の特権論」に必ずしも論理必然的つながりはなくとも、「法人の特権論」に意味があるなら、国家による規制の際には両者がともに必要だと結論づけることは合理的だといえる。また確かに、右で検討したように、政治過程の構成員は原則として個々の市民であるという想定から出発するなら、少なくともある種の法人の政治活動に対しては民主政の観点から特別に制約を課すこともできると思われる。個人の参加を前提にするとしても団体の政治活動の扱いについてはより細かく検討することが必要となるのである。以下ではこの点につき、より詳しく論じていくことにする。

【政治活動に反対する株主の保護】　ホワイトはベロッティ判決反対意見で営利法人規制の正当化の根拠として、第一にそれが経済目的のために州によって様々な特権を付与された人工物であり、州にはその財産が政治過程に投入されることを防ぐ利益が存在すること——オースティン判決法廷意見にはこれが取り入れられた——および第二に営利法人の政治活動に反対する株主の保護を挙げた。後者は法廷意見に加えて同じく反対意見を書いたレーンキストによっても批判されており、オースティン判決も法廷意見では取り上げていない。だが、同判決の同意意見でブレナンは反対株主の保護も州のやむにやまれぬ利益といえると述べている（*Austin*, 494 U.S. 673-675 (Brennan, J., concurring)）。また判決も法人の政治関連支出を認めるべき例外の考察のなかで、その主張が人々の支持を反映しているといえるためには、反対する構成員が経済的抑止要因なしに脱退できる制度がなければならない――当然営利法人はこの制度を欠いている[25]――と指摘しており、間接的に株主の利益保護をはかっているともいえる。

では、反対する（であろう）株主の利益を保護するために会社の政治活動を制約することは妥当なのだろうか。これを肯定する論者は、会社の政治的言論は「会社」の言論というよりは、経営者（陣）が個人的見解を会社財産を使って主張しているだけだと指摘し、株主の財産が自分と意見を異にする他人によって使わることを防ぐのは州の正当な利益であると主張する[26]。だがこの見解に対しては、そもそも株式会社においては通常の活動は経営陣に委ねられているのであって、どうして政治的言論についてのみことさらに「個人的見解」などといわれなければならないのか、という疑問が投げかけられる。それが会社の利益のためになされたものである以上、株主は通常の個々の営業活動に反対する権利を持たないのと同様、個々の政治的支出に反対する権利も有していないということになるはずだとされる。逆にそれが会社の利益にならないと考えるなら、これもまた株主総会や株主代表訴訟で争うという通常のルートが存在しているのであって、特にこの場面で株主に会社の行動に関する特別の拒否権を与える必要はない。「株主が会社の自己資金の使用に反対する場合には、昔からのコモンローや会社運営についての制定法規が、彼らに自分の利益を守るための十分な機会を与えてくれる[27]」。

これに対し、会社の政治的表現活動を株主との関係で他の活動と区別できるとする議論もある。つまり、経営者によるこのような言論は他の活動と比べて会社の利益に奉仕するものであるかの判断が困難であり、また経営者の個人的主張である蓋然性が高く、さらにそこで費やされた金銭は見返りの利益を伴うことが少ない、というような事由の存在である[28]。政治的活動は会社の日常の営業活動とは確かにかなり異質だといえるから、会社への損害の危険性を考えてそれを事前に禁止するという主張もあながち理由のないものではないかもしれない。とはいえこれらに対しても会社の政治的活動の自由を重視する立場からすれば、特にそれを禁止するための十分明確な根拠とはいいがたいという反論が予想される。

他方、ホワイトはベロッティ判決反対意見で、経済目的のためにつくられた法人への投資が政治的イデオロギーに左右されないようにするという州の利益を指摘していた。州は「経済的に効率的な機関」(*Bellotti*, 435 U.S. 819 (White, J., dissenting)) としての会社の機能を維持するために、そこへの投資も経済的要因に基づくよう求めることができる——そして投資に影響を与えないよう、会社にそもそも政治的表現をさせないこともできる——ということになる。この議論は、反対株主の問題については他に対処の方法があるという主張への論駁の切り札として持ち出されているが、実は既に個々の反対株主の保護というレベルを超えている。つまり、法によって営利法人をつくりだした州は、社会のなかでそれが機能すべき領域を限定する利益を持つ、という論理なのである。もちろん、経済政策上営利法人の活動を経済分野に限定すべき積極的理由は挙げられようが、それはもはや修正第一条の問題ではない。だとすると、ここでもホワイトのいう修正第一条の権利どうしの衝突という事態はやはり生じていないことになる。

しかしながら、このホワイトの考えは、営利法人の活動が政治の場に影響をおよぼすべきではない、という主張の裏返しととらえることもできる。つまり、営利法人の活動を経済的活動に限定する理由の一つとして、それが政治的影響をおよぼすことを回避する州の利益をあげることができるのではないかということである。だとすると、議論は先に挙げた第一の問題に移行することになる。実際、営利法人の政治的支出規制における最大の論点は、やはりそれが民主政過程におよぼす影響なのであって、反対株主保護論は「付け足し」と見るべきだという意見も表明されている。(29) またレーンキストもいうように、株主の利益保護という理由からは、全株主の同意がある場合にも選挙に関連する支出を禁止できるという結論は出てこない。(30) 実際には、特に公開会社の場合全株主の同意を得るというようなことは不可能に近いから、この点が規制立法の重大な弱点だという必要はないかもしれない。が、やはり主要な問題は別のところに存在するといわざるをえないように思われる。

先に述べたオースティン判決の要件も、主眼は個々の反対株主の保護というよりは、その活動が民主政過程に歪みを生じさせない法人の条件を画することにあったと理解できる。したがって次に、法人の政治的活動が民主政過程にもたらす弊害の防止という州の規制利益の中身をより詳しく吟味することが必要となる。

【州からの特権理論】　営利法人の持つ「有限責任、永遠の命、資産の集積・配分についての有利な扱い」といった経済的特権は州から与えられたものであり、州はそのような特権を利用して集積された財産が「思想の競争」であるべき政治過程に影響を及ぼさないようにする利益を有する、という主張は、ベロッティ判決でのホワイト反対意見・レーンキスト反対意見で登場し、MCFL判決・オースティン判決で法廷意見として採用された。「ベロッティ判決でのレーンキスト裁判官の反対意見がオースティン判決で驚くべき再生をとげた」のである。(31)

ただし、レーンキストのベロッティ判決以後の諸意見（バークレー判決同意意見、NCPAC判決法廷意見、MCFL判決部分反対意見）は、法人格自体が州からの特権であって、それをもらうことの代償（quid pro quo）として州からの制約を甘受しなければならない、という論理にかたむいているように思われる。彼は、法人以外の場合には金銭支出の不平等が「思想の自由市場」を歪めるものとはならないことを明言するが、だとすれば法人の政治的支出のみを制約できる根拠は、その活動の政治的影響にではなく、それ自身の属性に求められざるをえないからである。法人というカテゴリー内での区別を裁判所がおこなう必要はないというMCFL判決での意見も、このような考えの反映と見ることができる。

しかし、このような考えに対しては当然、州の規制を広範に認めすぎる危険があるとの批判が考えうる。国民による政治的討論の場の金銭による歪みを一切認めない一方で、法人の特殊性の点では検討抜きで規制利益を認定してしまうのは、バランスを欠いているように思われる。前者と同様後者においても、州からのどのような特権がどのような理由で規制を正当化するのかを詳しく検討する必要があろう。そして既に述べてきたとおり、オースティン判決はこの点を、営利法人の政治的言論のための支出は経済市場での特権を活用して得られた財産の転用であって、主張の内容への人々の支持の広さを反映していない、というところに求めたのである。

「人々の支持を集めることはしばしば政治的言論の目的である。人々の支持がその前提条件となってはならない」[32]というのがこのような理由づけに対する根本的異論であることは言うまでもない。だがこの問題については前節で検討したように、公共討論への平等な参加という民主政の原理的要請が侵害されているという国民の危機意識は、政治への金銭使用の一定の規律を正当化すると考えるべきである。少数の賛同者しかいない主張の持ち主がその財産によって相対的に極めて多くの参加チャンスを金銭で購入することは、この侵害を構成しうるであろう。もちろん、討論の場で原則的に優先されるべきは議論の自由であるから、この侵害は限定的に認定されなければならない。そこで、営利法人の政治的言論は個人やその他の法人の同種の言論よりも、この侵害を招来する危険性が高いといえるかが問題となるのである。

スカリアと同様、営利法人の持つ特権も他の言論主体の法的地位と質的に異なるものではない、とする論者ももちろん存在する。[33]しかし、全ての個人・法人の財産法的地位は法に依存しているのだから、「全ての富は、法的取り決めによって可能となったという意味で『人工的』である」。[34]したがって、営利法人とその他の間に有意味な違いがあるというかどうかは論者の判断にかかってくる。有限責任などの制度はやはり特殊なものであるから、この制度を使った「人工物」である株式会社の政治的活動には特別の注意を払うべきだという意見も当然有力に存在するのである。[35]その場合注意しなければならないのは、ここでは財産法的地位が政治参加との関係で問題となっているのだということであり、政治的討論への国民個人々々の参加という価値をどのように評価するかで結論は分かれてくる。利益集団の言論を何でも認めておくことが民主的決定の前提として求められるというなら両者の法的地位の違いは重要な問題とはならないかもしれないが、団体の活動をも個々の市民の活動の組織化と考えるのであれば、一部の団体が活動資金としての利益の確保において特殊な便益を得ることは政治討論の場をより大きく歪める危険があるといえる。実際、準則主義に基づく株式会社は、アメリカでも一九世紀に資本の集積を人為的に促進するために、論争を経つつ徐々に認められていったのであり、本来の人権主体である個人とは財産法的地位において基本的に異なっているといえるであろう。モートン・ホーウィッツは、株式会社が契約の産物ではなく「自然に実在」する人格だという理論が一九世紀末期から二〇世紀初頭にかけて「ほとんど強迫観念のように」繰り返された大きな理由の一つは、出資者の有限責任というコモン・ローとはかけ離れた原理を正当化することだったと指摘している。その結果、「実在」説は同族的な経営形態から証券市場で何の接触もない人々によって売買される株式を資本とする大企業へと経済活動の主役が変化することをも正当化したのであり、だからこそ「企業の競争者たる個人」をあるべき経済主体と考え続ける「古い保守主義者」からは一九〇〇年になってもなお会社法の全廃が求められていた(36)。

そのような会社の政治的言論への支出は、経済市場で特別に高められた地位によって獲得された財産の、そのような特権を有してはいない――また有してはならない――政治討論の場への転用であって、この場への平等な参加という利益をより大きく侵害する、という論理は十分成り立つと思われる。団体の政治活動が市民の「媒介機能」ゆえに認められるのであれば、「実在」と考えなければ正当化できないような特権を有する株式会社が政治的議論に加わることには問題性が大きすぎる。ベッケンフェルデが述べていた、団体の活動においても維持される市民の平等という価値は、この場合には当てはまらないであろう。

また、このような法的相違に加えて、会社の支出を認めると個人の自由な支出の差よりも重大な不平等を引き起こすという経験的判断も会社への特別の規制の正当化要素となるという見方もできる。これが質的違いではなく「程度の問題」であるとしても、(37)違いが明らかに存在するならその程度に伴って規制の度合いを変えることは可能である。また今日の社会状況をみれば、この差異の存在はかなりの説得力を持つのではないか。アメリカで株式会社が法的・社会的に承認されていく過程では、その特殊な構造からくる巨大な経済力――そのためにこそこの制度は生まれたのであるが――が政治過程におよぼす影響について昔から懸念が表明され続けてきたという歴史を根拠として挙げることもできるだろう。(38)

このように、州からの特権論は政治的支出について営利法人を特別に規制することを正当化しうると思われる。MCFL判決・オースティン判決が規制から除外されるべき条件として提示した三つの要件も、実質的には営利法人および営利法人がメンバーとなる業界団体を対象として残そうとするものである。ただ、この理由からだけでオースティン判決全体を正当化することに問題がないわけではない。それは、判決で問題となった州法が法人の規模を問わずに適用されることになっている点である。既述の通り、判決はこの問題を、法人の構造が「政治プロセスを歪める潜在力」を有しており、それが規制を正当化するという理由づけで押し切った。が、これに対してはスカリアからの、潜在的に危険だから政治的表現を規制できるなどとは危険極まりないという激しい批判が飛んできたのであった。

法廷意見は、法人の規模で区別しなくても規制対象と規制目的は「厳密に適合している」と述べているが、もし本当に厳格審査をおこなえばこのテストをパスするかどうかは微妙であろう。州の規制利益は、法人の特権が選挙運動過程を歪めることの防止であるから、特権を持つ法人を全て対象とする必要があるかは問題である。特に、アメリカにおいても「法人形態を利用する企業の大多数は閉鎖会社であり、規模も株主の数も比較的小さい」(39)のだとすれば、それらの全てに対し会社組織をとっているからといって一律に規制の網を掛ける必要が存在するのかは当然疑問になる。結局、連邦最高裁は法人の政治的支出については、目的と手段の適合性に関する審査基準のレベルを下げたのだと理解するしかなくなるのではないか。だとすれば、次になぜ審査基準を下げることができるのかを問う必要が生じることになる。

3　自己実現の価値の有無

この問題に対しては、政府の営利法人への規制が偏見に基づくものである蓋然性はその他の場合に比べて低い、という解答も考えられる。これは、営利法人は現状の政治過程に対し利益団体として大きな影響力を有しており、それへの規制がアウトサイダーへの偏見に基づいてなされる可能性は少ない、という考えに基づいている(40)。しかし、中小企業の利益も政治過程に常に適切に反映されているとまでいえるかは疑問である。これに対し、オースティン判決が法人の言論について厳格な審査をおこなわなかったのは、それが一定の政治過程像を前提にしていたからだと論ずる者もいる。つまり、「個人の参加」という性格を持たない言論に対しては、それが政治過程を歪める蓋然性が高いために、厳格な保障を与える必要がない、ということになる(41)。しかし、この論者に対しても、営利法人の言論のどのような部分が「個人の参加」という性格を欠いているのかを示すことが求められることになる。

既述の通りベロッティ判決は、表現の内容が民主政のために必要なものであり保護されるべきものである以上、その発言主が誰であるかは表現の価値には関係ないとし、「いわば前提問題たる修正第一条の法人による享有の可否に関する議論（を）棚上げ」した(42)。これに対し、たとえバックリー判決の「政府が我々の社会のある部分の言論を、他の部分の声を相対的に高めるために制限できるという概念は、修正第一条には全く無縁である」という命題を受け入れるとしても、発話主体のアイデンティティで区別をおこなうことは可能である、とするのがC・エドウィン・ベイカーである。ベイカーは、聴者の自己実現の価値に着目してベロッティ判決の論理に賛成するマーティン・H・レディッシュ[43]に対して反論するが、しかしその議論は単に個人ではなく法人だから自己実現の価値を持たぬ、とだけ述べるものではない。ベイカーは、営利法人は個人とは違って自己の選択によって行動するのではなく、営利を追求するために「市場の構造的命令」にしたがわざるをえないから、自己実現の価値を持たぬ、と主張するのである。逆に、このように経済市場によって「構造的に決定された価値」の追求が政治的言論によってなされようとするときには、国民は自らの自由な自己決定の価値を守るためにそれを規制することができるはずだ、という。この規制はたとえ「言論総量の制限」となるとしても、「個人の自由あるいは『自己実現』を保護すると十分いえる」[44]。

彼は、市場の力による決定も他の外的圧力と質的に異ならないとの批判に対しては、問題は個々の発言の動機ではなく、どのような内容の発言をするかの自由を有しているかどうかである、と反論している。利益をあげるために存在している営利法人は市場の要求に逆らって行動することは原理的にできないのに対し、個人はどのような理由から表現行為をおこなうかの自由を有している。この点に、自己実現の価値から見たときの両者の根本的な相違が存在する。さらに、経済市場によって強制された表現は「価値についての正直な討論の機会を、どのような考えが（少なくとも一時的に）勝利するかを決めるプロセスと結びつける」ための政治過程の合理的な働きを阻害する。自由に自分の考えを表現すること自体を目的として行動できない主体は政治過程に参入するには不適切である、ということになる[45]。

法人の政治活動の権利を考える際に、自己実現・自律の価値の有無から場合分けをしようとする試みは他にも存在する[46]。あるいはまた、諸個人の結社の自由の行使といえる団体は政治過程への参加の権利を持つが、一株一票という構成員間の不平等を公然と認める原理の下で、株主が利益の追求という点でのみ結びついた「本質的に資本の集合」である営利法人は、構成員の「政治的徳や価値を反映しておらず」政治過程における表現主体となることはできない、というのも同様の議論であろう。[47]しかしベイカーの特徴は、経済市場における利潤追求という目的に縛られる営利法人の行動原理が、それ自体政治の分野には整合性を持たないと指摘した点にあるといえよう。営利法人はその存立の法的前提から利益のための活動しかできないのだから、その言論の政治過程における価値は低いと解すべきだということになる。同様に、営利法人においては生身の人間の意思ではなくただ利益の最大化のみを求めると想定された「擬制的株主」が経営陣によって代弁されているだけであり、経営陣に利益最大化以外を考慮することを許さないというのが法的要請なのだから、会社の政治活動は必然的に「一面的」で議論に開かれていない、それゆえ相対立する価値の調整をおこなう政治の場に参加する地位を有しないという、ベイカーと類似の主張をおこなう論者もいる。ダニエル・グリーンウッドは、営利法人はまさにこのようにして効率的な経済活動を可能とするために法的に生み出されたのであるが、しかしだからこそこの人工的「一面性」は市民の議論による政治でコントロールされなければならないのであって、逆に目的選択の自由のない会社の政治的活動を認めることは政治過程、ひいては社会全体の「高潔性」(integrity) を損なうと述べる。[48]

ここでは自己実現の価値と民主的自己統治の価値とが結びついていることが読み取れる。つまり、自由に自己の意見を主張できる者だけが政治の場で発言する資格を持つ、ということである。もちろん個人がいかなる動機・目的から政治的主張をするかは各人の自由であるが、公共の討論ではその主張理由が他の国民全体に対して説得力を持つかどうかが試されるのであり、その際には討論の各主体はこの説得力によって自らの思考を再検討する余地があることが前提となっている。逆にいえば、自らの主張を討論のなかで反省的に吟味する能力が政治のなかでは求められているのであり、個人はそのような能力を有するというのが近代国家の前提なのである。[49]表現の自由が民主政にとって不可欠なのは、単に投票の際の情報を伝達するためだけではなく、まさにその自由の行使のなかから政治的主張の公共の場での影響力がつくられるからであることは第三節で述べたところであるが、だとすると主張の

「力」が民主的に正当なものと見なされるためには、それが自由な熟慮の末になされたものである必要があるということにもなる。そのような自由を持たない主体からの主張は、討論のなかでの吟味とは原理的に相いれない。営利法人の言論は経済市場で勝ち抜くための手段であって、それ自体の説得力をめぐる議論によって左右されるものではないし、法的にもそうであってはならない。したがって、それが政治的に大きな影響力を持つことへの疑念が討論参加者——国民自身——から生じることも不思議ではない。利益集団の自己主張の応酬は「市民の間の議論」に基づく民主政の正当性を脅かす危険がある。

もちろん、共通の意思を持つ人々が団体をつくって政治活動に参加すること自体は何の問題もない。したがって国家による制約は限定的でなければならない。だが、既に述べたように、ホワイトはベロッティ判決反対意見のなかで、営利法人の政治的言論には「コミュニケーターが思想を表現する際に有している信念」が欠けていると述べていた。これは、彼の文脈では、営利法人は特権を利用して容易に政治的活動のための資金を集めることができるから、という理由であったが、むしろ営利法人はそのような特権とひきかえにこの「信念」を有する余地を失ったのだと解するべきであろう。営利法人については、このように制度的にその政治討論との異質性が明示されているのである。またこのように考えれば、ベロッティ判決のように言論自体の価値に着目することは確かに可能であるが、だからといって発言主体にかかわらず全ての言論を同等の厳格審査でもって保護しなければならないという結論はただちには出てこないだろう。政治討論のなかでの発言の評価において、その中身とともに、以上のような意味での発言主体の特性もレレバントなのだとすれば、それが一応の保護が与えられる範囲の言論活動であっても、具体的な審査方法は変わってきてもよいのではないか。

スカリアはオースティン判決の反対意見で、トクヴィルを引いて法人敵視は公共の討論を弱め政府の力を強めてしまうとも指摘した。あるいは「非法人の利益集団が大きな力を持っているという状況では、法人の言論を制限することは、それがなければ存在していたであろう競合する利益集団間の望ましい均衡を覆しあるいは妨げるかもしれない」という論者もいる。[50] しかしこれに対しては、トクヴィルが想定していた結社と今日の営利法人とを同一視できるのかというもっともな疑問が提起されるであろう。[51] トクヴィルの時代には、株式会社などという特殊な法人は極めて希少な存在であった。また、営利法人の支出で公共討論が豊かになっている、あるいは均衡が保たれているというのはそれ自体一つの、そして本章の叙述からすれば徹底することは困難な、政治観の現れであろう。確かにアメリカでは、単一争点について集中的に政治的主張を繰り広げるPACの弊害が指摘されているが、それは少なくとも憲法学的には——まさにMCFL判決が示すように——営利法人の政治的支出よりもずっと正当性を持ちうる活動であろう。したがって、単一争点PACの影響力を中和するために企業の政治活動を認めるべきだという主張は、民主政の規範的要請からして受け入れられない。選挙資金規制は、国民自らがプリュラリズム的政治観の貫徹を拒絶した印であるとも考えうる。[52]

営利法人の独立支出を禁じるオースティン判決の結論は、営利法人の政治的活動が市民の平等な参加を特に害するという点に加え、このようにその政治的表現が個人のそれと同等の保護に値するとはいえないという考察により、支持しうるものとなると思われる。もちろん過度に広範な規制なのではないかという点から合憲性に疑問の余地は存在するのだが、だから違憲としなければならないというほどの厳格審査をおこなう必要もないであろうということになる。[53] 営利法人の政治過程に特殊なインパクトを与える性格が、そこでの自由の優越という原則を部分的に緩和することにつながるのである。

4　マスメディアの地位

オースティン判決について最後に検討しておかなければならないのは、営利法人のなかでもマスメディアが当該州法の規制から除外されていることの正当性である。政府による特権を利用でき、かつ自らの支出によって政治過程に影響を与えるという点では、株式会社形態をとるマスメディアも例外ではない。この点についてはかねてよりサンフォード・レヴィンソンが疑念を表明していた[54]。彼は選挙資金規制に懐疑的な立場から発言していたのだが、逆にマーク・タシュネットはメディア法人も規制対象に含めうると考えるべきだと述べている。憲法が保護しているのは個人の表現活動であって、「かなりの力を持ち、いくらかの便宜のために政府に依存している法人」の表現活動ではないからである[55]。

確かにマスメディアが自由に思考する個人と同じ人権を享有すると考えることはできない。だが、だからメディア法人は他種の会社と同程度しか憲法上の保護を受けられないという結論は導かれない。むしろ連邦最高裁はこれまで修正第一条の権利を有するメディア法人というものの存在を前提にしてきており、当然マスメディア会社とそれ以外の会社との間に区別が存在することを了承してきたはずである[56]。オースティン判決はマスメディアの除外を、民主的社会にとってのその重要な役割から正当化しているが、これは従来メディアが表現の自由の主体であるとされてきたことの根拠を示すともいえる[57]。だとすれば、この点を考慮してメディア法人に、他の法人とは違った扱いがなされてもよいし、またなされるべきであるといえるであろう。スカリアは、法廷意見はメディアの規制からの除外を合憲といっただけで除外しなければ違憲となるとはいっていないとして、表現の自由侵害の恐れが残っていることを指摘しているが（*Austin*, 494 U.S. 690-692 (Scalia, J., dissenting)）、もし実際に問題となれば、少なくとも印刷メディアへのそのような規制は違憲であるということは可能であるし、またそういう結論になるだろうと思われる。選挙に際して新聞が自らの旗色を鮮明にしてはならないという規制は、特にアメリカにおいては非常に重大な自由侵害と映るであろう。

印刷メディアに対しても公正ドクトリンのようなものを適用できると解することは、政府による自由な市民社会の領域への介入を過度に承認することになってしまう。この点では、印刷メディアの会社は許可を待たずに自由に設立でき、その多彩さが市民の主体的討論の場を確保するのに貢献していることへの着目が重要であろう。この場面では話者と聴者の分離は制度化されていないため、国家介入は討論の場全体を歪める危険が大きいのである。今日の社会における自由な民主的政治過程の維持のためにはメディア法人のこうした機能が不可欠といえるであろうことが、その表現の自由主体としての地位を根拠づける。法人としてのメディア会社の問題は、個々の市民とマスメディアとの関係、あるいはメディア内部の自由の問題といった領域においては見逃すべきではないが、メディアの表現と政府の規制が正面からぶつかるような事案においては、伝統的な表現の自由論が妥当するべきであり、マスメディアが表現の自由の主体であると考えられてきたのもこのような考慮からだったと解釈できる。

最後に、一連のアメリカの判決で問題となっているのが独立支出についてであって、寄付の問題ではないということにも注意しておく必要がある。アメリカでは従来より法人の連邦選挙に関する寄付は禁じられており（2 U.S.C. § 441b. この条文が同時に定める法人の独立支出禁止について、MCFL判決が適用違憲の判決をくだしたわけである）、この点はバックリー事件の寄付制限合憲判決もあって、問題とはされてきていない。マスメディアの民主政過程における重要な役割は、多額の資金を使って自ら情報を収集しそれを元に多様な政治的見解を国民に広めることにあるのだから、「理由を伝えない」寄付についてはそれを他の営利法人から特別扱いする必要はないだろう。しかし、自らの見解を示すための支出は、まさにメディア法人の存在意義を支えるのであって、それが表現の自由の主体と認められる以上、禁止することは許されないと思われる。

第三章第四節の注

（1）　BVerfGE 85, 264. この判決と、その後の法改正の経緯については、vgl. Friedhelm Boyken, *Die neue Parteien-*

finanzierung (1998), S.112ff.

(2) したがって、個々の議員・候補者との代償関係の存否が問題になる余地もない。ただし、Christine Landfried, *Parteifinanzen und politische Macht* (2. Aufl. 1994) S.143ff.; Hans Herbert von Arnim, *Doe Partei, der Abgeordnete und das Geld* (Neuausg. 1996), S.293ff. はアメリカとの比較研究を参考にして、ドイツにおいても政治家個人への献金に対して注意・警戒すべきだと主張している。

(3) この政党への党費納入および寄付に対する税制上の優遇措置の沿革につき詳しくは高見仁「ドイツ連邦共和国における政党への間接的国費助成(一)～(三)」早稲田政治公法研究四五号一八一頁、四六号一三九頁(一九九四)、四八号二一一頁(一九九五)参照。この制度を含むドイツの政党財政の問題点を包括的に指摘する本秀紀「ドイツにおける政党への国庫補助」森英樹編『政党国庫補助の比較憲法的総合的研究』三六九頁(一九九四)も参照。

(4) Andrea Römmele, Politikfinanzierung, *Journal für Sozialforschung* 1995, S. 51, 55. Vgl. auch Karl-Heinz Naßmacher, Parteienfinanzierung im internationalen Vergleich, *Aus Politik und Zeitgeschichte* 1984, Bd.4, S. 27, 34-36.

(5) Hans Herbert von Arnim, Verfassungsfragen der Parteifinanzierung — Teil 1, *JA* 1985, S. 121, 128.

(6) 一九九二年判決のこの部分に積極的に賛同する評釈としてVgl. z.B. Hans Schueler, Der Staat als Futterkrippe, *Die Zeit*, Nr. 17, 1992, S. 5.

(7) Hans-Peter Schneider, The New German System of Party Funding, in Herbert E. Alexander (ed.), *Comparative Political Finance in the 1980s* 220 (1989); *Ebd., VVDStRL* 44 (1986), S. 149-151; *Ebd.*, Die politischen Parteien und das Geld, in Peter Nahamowitz, Stefan Breuer (Hrsg.), *Politik-Verfassung-Gesellschaft* (1995), S. 335, 338-340. シュナイダーは批判をかわすために、主に中・低所得者層を支持基盤とする政党に対して、税控除制度によって引き起こされる政党間の不平等を是正するための機会調整金を国から給付するという制度を法律のなかに盛り込ませたのだが、これも政党への助成は市民の平等な政治参加権への侵害に対する補償とはならないというアルニ

ムやベッケンフェルデの反論に直面し（Arnim（Anm.5）, S.127–128; *Ebd.*, *VVDStRL* 44（1986）, S. 152–153; BVerfGE 73, 110–113.）、結局一九九二年判決で違憲とされた。

この判決で法人からの寄付に税控除が認められなくなったことにより、シュナイダーの予測どおり企業献金が減り、それへの依存度が高かったＣＤＵ／ＣＳＵ（キリスト教民主同盟・キリスト教社会同盟）やＦＤＰ（自由民主党）は特に収入確保に頭を悩ますことになったと伝えられている。Vgl. Boyken（Anm.1）, S.325.

（8）上脇博之『政党国家論と憲法学』三八三頁（一九九九）。

（9）Arnim（Anm.5）, S.128; *Ebd.*（Anm.2）, S.440.

（10）Landfried（Anm.2）, S.300–305, 347–350.

（11）Vgl. Karl-Heinz Naßmacher, Parteienfinanzierung — Anstöße für die Kommission des Bundespräsidenten, *Die neue Gesellschaft* 29（1982）, S. 278; Ulrich K. Preuß, in *AK-GG*, Art. 21 Abs1, 3（2. Aufl. 1989）, S. 1499, 1549–1550; Peter Lösche, Problems of Party and Campaign Financing in Germany and the United States, in Arthur B. Gunlicks (ed.), *Campaign and Party Finance in North America and Western Europe* 219（1993）. 西ドイツでの企業献金をめぐる憲法論議の沿革については、上脇前掲注（8）三六二頁以下を参照。ただし、そこでカール－ハインツ・ザイフェルトは企業献金禁止違憲論者と紹介されている（三六五頁）が、厳密には彼が違憲と断じているのは「法人寄付の受入れの一般的禁止」であって、「資本会社や労働組合」からの寄付に限定した場合にはその禁止が違憲かは「事情による」と留保をつけている。Karl-Heinz Seifert, *Die politische Parteien im Recht der Bundesrepublik Deutschland*（1975）, S. 294.

（12）Andrea Römmele, *Unternehmensspenden in der Parteien- und Wahlkampffinanzierung*（1995）, S. 18–19.

（13）Vgl. Arnim（Anm.5）, S.128–129; Schneider（Anm.7 *Die politischen Parteien und das Geld*）, S.337–338; Theodor Eschenburg, Ändern tut not, *Die Zeit*, Nr. 27, 1983, S. 6; Werner Kaltefleiter und Karl-Heinz Naßmacher, Das Parteiengesetz 1994 — Reform der kleinen Schritte, *ZParl* 1994, S. 253, 258–259.上脇前掲注（8）三六五―三

六六頁は基本法第一九条三項を持ち出す文献としてUlrich Dübber, *Parteifinanzierung in Deutschland*（1962）, S. 54-56を挙げるが、そこでもこの条文は直接の根拠として使われているわけではなく、現代社会において市民が政治的影響力をおよぼすには結社の活動という形式をとる必要がある、という事実認識が決め手となっているようである。

(14) Schneider（Anm.7 *The New German System*）, S.225も企業献金容認説だが、どうせ企業献金を法律で禁止しても規定を迂回して金が流れることを止めることはできないという現実論に立って、大規模寄付者（社）に政党が依存してしまう危険に対しては、基本法の定める公開義務で対処するしかないと指摘するものである。なお、このような「どうせ禁止しても抜け道をつくられるだけだ」式の議論に対しては、Naßmacher（Anm.4）, S.39が、法規定のシンボル的意味を無視すべきではないと反論している。

(15) Peter Kulitz, *Unternehmerspenden an politische Parteien*（1983）, S. 32-40, 64-65; Karl-Hainz Naßmacher, Perspektiven der Parteienfinanzierung nach dem Urteil des Bundesverfassungsgerichts, *Politische Studien, Sonderheft* 4, 1993, S. 81, 87; Seifert（Anm.11）, S.316-317.

(16) ベッケンフェルデの個人主義については、押久保倫夫「国家と社会の二元論と『個人』」大須賀明編『社会国家の憲法理論』八一頁（一九九五）を参照。

(17) Landfried（Anm.2）,,S.348.

(18) Arnim（Anm.2）, S.57.

(19) Römmele（Anm.12）, S.43-46, 49.

(20) Ernst-Wolfgang Böckenförde, *Staat, Verfassung, Demokratie*（1992）, S.315.

(21) Preuß（Anm.11）, S.1552.

(22) 周知の通りカール・シュミットは「秘密個人投票」を「民主政の政治的原理に反する」と述べた。民主政の本質的前提を人民の喝采に求めるシュミットは、まさに公開の場に一群となってあらわれる人々が問題を決定することを理想とした。ただし、彼らを結びつけているのは議論をした上での合意ではなく、「実質の民主政的同種性」による

「友と敵」の区別である。この「政治的意識」は喝采のために「現存する」人民にしか生じないから、それをばらばらにする個別投票は民主政に反してしまうのである。Carl Schmitt, *Verfassungslehre* (1928), S. 242-251.〔カール・シュミット（尾吹善人訳）『憲法理論』二九八頁—三一〇頁（一九七二）〕。これに対し、自由な政治的意思形成が決定圧力にさらされない「弱い公共」での議論によってこそ確保されると考えるなら、それがいったん中断されて権力者を選ぶ段階では、政治権力・社会的権力によってそれまでの公論が歪められる危険が高いことが意識され、それへの対処が必要となる。

（23）*See also* Jill E. Fisch, Frankenstein's Monster Hits the Campaign Trail, 32 *Wm. & Mary L. Rev.* 587, 614-620 (1991); Gerald G. Ashdown, Controlling Campaign Spending and the "New Corruption", 44 *Vand. L. Rev.* 767, 781-788 (1991).

（24）Stephen Loffredo, Poverty, Democracy, and Constitutional Law, 141 *U. Pa. L. Rev.* 1277, 1374-1384 (1993); Cass R. Sunstein, *Democracy and the Problem of Free Speech* 234-239 (1993).

（25）アメリカでは州法によって認められる営利法人とは、原則として出資額に応じた議決権を持つ有限責任社員を構成員とする、日本でいうところの株式会社のことであるので、以下では文脈に応じて営利法人を（株式）会社と表記する場合もある。

（26）*See* Carl E. Schneider, Free Speech and Corporate Freedom , 59 *S. Cal. L. Rev.* 1227, 1262-1267 (1986); Edward G. Reitler, Austin v. Michigan Chamber of Commerce, 11 *U. Bridgeport L. Rev.* 449, 469-470 (1991); Adam Winkler, Beyond Bellotti, 32 *Loy. L.A. L. Rev.* 133, 154-175 (1998).

（27）Douglas M. Ramler, Austin v. Michigan Chamber of Commerce, 43 *Federal Communications L. J.* 419, 430-432 (1991). *See also* Fisch, *supra* note 23, at 624-629; Meir Dan-Cohen, Freedoms of Collective Speech, 79 *Cal. L. Rev.* 1229, 1242-1243 (1991); Martin H. Redish & Howard M. Wasserman, What's Good for General Motors, 66 *Geo. Wash. L. Rev.* 235, 271,-281 (1998); Henry N. Butler & Larry E. Ribstein, *The Corporation and the*

Constitution 63-66 (1995).

(28) Victor Brudney, Business Corporations and Stockholders' Rights Under the First Amendment, 91 *Yale L. J.* 235, 249-252 (1981). *But see* Larry E. Ribstein, Corporate Political Speech, 49 *Wash. & Lee L. Rev.* 109, 136-144 (1992).

(29) Daniel Hays Lowenstein, A Patternless Mosaic: Campaign Finance and the First Amendment after Austin, 21 *Cap. U. L. Rev.* 381, 408-409 (1992). *See also* Charles R. O'Kelley, Jr., The Constitutional Rights of Corporations Revisited, 67 *Geo. L. J.* 1347, 1375-1382 (1979).

(30) 反対株主の保護を重視するWinkler, *supra* note 26, at 192-194は、株主の全員一致の場合の例外がないと過度に広範な規制となると指摘する。

(31) Sunstein, *supra* note 24, at 238.

(32) Miriam Cytryn, Comment, Defining the Specter of Corruption, 57 *Brook. L. Rev.* 903, 940 (1991).

(33) Ashdown, *supra* note 23, at 786-788; Fisch, *supra* note 23, at 629-635; Redish & Wasserman, *supra* note 27, at 284-285.

(34) Sunstein, *supra* note 24, at 238. 長谷部恭男「それでも基準は二重である!」『比較不能な価値の迷路』九九頁、一〇四頁以下（二〇〇〇）も参照。

(35) Schneider, *supra* note 26, at 1252-1259; Reitler, *supra* note 26, at 479-481.

(36) Morton J. Horwitz, *The Transformation of American Law, 1870-1960* 90-107 (1992). *See also* Herbert Hovenkamp, *Enterprise and American Law, 1836-1937* 42-64 (1991).

(37) Lowenstein, *supra* note 29, at 412.

(38) *See* Schneider, *supra* note 26, at 1253-1257. 右崎正博「アメリカにおける政治資金規制と憲法論」法律時報六四巻一一号二五頁も参照。

（39）Fisch, *supra* note 23, at 616–617.

（40）*See* Schneider, *supra* note 26, at 1288–1289; Prescott M. Lassman, Breaching the Fortress Walls: Corporate Political Speech and Austin v. Michigan Chamber of Commerce, 78 *Va. L. Rev.* 759, 786–787（1992）.

（41）Lassman, *id.*, at 790–791.

（42）木下智史「団体の憲法上の権利についての一考察」神戸学院法学二二巻一号一頁、八二頁（一九九二）。

（43）Martin H. Redish, Self-realization, Democracy, and Freedom of Expression: A Reply to Professor Baker, 130 *U. Pa. L. Rev.* 678（1982）. その後レディッシュは会社の政治的表現をも主として個人の自己実現の価値で擁護する論文を連名で発表している。Redish & Wasserman, *supra* note 27, esp. at 251–255. しかし、営利会社の活動も個人の自己実現の「触媒」として重要だというのでは、「自己実現」概念がアメリカ連邦憲法修正第一条の「表現の自由」の正当化には使えないほど漠然としたものとなってしまう。この概念からは表現の自由の根拠となる自己実現に資する結社とそうでないものとの区別こそ導出されるべきではないか。同旨の批判として、Winkler, *supra* note 26, at 197–202.

（44）C. Edwin Baker, Realizing Self-realization: Corporate Political Expenditures and Redish's The Value of Free Speech, 130 *U. Pa. L. Rev.* 646, 652–657（1982）.

（45）*Id.* at 671–677. *See also* C. Edwin Baker, *Human Liberty and Freedom of Speech* 218–223（1989）.

（46）*See* Marlene Arnold Nicholson, Basic Principles or Theoretical Tangles, *Case W. Res. L. Rev.* 589, 606（1998）; David Shelledy, Autonomy, Debate, and Corporate Speech, 18 *Hastings Const. L. Q.* 541, 577–584（1991）.

（47）Mark M. Hager, Bodies Politic: The Progressive History of Organizational "Real Entity" Theory, 50 *U. Pitt. L. Rev.* 575, 647–654（1989）.

（48）Daniel J.H. Greenwood, Essential Speech: Why Corporate Speech Is Not Free, 83 *Iowa L.Rev.* 995, esp. at 1033–1055, 1061–1064（1998）. 同様に、修正第一条が重く保障するのは自然人の自由な意思の表明としての言論であ

り、そのような言論を効果的におこなうための組織ではなく、むしろ利益のために既存の選好に適合した主張を強いられる会社の言論は、「スピーカーなきスピーチ」であって、それへの規制の合憲性審査は緩やかにおこなってよいとする論文として、Randall P. Bezanson, Institutional Speech, 80 *Iowa L. Rev.* 735 esp. at 755-757, 772-781, 784-806（1995）. ただし、むろんこの論文でも政治的言論が主な考察の対象なのだが、個人の自由な言論の保障が民主政にとっても基底的な意味を持つという指摘は欠けている。*See also* Schneider, *supra* note 26, at 1259-1261; Reitler, *supra* note 26, at 468-471; Dan-Cohen, *supra* note 27, at 1244-1248.

（49） Vgl. Ulrich K. Preuß, Was heißt radikale Demokratie heute?, in: Forum für Philosophie Bad Homburg（Hrsg.）, *Die Ideen von 1789 in der deutschen Rezeption*（1989）, S. 37.

（50） Ribstein, *supra* note 28, at 149-150.

（51） John S. Shockley & David A. Schultz, The Political Philosophy of Campaign Finance Reform as Articulated in the Dissents in Austin v. Michigan Chamber of Commerce, 24 *St. Mary's L. J.* 165, 191-194（1992）.

（52） *See* Reitler, *supra* note 26, at 484-486.

（53） 付け加えれば、同判決で問題となった法によっても法人関係者による選挙関係支出のための分離基金創設は認められているという点も、合憲性を認める一つの根拠になるかもしれない。この点を重視するものとして、Winkler, *supra* note 26, at 172-173. ただし、この措置によっても法人財産からの支出が禁止されることには変わりないのであり、「法人の言論」の許容範囲という論点からすれば重要な規定とは認められないという批判がありうる。*See* Butler & Ribstein, *supra* note 27, at 70-71.

（54） Sanford Levinson, Regulating Campaign Activity: The New Road to Contradiction?, 83 *Mich. L. Rev.* 939, 946-948（1985）.

（55） Mark Tushnet, Corporations and Free Speech, in David Kairys（ed.）, The Politics of Law 253, 255-257（1982）.

（56）　Note, The Corporation and the Constitution: Economic Due Process and Corporate Speech, 90 *Yale L. J.* 1833, 1858-1859（1981）.

（57）　長谷部恭男『テレビの憲法理論』三二一―三八頁（一九九二）参照。

五　日本の現状をどう考えるか

以上、政治資金問題に関するアメリカの議論を中心に検討を重ねてきた。「金銭は民主政過程を歪めるのか、歪めるとしたらそれは一体どういう意味でか」という問題に対し、市民による自由な公共の討論に基づく政治という観点からの一定の解決を与えることができたと思われる。では、日本での政治資金をめぐる議論、法制度は、以上の観点からどのように評価されるべきであろうか。

始めに述べたように日本においては、最高裁判決が会社の政治的活動能力を正面から認める一方で、民主政過程をアメリカ流のプリュラリズムであるとして政治資金規制に正面から反対する論陣が張られることもない。しかし、社会的実在であるから当然政治的活動を憲法上の権利として主張できるというのは、憲法が個人主義によって立つ規範であることを完全に無視した見解である。樋口陽一の使う「市民革命期」と「一九世紀型近代法」の対比[1]に関連させていえば、日本では民法と会社法を含む商法がほとんど同時に施行されたことからも、会社があたかも近代市民法秩序の当然の住人であるかのように受けとられてきたきらいがある。が、欧米諸国では例外なく、一九世紀のかなりの期間、準則主義による株式会社という存在を認めてよいのかについての激しい論争が繰り広げられたのであり、そのなかで会社制度の弊害も多く主張されていた。[2] 誰であれ生まれによって人権主体となるとする近代思

想と「会社の人権」思想とは根本的に異質である。(3)

したがって、もし会社の政治活動を積極的に容認するのであれば、会社を政治との関係でどのような性格の団体ととらえ、さらにこれと関連するがそもそも政治という営みをどのような性格のものだと考えるのかという点についての議論を深める必要がある。アメリカの議論においては選挙資金規制に反対する論陣が現在も有力であるが、これを支えるプリュラリズムが民主政治の価値である国民の政治討論への参加要求を満たすための論理を提供しないことは第三節で述べた。この意味で、利益集団プリュラリズムが民主政の正当性を支えられるというのは、せいぜい「多様・多彩」な「政治文化」をもつ「特殊アメリカ的な政治の見方」であろう。(4)日本においては、個人参加による団体という性格を強く残す利益集団はまれであろう。そしてアメリカにおいても、会社の政治活動については、それが特別に州によって経済的特権を与えられ、かつ行動原理を規定されているとの理由から、政治討論の場に適合的な存在ではないとの主張が有力になされているのである。既述のように、ドイツで政党への企業献金を許容する論者も、企業の私的利益の実現のためにその金銭によって政治過程が影響を受けることを望ましい状態だと認めているわけではない。政治の主体が個々の市民であるというドイツの議論で共有されている出発点から見れば、営利のための特殊な団体に政治の場で許される行動余地は少ないものとなろう。

また、アメリカでの議論も少なくとも建前としては企業の「独立支出」の是非をめぐっておこなわれてきたことにも注意が必要である。そもそも利益集団が自らの利益の実現を図って選挙過程にアプローチするためには、原理的には公開の討論を経る必要はないが、アメリカにおいても「現実の腐敗もしくは腐敗の外観」を防止するためにそのような金銭授受は規制されているのである。その限りで、贈収賄以外なら何をしてもよいというまでリバタリアンな立場がとられているわけではない。既に見たように、利益集団政治も最終的な正当性を選挙による国民の審判に依存しているのであり、国民が最低限選挙に際しては目前で繰り広げられた議論を適切に評価できるという前提に立っている。だとすれば、その評価のために「政治市場」はできるだけ公開されている必要があることになる。(5)この点、日本においては、献金をする企業自体がはっきりとした政治参加の意思に基づいてそれをおこなっているのかすら疑わしい。政党への企業献金の公開基準の引き下げによって、多くの企業が名前の公表を嫌がって献金額を減らしたので、基準の再引き上げが政治家から求められていると報じられることがあるが、もしそうなら日本の企業献金は、積極的な政治参加を本来含意するはずのプリュラリズムの発露ですらなく、まさに「腐敗の外観」を感じさせるものだということになろう。情報が隠されていては、利益集団の競争に決着をつける選挙の正当性も怪しくなる。

しかし他方、日本では「企業・団体献金規制」とひとくくりでいわれるように、政治資金規正法上、政治団体以外のあらゆる団体の献金が同様の規律を受けている。具体的には、団体献金の相手先を政党および政党の政治資金団体に限定し、金額にも上限を設けている（第二一条、第二一条の三）。政治家個人への企業献金の禁止が叫ばれた結果できあがった、この、あらゆる団体を十羽一絡げにした規制が、少なくとも既述のようなアメリカの司法審査をパスすることは、ありえまい。巨大な会社と例えば地域環境の向上を求める住民団体とをともに「団体」として同じ規律の対象とするこの立法は、公共での政治活動における市民どうしの結びつきの重要性への配慮を全く欠いている。そのような結びつきに政治家個人を引き入れることは、影響力行使の有力な手段なのではないか。献金先が政党に限られるとすれば、小さな市民団体の影響力などかき消されてしまおう。

そのような人々は政治団体を結成すればよいという反論もあろうが、まず政治活動を直接の目的とする団体にしか積極的な政治活動を求めないという想定が、市民社会における多様なニーズを政治の場に出して討論の対象としていこうとする民主政の理念と食い違う。生活の身近な問題を追及していくことと政治との間に質的な相違があるわけではない。問題解決のために必要となれば政治を利用するというような流動性が確保されていることが、市民の活発な政治参加には必要なのではないか。逆に、政治と非政治に明確な線を引く現行法が、政治を市民から遠いものにしているのである。また、現行法上政治団体には詳細な届出・会計報告義務が課せられているのであり、「政治活動がしたければ政治団体を結成しろ」といって簡単にすむものではない。一般市民がささやかな政治的影響力を行使するために、どうしてこのような負担を負わなければならないのか。(6)

もちろん、この法律には逆向きの問題もある。経済的利益のために設立された法人の個人への寄付が特に「政治的代償」を生む危険が大きいという理屈はうなづけるが、しかし個人ではなく政党に対してであれば、会社や労働組合も規模によっては年一億円までの寄付を認めるとの現行法には、上限として高すぎるのではないかとの疑問が生じる。経済的利益のための特権が認められた団体が、それゆえに得た多額の金銭を政治的影響力の行使のために使うことは、法人形態の濫用というべきではないか。(7)

最後に、本章と関連する現在の日本の憲法学での議論についても少々言及しておきたい。本章が示してきたのは、憲法解釈において同じく民主政プロセスに着目するとしても、どのようなプロセスを前提にするかで具体的帰結が変わってくるはずだということであった。松井茂記はかつて、主権論から民主政論への視座転換の必要を提唱した。(8)それは、憲法学の議論が主権者国民の意思を既存のものとすることを批判し、その意思の形成過程に着目しなければならないとの重要な指摘を含んでいた。松井においては、この場面の分析のためにアメリカの議論が参照されているはずである。なのに結局松井にとってプリュラリズムか共和主義かの選択は重要な論点とはならない。それは、松井の基本的な問題関心が正当な司法審査の範囲の確定にあり、そして憲法が前提する民主政モデルがプリュラリズムでも共和主義でも、この線がほとんど同じ所に引かれるとされているからである。(9)しかし、アメリカで大きな議論の的となっている民主政論の二つのモデルのどちらをとっても結論に違いがないというのでは、何のためにアメリカの議論を参照しているのかわからなくなる。そして、この両モデルの対立が最も顕在化して論戦が続いている分野こそ、政治資金問題なのである。

この点について、近年「政治参加において、あからさまに私益を主張してよいということ」はなく、「独自の公益を追求すべき」とする松井[10]がプリュラリズムから共和主義へ「転向」したのではないかとの指摘が長谷部恭男や阪口正二郎からなされている[11]。既述の私の立場からは、この「転向」が松井にとってあまり重要とみなされていない点にこそ問題があることになる。この批判において、松井のマディソン解釈が特異であるとの長谷部の指摘はもっともだと思われるが、さらに長谷部が、民主政過程を離れて「公益」を判断する基準がないのであれば、「公益」としての政治主張も「他者を説得するためのレトリックとしての意味しかもたない」と低く評価するのには異議を唱えたい。内心で何を考えていようがレトリックとしては「公益」を標榜させざるをえない――そしてそのことが、少なくともあからさまな私益の追求を控えさせることになり、政治討論の質を向上させる――ということが、価値の多元性を前提とし、つまり個人個人に公益についての共通了解をもって政治に参加するという過大負担を課すことなく、しかし共同体の決定を匿名のものではなく自分たちのものとしてつくっていくという民主政理解に不可欠だからである。そして、公共の「場」としての規範的意義は、このレトリックの強要に存在する。あからさまな私益の主張は、それが一般化不可能であるがゆえに、非公開の場の特定的な人間関係において貫徹される傾向を持つが、そのような力を不当な政治的影響力と見なすべきだというのが、現代に可能な弱められた共和主義としての「熟議の民主政」の要求である[12]。だからこそ、公共心をもった者が議論なしで投票するというルソー的な強い共和主義モデルではあらわれてこない、投票の「前域」としての公共プロセスで自由と公正をどう調和するかということが、重要な問題となるのである。

第三章第五節の注

（1）　樋口陽一『近代憲法学にとっての論理と価値』一七二―一七五頁（一九九四）など参照。

（2）　イギリスについて岡田与好『経済的自由主義』一〇九頁以下（一九八七）、ドイツについて村上淳一『ドイツ市民法史』（一九八五）など参照。また、日本の商法典におけるあらゆる会社への簡単な法人格の承認と、その制定と同時代のドイツでの「倫理的人格」＝「法人」観からのこの概念の技術化への躊躇とを対比する村上淳一「会社の法人格――比較法史の断章」桐蔭法学四号一頁（一九九六）もぜひ参照されるべきである。

古典的リベラリズムを提唱する阪本昌成が、今日の社会における巨大会社の問題性についてあまりセンシティブでないのは、驚きである。阪本昌成『憲法理論Ⅱ』一八七―一九二頁（一九九三）、同『憲法理論Ⅲ』八九―九二頁（一九九五）参照。一九世紀の「古典的」自由主義者は、株式会社の準則主義化がいかに個人の自由な経済活動とそれによって成り立つ自由市場を腐敗させるかについて、時代の流れに抗して力説し続けていた。現在においても株式会社がどれほど不自然な国家による人為的産物かは、枝番号にあふれる商法第二編第四章を見れば一目瞭然である。現実の政治過程に注目すれば、この異常に頻繁な法改変が、民法の一般原理から離れることをものともせず自分たちに有利な組織形態を法律によって得ようとする巨大なレント・シーキングの結果であり、現在もそれが日々続いていることも明らかである。株式会社法制は、現代社会における国家と巨大団体との癒着の模範的な例証なのだ。市場規模がグローバル化している今日においては巨大化した経済主体――それは必然的に国内で大きな政治的交渉力を持つ――どうしてこそ競争が成立しうるというのであれば、それが少なくとも「古典的リベラリズム」とは無関係の現状追認であることを認識すべきであろう。

（3）　本章第一節でも触れたが、何にでも人権を認めようとする傾向は、あらゆる個人に人権を認めるという近代思想のラディカルさ――「狂信」性といってもよい――への無自覚によるものと思われる。この「狂信」を、そうだと知りつつ学問の対象とすることの重要性について、長谷部恭男「比べようのないもの」『比較不能な価値の迷路』二五頁、三四―三七頁（二〇〇〇）。会社と自然人の法的地位の違いの根拠の薄弱さを指摘する安念潤司「会社の基本権」

ジュリスト一一五五号九九頁（一九九九）は、逆説的に「妄想の所産であるかも知れない」人権理念の強さを帰結するように思われる。人権を近代国家の根本原理だと考えることは、この「妄想」をそれと知りつつ理解することであり、それが「妄想」であるだけに他の「妄想」を強く排斥する。

（4）長谷部恭男「政治取引のバザールと司法審査」法律時報六七巻四号六二頁、六三頁（一九九五）。アメリカのプリュラリズムの時代的背景、限界を指摘するものとして、セオドア・ロウィ（村松岐夫監訳）『自由主義の終焉』七九頁以下（一九八一）。これと関連して大石裕「政治コミュニケーション論の視座転換」東京大学社会情報研究所編『社会情報と情報環境』二〇二頁、二〇五頁（一九九四）も参照。

（5）*See* Douglas M. Ramler, Austin v. Michigan Chamber of Commerce, 43 *Federal Communications L. J.* 419, 442-447 (1991).

（6）中島茂樹「憲法問題としての政治資金」立命館法学二七一・二七二号(下)一二六七頁、一二九〇頁（二〇〇一）は「政治資金規正法上の政治団体でない限り」団体の政治献金は一切認められないとするが、公共での市民団体の活動の意義と、法律上の「政治団体」として「規正」される危険性にともに無自覚だといえる。なお、政治資金規正法には、この他にも多くの憲法問題が含まれている。毛利透「政党法制」ジュリスト一一九二号一六四頁（二〇〇一）を参照されたい。

（7）なお、強制加入団体たる税理士会が政治献金のための特別会費の納入を組合員に義務づける決議を無効とした最高裁判決（最判平成八年三月一九日民集五〇巻三号六一五頁）を契機として、日本でも再び団体の政治活動の限界について盛んに論じられ始めているが、同判決は「対外的関係に及ぼす影響——その最大のものが、法人としての大規模な資金投入による民主的意思形成過程の歪み——を考慮しない」で当該団体の目的とその方針に反対する構成員が被る不利益を考慮するアプローチをとっている。西原博史「公益法人による政治献金と思想の自由」ジュリスト一〇九九号九九頁、一〇三頁（一九九六）。なお、蟻川恒正「思想の自由と団体規律」ジュリスト一〇八九号一九九頁（一九九六）、木下智史「判例批評」民商法雑誌一一六巻一号一一六頁（一九九七）も参照。したがって、本章が主になしてきた議論とは（会社の構成員たる株主のこうむる不利益についての箇所を除いて）一応論点が異なることになる。

(8) 松井茂記「国民主権原理と憲法学」『岩波講座社会科学の方法Ⅵ　社会変動の中の法』一頁、二三頁（一九九三）。

(9) 松井茂記『二重の基準論』三四六―三四七頁（一九九四）、同『日本国憲法』四四頁（一九九九）。

(10) 松井茂記「プロセス的司法審査論　再論」米沢広一他編『現代立憲主義と司法権（佐藤幸治還暦記念）』六七頁、七五頁（一九九八）。

(11) 長谷部恭男「憲法典というフェティッシュ」国家学会雑誌一一一巻一一・一二号一一〇四頁、一一〇五―一一一〇九頁（一九九八）、阪口正二郎『立憲主義と民主主義』二〇七―二二〇頁（二〇〇一）。松井茂記「なぜ立憲主義は正当化されるのか・下」法律時報七三巻八号六二頁、六五―六七頁（二〇〇一）での、この点についての彼らへの応答は、残念ながら的外れといわざるをえない。長谷部も阪口もマディソンが共和主義者だなどと言ってはおらず、松井のプリュラリズムの説明のしかたを問題にしているのである。

(12) Vgl. Robert Alexy, Grundgesetz und Diskurstheorie, in: Winfried Brugger (Hg.), *Legitimation des Grundgesetzes aus Sicht von Rechtsphilosophie und Gesellschaftstheorie* (1996), S.343, 348-358. 井上達夫「法の支配」同他編『法の臨界Ⅰ　法的思考の再定位』二〇七頁、二一九―二三三頁（一九九九）も、その「熟議の民主政」への一定の留保にもかかわらず参照されるべきである。

第四章　国民に直接の決定を求めうるか
——アメリカの直接民主政をめぐる議論から

一　直接民主政と「善意の市民」

1　スカリアの直接民主政論

一九九二年、コロラド州で州憲法に新たな条文が付加された。ホモセクシュアルの人々への優遇措置や彼らの差別されたとの主張を許さないというこの条文は、結局連邦最高裁の判決で違憲とされたのだが（Romer v. Evans, 517 U.S. 620 (1996). 以下ローマー判決と記す）[1]、本章がこの判決に注目するのは、むしろスカリアがこの法廷意見に対して書いた、彼の筆になるものとしても激烈な部類に属する反対意見のゆえである。法廷意見はこの条文を、合理性審査もパスしない、つまり同性愛者への敵意にのみ基づくおよそ合理的理由のない差別立法であるとした。そこではこの条文が他ならぬ州憲法の一部であり、州民投票で可決されたものであることへの配慮は見られない。もっとも、これは従来の連邦最高裁の方針に沿うものである。つまり、連邦憲法との合憲性審査の対象はあくまでも問題となる条文の中身であって、州憲法も連邦憲法に違反してはいけない以上、それが「憲法」であるからといって、あるいは州民投票を経ているからといって審査がゆるやかになるわけではない。かつて連邦最高裁が州による各種の人種差別立法を次々に違憲としていったときにも、対象となった条文には州憲法が多く含まれていた(2)。

これに対しスカリアは、冒頭からこの立法をドイツ語の原語を使ってKulturkampf（文化闘争）の一環であると宣言し、この性道徳をめぐるKampfへの裁判所の介入を強く批判する。スカリアによれば、同性愛を道徳的に望ましくないものとする考えには強い伝統があり、今日でも多くの人々がこの考えを抱いている。では、なぜこの時期にこのような憲法修正がなされたのか。それには同性愛者が有する強い政治力が関係している。彼らは特定地域にまとまって住む傾向があり、高収入であり、しかも自分たちの権利拡大に非常に熱心である。それゆえ、彼らは通常の立法過程において、人数とは不釣り合いに強い影響力を有し、実際それがもとで多くの自治体で「性的指向」に基づく差別を禁止する条例が制定されていった。つまり、自分たちの性的指向を保護してもらうために立法による承認を求め始めたのは、同性愛者の方なのである。「Amendment 2（本修正——引用者）が登場したのは、こういう状況に対してである」。同性愛の法的保護に反対する人々は、この問題を州レベルで、それだけを争点として投票にかけることで、真に多数の人々はどう考えているのかを示そうとしたのである。「本修正は、州の全ての市民に対し、直接問題を投げかけた。同性愛は特別に保護されるべきなのか、と。彼らはノーと答えた。今日の裁判所は、この最も民主的な手続きを違憲としたのである」。「コロラド州民の多数によって支持される性道徳が徐々に頽廃させられるのを防ぐ」ための条文に、裁判所が介入すべきではない(3)。

2　革新主義による州へのイニシアティブの導入

両者の間には、問題となった条文の解釈をめぐっても争いがあり（法廷意見はこの憲法修正により同性愛者に特に不利益が課せられるとするのに対し、スカリアは単に特権的扱いが禁じられるだけだとする）、それも結論に影響しているのは確かだが、ここではスカリアが当該修正の「民主的」性格を強調し、法廷意見をエリート階級の価値観の押しつけであると断じている点に注目したい。というのは、この論理は、かつて一九世紀から二〇世紀への変わり目の時期に西部を中心とする諸州に直接立法手続きを急速に普及させていった、いわゆる革新主義の主張に非常に類似しているからである。この政治潮流は、一九世紀末頃から急速に高まった経済の大企業による独占と、その政党ボスとの癒着によって、従来の政党を媒介にした議会制が腐敗してしまっていることへの怒りを発端としたものであり、アメリカの政治風土を大きく変えることになった。連邦の上院議員が州議会での選出から直接公選に修正され、また政党からの候補者への予備選挙というアメリカ独自の制度もここに確立した。

そして、この主義の一環として、腐敗した議会を通さずに直接州民の意思を表明することを可能とするために提唱されたのが、直接立法、とりわけ一定数の署名を集めた法案を州民投票にかけ過半数の賛成で成立させるという、いわゆるイニシアティブの制度であり、そのなかでも署名を集めた法案を議会の審議抜きで州民投票にかける、いわゆる直接イニシアティブがその大半を占めるのがアメリカの特徴である（これに対し、提案を議会での審議にかけ、そのまま可決しなかったときに州民投票にかける制度を、アメリカでは間接イニシアティブと呼んでいる。ただし、こちらには議会の修正権をどこまで認めるかなど、バリエーションが多い。いずれにせよ、イニシアティブといっても単なる提案権のことではない。一方、議会側から法案が提出され、直接投票にかけられる制度をレファレンダムと呼ぶのが、アメリカでの用語法である）。それまで州レベルでは一般的には認められていなかったイニシアティブによる立法制度が、この時期西部を中心に急速に広まり、現在二一州で導入されている（このうち直接イニシアティブを認めるのが一六州）。さらに、この直接立法方式は、多くの州で憲法にまでおよぼされ、現在一八の州でイニシアティブによる憲法修正が認められている（このうち直接イニシアティブを認めるのが一六州）。以上の諸州（法律のみあるいは憲法修正のみのイニシアティブを認めている州があるので、合計二四州）のうち五つ以外は全て一八九八年から一九一八年までの二〇年間にこの制度を導入していることが示すように、州の直接立法制度は革新主義の所産だといえる。

例えば、カリフォルニア州では、前回知事選挙の投票者の八パーセントの有権者の署名を集めれば、憲法修正の発案をおこなうことができ（これに対し法律の場合の署名要件は五パーセント）、法律の場合と同様州民投票の過半数で成立する。また、ローマー判決の舞台であったコロラド州では、法律の場合と憲法の場合とで必要な署名の要件にすら違いがない（ともに、前回の州務長官選挙の投票者の五パーセント）。つまり、イニシアティブによる場合には完全な軟性憲法だということになる。同判決で問題となった条文もまさにこの直接イニシアティブにより提案されたものであった。このような州では、当然憲法修正の提案が頻繁になされることになり、憲法条文の形態は我々が通常「憲法」と聞いて想像するものとはおよそ異なる、詳細を極めたものになる。例えばカリフォルニアでは、一八七九年に制定された現行憲法は、一九九三年までに四八五回修正されており、語数も三万語以上にのぼるという。四万五千語以上からなるコロラド州憲法は、一八七六年の制定以来同時期までに一二六回修正されているという。(4)

このような、過激といってもいい直接立法手続きの導入は、革新主義当時のいわゆるボス支配に対する怒りの激しさを示すものといえるが、一方でそこには、特殊利益にとらわれていない一般市民が政治に直接参加することで、彼らの公共心が育成され、より公益に則した政治が実現できるはずだという期待が存在した。「ボスの権力が打破されるかあるいは不具にされるかすれば、諸利益集団が民衆の福祉を侵害することを防ぎ」、「平均的な市民のよりすぐれた公平さと廉直さ」による「より清潔で、より能率的な統治を実現することができる」というのが、革新主義による一連の政治改革を貫く思想であったことは、よく知られている。そこでは、組織化された特殊利益への嫌悪と、それと対照的な「公共的精神を持った個人」への信頼が支配的であった。議会が組織化された政党のボスたちと独占的大企業との癒着によって公益を実現できていないゆえに、既存組織の利害にとらわれない「善意の」市

民の直接の意思表示が、できるだけ既存制度の妨害なく可能とされることが求められたのである。(5)

3　イニシアティブによる政治への問題提起

スカリアは、問題とされた反同性愛者法を、明らかにこのアメリカ民主政の発展を画した革新主義の論理に引きつけて理解しようとしている。まず同性愛者たちこそが、人数に不釣り合いな政治的圧力団体としての強い地位を利用して、通常の立法過程で自らに有利な規定を獲得していった。この事態に直面した普通のコロラドの人々が、イニシアティブを利用して、自分たちの考えを議会での歪曲過程なしでストレートに表明したのがこの条文なのである。これに対し法廷意見は、この同性愛という特殊利益にシンパシーを抱く法律家集団の特定価値観によって、せっかく表明された「最も民主的な」意思を再びねじ曲げるものとして批判される。かつて、革新主義の生み出した社会改革立法を次々に違憲としていった時代の連邦最高裁との類似を見ることもたやすいであろう。(6)

はたして、このような政治過程の理解は妥当なものなのだろうか。何パーセントかの署名を集めたそれぞれ単一の問題を扱う提案に対し、有権者が個別に投票で一気に決着をつけるというイニシアティブは、議会を通じた間接民主政よりも特殊利害にとらわれず「より民主的」な政治過程であるといえるのであろうか。もちろん、どれほど民主的な立法であろうとも、その内容が連邦憲法の条文に違反するのであれば、無効とされてしかるべきである。しかし実はそれ以上に、アメリカでは、革新主義にまでさかのぼるこの直接民主政擁護の理論自体に対して、特に一九九〇年代になってあらためて批判的な目が向けられている。そのきっかけとなっているのは、一九八〇年代以降のイニシアティブの激増とその質的変容、そしてそのなかでもマイノリティに対して攻撃的な条文が目立つことである。ローマー判決が扱った憲法修正は、まさにその一つであった。そこでは、議会をバイパスしてなされる州民投票での過半数の得票が、はたしていかなる意味で州民の意思といえるのかが問われてきている。法律さらには憲法として固定されるためには、州民の「意思」にも単なる投票での過半数以上の「何か」が必要なのではないかという直観が作用しているといってよかろう。ローマー判決で問題になった対立は、議会を支配する特殊利益対一般州民の公益だったのか、州民投票で示されたのは何か別のものだったのではないか。

そして当然、直接民主政をめぐる議論は、間接民主政とりわけその中心的制度である議会の正当性をめぐる議論と直結している。議会は何のために存在しているのか、それは立法過程においていかなる役割を果たすべきなのかという古典的問題が、イニシアティブの活発化が州議会の地位を脅かすという状況によってあらためて問われているのが、アメリカの州レベルにおける民主政論の現状である。

直接民主政の功罪については、これまで非常に多く論じられていた。しかし、それが日常的に、現実に政策形成をリードするという事態はこれまで世界的にも存在しなかったがゆえに、その中心は抽象的な理論によるものか、過去のエピソード的な事例をめぐる議論にとどまってきたように思われる。これに対し、特にカリフォルニア、コロラド、オレゴンといった西部の諸州においては、この規模の面積と人口を有する政治体として史上始めて、イニシアティブが主要な政策決定機能を営みつつあるといわれる。確かにアメリカでは連邦レベルでの直接立法制度は存在しないが、日本と違い連邦制のアメリカでは、州の権限は現在でも非常に大きい。そこで直接民主政による統治が現実のものとなってきたとき、いかなる議論が沸き起こっているかは、日本での民主政論議にとっても重要な示唆を与えることになると思われる。(7)

第四章第一節の注

（1）　Romer v. Evans, 517 U.S. 620 (1996). 本判決について詳しくは、福井康佐「住民投票による同性愛者に対する差別と裁判所の役割——Romer v. Evans」法学論集（学習院大学）六号一頁（一九九八）。

（2）例えば、南部諸州の公立学校についての人種分離法を違憲とした有名な Brown v. Board of Education, 347 U.S. 483 (1954) で扱われた州法にも、州憲法が含まれている。

（3）*Romer*, 517 U.S. 636, 644-653 (Scalia, J., dissenting).

（4）横田清『アメリカにおける自治・分権・参加の発展』二四頁、六五―九四頁（一九九七）。アメリカの州以下のレベルにおける直接立法の歴史、現状、およびそれをめぐる議論についても、同書第三章が非常に参考になる。本章は、同書で深く扱われていない、一九九〇年代の憲法学の視点からの直接立法をめぐる議論の応酬に焦点を当てることにする。なお、久保健助「米国における『住民投票制度』」『憲法の歴史と比較』三八〇頁（一九九八）も参照。諸州の手続きについては、David B. Magleby, Direct Legislation 38-39 (1984) の表も参考になる。

（5）R・ホーフスタッター（清水友久他訳）『改革の時代』二二三―二二六頁（新装版、一九八八）。ホーフスタッター自身は、このような思想が当時の「高度に組織化された社会の現実」にそぐわないものであったと指摘している。また、*See* Thomas E. Cronin, *Direct Democracy* 38-59 (1989).

（6）より一般的な文脈でいえば、マイノリティの権利主張を一部集団の「特殊利益」の表明と解釈してよいと公認したのが、レーガン政権の大きな「遺産」の一つである。*See* Lani Guinier, *The Tyranny of the Majority* 24 (1994). この背景には、人種等による差別問題は既に解決ずみだというレーガン政権のアメリカ社会認識があった。そうである以上、現状より多くの権利を求める主張は「特殊利益の要求」と判断されるのである。*See* William Bradford Reynolds, Individualism vs. Group Rights, 93 *Yale L. J.* 995, 1004-1005 (1984).

（7）アメリカと同じく連邦制をとり、しかも連邦では徹底した間接民主政を選択しながら、州レベルではイニシアティブを広く認める国として、ドイツがある。ドイツでは、統一後の基本法改正に際して連邦に直接立法を導入すべきかが論じられたが、結局見送られた。州での経験に対しては、積極的な評価が多いようである。岡田俊幸「統一ドイツにおける『直接民主制』をめぐる議論について」法学研究六八巻一二号五五三頁（一九九九）、渡辺暁彦「ドイツ基本法と直接民主制」同志社法学五〇巻五号一五二八頁（一九九九）など参照。しかし、ここでも州の直接民主政的制度が連邦の基本法と合致するのかは一応問題となる。Vgl. Josef Isensee, *Verfassungsreferendum mit einfacher Mehrheit* (1999); Hasso Hoffmann, Bundesstaatiche Spaltung des Demokratiebegriffs?, in: ders., *Verfassungsrechtliche Perspektiven* (1995), S. 146. アメリカとの比較の上でも興味深い問題であるが、本章の検討対象とはしなかった。

二　イニシアティブの「産業化」と連邦最高裁判決

1　イニシアティブの爆発的増加

イニシアティブ急増のきっかけとなったのは、一九七八年にカリフォルニア州で可決された提案一三、「納税者の反乱」とも呼ばれたラディカルな減税法だったといわれる。「一九七八年六月のカリフォルニアの有名な提案一三が、論争的な税についての決定への公衆の参加権に全国的な注目を引きつけた」。この成功が「普通、過去二〇年間におけるイニシアティブへの真の熱狂を燃え立たせたものだとされている」[1]。実際、一九八〇年代以降のイニシアティブの増加には顕著なものがある。一九九六年にカリフォルニア州で投票にかけられたイニシアティブ提案は三八、オレゴン州では二三であるとされるが、運動に入りながら必要な署名を集められなかったものも含めれば、その数はこの何倍にも達する。それとともに、「少なくともカリフォルニアでは、今や州議会ではなく直接民主政が政策の主たるリード役となっているように思われる」とされる。州議会をバイパスしてどんどん法律や憲法がつくられていくため、「カリフォルニア州議会は信用性も権力も失った」とすらいわれることもある。税金はイニシアティブで減額され、一方で犯罪取締り強化や刑務所の増設など多額の支出を伴う政策がイニシアティブで強制される。予算のうち代表機関が左右できる部分はどんどん減りつつある。(2) とりわけ注意すべきは、憲法も簡単に修正できることであり、立法と憲法修正両方にイニシアティブを認めている州では、ある提案をどちらでするかは発議者の選択次第である。コロラド州のように署名要件にすら違いがない場合には本当にどちらでも変わりないし、署名要件に一応差を設けている多くの州でも、後述する通り、今や本気で集めようとすれば八パーセント程度は確実に集めることができる。そして、ならば効力の強い憲法修正として成立させたいと考えるのが当然でもあり、「今日、州でのイニシアティブの支配的な形式は憲法イニシアティブであり、しかもそれはイニシアティブとその使用について最も論争的なイッシューを提起するものである」。単なる法律でなく、憲法に反同性愛の条文を書き込むことに意義が求められるのである。(3)

さらに重要なのは、一九七八年のカリフォルニアでの成功が大きな刺激となって、「保守的な利益集団がいくつかの目的を達成するために、イニシアティブやレファレンダムを使用することを助長する」効果を持ったことであり、その後他州でも減税のみならず死刑復活や反中絶、反同性愛、学校での礼拝、英語公用語化などの政策実現のために直接立法が積極的に活用されるきっかけとなった。日本でも話題になったカリフォルニア州での不法移民への社会保障サービス停止や、人種や性に基づくアファーマティブ・アクションの全廃もイニシアティブの「成果」である。(4) これは、一九八〇年代のアメリカの保守化を示す出来事であると同時に、多くの州で（もちろん計画的に）これらのイニシアティブ運動を活発になすこと自体が、議会では取り上げられないような保守的なテーマを政治日程にのせ、政治的議論の大枠を決定するのに大いに役立った。皮肉にも、「革新」を自認する側にとっては、「右派活動家たちの、自分たちの敵意の的がなんとか獲得したわずかな立法上の勝利を覆すために、直接投票を利用しようという最近の戦略」にどう対抗するかという問題が緊急に問われることとなった。(5) そして、このようにイニシアティブを組織的に利用することの価値が「発見」されるとともに、署名活動のあり方も、かつての牧歌的な方式から大きく転換することになる。

2　イニシアティブの「産業化」

一九七〇年代後半以降のイニシアティブの最大の特徴がその「産業化」であることは、多くの文献が共通に指摘している。署名集めを営利事業としておこなう大企業の登場である。西部の諸州、とくにカリフォルニアのような大きな州では、数パーセントの署名といってももちろん簡単に集められる数字ではない。かつて想定されていたのは、その提案に政治的に賛成する運動員がボランティアで道行く有権者に語りかけ、提案の意義を説得して署名してもらうという姿であり、だからこそ苦労して署名要件をクリアした提案には一定の支持の広がりがあると推定することもできた。しかし、近年「成功したカリフォルニアのイニシアティブ提案のほとんどは、特殊利益集団が投票用紙に場所を得るのを助けることをビジネスとする、プロの署名コレクターの助けによるものである」(6)。イニシアティブに投じられる資金が膨大なものになるにつれ（一九八八年にカリフォルニア州のイニシアティブに使われた資金は、同時期の大統領選のそれより多かったという(7)）、このような「商売」が成立するに至ったのである。これらの企業は州内の主な都市で組織的に自社の人間を動員して依頼された署名活動をおこない、多くの場合一件の署名につきいくら（一・五ドルが相場ともいわれる）というかたちで報酬を受ける。当然できるだけ効率的に署名を集めることが求められ、すでにそのノウハウの蓄積は相当なものだといわれる。多少誇張していえば、金さえ払えば、たいていの提案は署名を集められるのである(8)。

そして、「厳しい時間制限のうちに必要な署名を集めないといけないのだから、運動員は市民と法案の中身について議論することには何の関心もない(9)」。効率的に署名を集めるためには、議論している暇はない。提案についてあれこれいってくるような人間は無視して——そもそもプロはいくつもの提案の署名集めを同時におこなっているのであり、そのうちの一つに思い入れがあるわけでもないし、知識があるわけでもない――、一定の内容であれば割合気軽に署名している人間、あるいはほとんどどんな提案でも署名してくれる人間――そういう人々のリストはきちんとデータベースに入っている――をターゲットにしている。あるいは、どういう呼びかけが署名を集めるのに効果的か、いかに条文内容の説明ぬきでてっとり早く署名させるかの技術も、会社としての腕の見せ所である[10]。この結果、署名集めは提案支持者による説得の場というよりも、「露天商の技術」[11]を披露する場となってきている。さらに、今では署名集めにおいて返信状つきダイレクト・メールが大々的に使用されて効果を挙げているが、この作戦が可能であるのも、潤沢な資金を持つ集団に限られる[12]。

　こうして、もはや「ある集団が署名ハードルを乗り越えたという事実は、それがあふれるほどの政治的財源を持っているということを意味するのみであり、その問題が広い人々の支持を引き起こしたということは意味していない」。「プロの会社の有権者へのアプローチの構造は、公的な熟議が促進されるようにはできていないし、そもそも署名者がその署名によりどんな問題が投票用紙に載ることになるのか知るようにすらできていない[13]」。このような有給運動員による署名がイニシアティブの中心を占めることは、豊富な政治資金を有する団体によってそこでの議題が大きく規定されることを意味する。「比較的少数のグループしかイニシアティブ産業の会社を雇うことはできない。……イニシアティブに多額の金銭を投じているグループは、イニシアティブの賛成者が議会をけがすと非難するのと同じ特殊利益を代表している」。今日のイニシアティブをリードしているのは、例えば全米ライフル協会であり、タバコ産業なのである[14]。にもかかわらず、必要な署名を得たという結果は、あたかも自分たちの提案が広い支持を得ているかの印象を社会全般に対して与えることができる。「資金豊富な集団・個人はアジェンダ設定の道具としての直接民主政の力を自覚しており、しかも投票用紙に載るための唯一の必要は十分な資金であるということも知っている」。「直接民主政は、既に政治アジェンダをコントロールしている集団が、さらに注目を得るための追加の手法となってきている」[15]。

3　連邦最高裁による「産業化」の容認

憲法学の立場からして注目しておくべきは、このようなイニシアティブの変質を防げなかった主要な要因が、連邦最高裁判決だったということである。というより、連邦最高裁は自覚的にその変質を容認したのである。それが、署名集めで有給運動員を使うことを禁止するコロラド州法を連邦憲法違反とした、Meyer v. Grant, 486 U.S. 414 (1988)（以下マイヤー判決と記す）である。九人の裁判官全員一致のこの判決は、前章で取り扱った政治資金規制諸判決のような注目を浴びることはなかった。しかし、「合衆国連邦最高裁のマイナーな判決でも、重大な帰結をもたらすことがある」。この判決がまさにそれであるとある論者は述べている[16]。

スティーブンス執筆の法廷意見は、イニシアティブの署名運動を重要な政治的表現活動だとした上で、有給運動員の使用禁止により、発議者が提案を伝えられる人数が減少すること、またそれにより必要な署名を集められる可能性が減り、その結果正式な提案として州全体の議論の対象となるチャンスも減少するとして、その表現制約効果を認定する。これに対し州側は、金銭は別に使う方法があることを主張するが、そもそも表現の自由は表現方法の自由も守っているし、しかも本件の手法制約は一対一のコミュニケーションという政治的議論の基本的形式に関わるものである。州側の中心的主張は、提案が一定の草の根の支持を得ていることを確認するため、あるいはイニシアティブのプロセスの高潔性（integrity）を守るために必要な禁止だということであったが、これらも認められなかった。まず、支持の確認のためには一定の署名を集めるという要件だけで十分であるとされた。また、商業的な運動員の方が不正を働く恐れが高いことを示す証拠はなく、署名の偽造や買収を禁じる他の条文だけで十分であるとされたのである。さらに法廷意見は、「コロラド州は、署名運動員に報酬を払う余裕のある人々の声を弱めることは許されると想定しているように思われる」とした上で、それに対し「政府が我々の社会のある部分の言論を、他の部分の声を相対的に高めるために制限できるという概念は、修正第一条には全く無縁である」というバックリー判決の有名な一節からの引用、および「我々の民主政においては、国民に、互いに衝突しあう議論の相対的価値を判断し評価するという責任が委ねられているのである」というベロッティ判決のこれまた有名な一節の引用で答えたのである。

このマイヤー判決によって、イニシアティブ産業の隆盛に対して有給運動員の禁止という直接的な手段で応じることは不可能となった。その影響が大きかったことは、すでに十分論じてきたが、ここではマイヤー判決自体における民主政理解に注目しておきたい。とはいえ、それは前章で詳細に扱ったバックリー判決・ベロッティ判決のキーセンテンスの引用が示すように、政治資金諸判決での代償関係以外の腐敗概念を許さないという厳格な判例のそれと一致しているといってよかろう。署名活動という段階においても、代償関係以外に何か政治過程の歪みといったものは存在しない。とにかくできるだけ多くの言論がなされることが重要であって、国家があるべき言論の量を決めることは、相対的にであってもできない。議論の過程で金銭による有利不利があるとしても、決着をつけるのは国民であり、民主政とはその国民を信頼する政治のことなのだから、とにかく結果として一定数の署名を集めた提案を州民投票にかけるという形式的扱いこそ、その要請にかなうことになる。

4　マイヤー判決の批判的検討

これに対し、この判決を正面から扱い批判した唯一の論文は、確かに有給運動員の方が不正を働くと——彼らによるいくつかの違法・不当な署名集めの実例にもかかわらず——確証することはできないとは認められても、州はイニシアティブ制度をつくるにあたり、それが特殊利益への対抗という本来の目的に仕えるために署名数以外の考慮をおこなってもいいはずだと述べている。判例も、一定の草の根の支持を得た提案のみを投票用紙に載せるために選びだすこと自体は容認している。であれば、その支持を確認する手段として署名の数とともに、そのためにボランティアをどれだけ使うことができるかも考慮してよいはずではないかということである。運動員をどれだけ使えるかは、当然集められる署名の数と密接に関係している。ある提案を投票にかけるためには、そのために無償で署名活動をしようというだけの熱意のある人が一定数以上いて、その結果として十分な署名を集められたということを求めてかまわないのではないか。とりわけ、既述の通り実際には署名は金で買えるのだとすれば、イニシアティブ制度の本来の目的のためには、金銭によらない強い支持を一定の範囲の人々から得ていることを求める制度改革がむしろ必要なのではないか。しかし、「スティーブンスは、署名だけで法案への十分な支持が示されると一文で述べて、コロラドの改革を覆した。スティーブンスは誤っている(17)」。

さらにこの論文は、そもそも本件の禁止が言論規制にあたるのかにも疑問を投げかけている。バックリー判決の対象は言論を中心とする選挙活動をおこなうための資金の規制であり、確かに規制により言論の量が減るということも可能であったが、本「マイヤー判決の対象は、言論ではなく署名である」。提案への賛成の説得のために人を雇うこと自体は禁じられていない。ただ署名の場にボランティアの人がいなければならないというだけである。つまり、一対一のコミュニケーションではなく、署名集めの手段が――右記のとおり、イニシアティブ制度の適正な運用のための正当な利益により――規制されているだけなのだから、修正第一条の問題は生じない。本件禁止は、イニシアティブ制度を具体的につくるための様々な規則にすぎないのである。逆に、もし本判決を真面目に受け取るとすると、大変な問題を引き起こすはずである。例えば、多くの州では運動員をその州の有権者に限っているが、もちろんこの禁止により署名活動の可能性は狭められている。これも違憲なのだろうか。あるいは、州によってはイニシアティブで提案できる立法の内容を制限しているが、これは「内容に基づく規制」として当然違憲となるのだろうか。

州は、イニシアティブで州民投票にかけられる案件を適正規模に抑える利益を有している（そうでなければ、そもそも署名要件を課すことが違憲となろう）。本件連邦最高裁判決の結果、有給運動員を使った提案が増えてその規模を越えてしまえば、州としてはいずれにせよ、署名要件を引き上げる、あるいは署名活動の期間を短縮するといった別の方法での制約を考えないといけなくなる。これらはボランティアに頼る提案に不利に働く。つまり結果として、連邦最高裁はイニシアティブにおいて特定の集団を優遇するという決定をおこなったことになるのではないか。(18)

この批判によるバックリー判決との区別を念頭において、ではなぜ最高裁判決はこの区別をおこなわなかったのか考えると、そこに州民投票への提案数を一定限度に保つという利益への配慮が存在しなかったことが浮かんでくる。法廷意見は、署名活動も通常の政治活動と同視し、そこにどのように金銭が使われようが自由であるとした。政治活動であれば、言論には言論で対抗すればよいのであり、「より多くの言論」こそ望ましいのだという主張をなすことは一応可能である。政治活動の総量の限界というものがあるわけではないからである。むろん、現実には我々が目にできる政治活動には限界があるから、豊富な金銭を投下してキャンペーンを打つ活動の影響力が大きくなるのであり、それが平等の観点から問題とされる。しかし、原理的には総量限界は存在せず、それゆえ「より多くの言論」のテーゼがここでは当てはまりうるのである。

連邦最高裁の考えによれば、署名活動もどんどん自由になされて、その結果条件をクリアする提案が出てくれば、どんどん州民投票にかけられればよい、ということになる。スティーブンスは一応投票にかけるために支持を得た法案を選びだす利益を肯定はしているのだが、それに積極的意味を認めていないことは、現状でも他州と比較して必要な署名を集める提案数が多いという主張に対し、有給運動員が許されていればもっと多くの提案が州民投票にかかっていたろうと答えている（486 U.S. 418 n. 3）ことからも明らかである。より多くの言論と同じ理屈で、より多くの州民投票提案に何の問題もないから、そのための署名活動も一般の政治活動と同じ基準で審査すればよいということになる。つまり、署名活動において金銭による政治過程の歪みを見つける必要はない。

しかし、問題は州民投票にかかった提案はそれぞれ州民によって可決か否決か決定されるということである。普通の政治的議論は、選挙のための議論も含めて、どれだけたくさんになろうがそれにより決定の負担が増えることにはならない。だからこそ、「より多くの言論を」とか、決定のリスクは国民が負うのだとかいっていられるのである。イニシアティブでより多くの提案がなされた結果、各々の有権者が専門的な法律条文への賛否を同時に何十本も判断しなければならなくなっても――現に西部諸州ではそうなっているのだが――まだ民主政は国民を信じるものだといっていればよいのだろうか。その結果同時に表明されることになる何十もの賛否は、各々が尊重されるべき「民意」を反映しているのだろうか。そもそも、「より多くのイニシアティブ」は望ましい目標なのだろうか。そして、もしそうでないとしたら、つまり制度の適正な運用のためにはある程度の総量限界が存在するのだとしたら、それをどのようにしたら公正に割り当てられるかという問題が浮上するのではないか。

また、批判論文も述べるように、署名活動を一般の政治活動と同視しそれへの制約を修正第一条の権利侵害であるととらえることからは、非常に奇妙かつ重大な帰結が生じうる。そもそも、署名を集めるのは一定数以上を集めればその提案を州民投票にかけるという制度があるからである。そして、そのような帰結を伴うがゆえに、署名の真正さを確認するためのいろいろな手続きも準備されている。これは一般の政治活動では考えられないことであり、イニシアティブの署名が、街角で自由に署名をつのっていたらたまたま五パーセントを越えたというのとは全く異なり、始めからイニシアティブという制度に依存した営みであることを示している。州憲法上イニシアティブの認められていないテーマについてイニシアティブのための署名を集められないことが、当該テーマが「州全体の議論の対象となるチャンス」を低下させるから違憲であるという理屈が根本的に奇妙であるのは、そのためである。また、例えば集めた署名が真正なものであることを運動員に宣誓させるのは、それを嫌がる運動員を雇えなくすることから修正第一条に違反するのだろうか。しかし、では本判決を先例とした場合、一体いかなる規制が許され、何が許されないことになるのかは不明確にとどまっていた。ようやく近年になって、連邦最高裁でより詳細なイニシアティブ制度のあり方が修正第一条との関係で争われることになった。

5　最高裁内の意見対立の発生

その判決（Buckley v. American Constitutional Law Foundation, Inc., 119 S. Ct. 636（1999））はやはりコロラド州のイニシアティブ手続きについてのもので、具体的には署名運動員が州で投票者として登録された者であること、運動員が名前を書いたバッジをつけなければならないこと、有給運動員を雇っている発議者は彼らの住所・名前と各人に支払われた金額を報告しなければならないとされていることを違憲としたのである。

ギンズバーグによる法廷意見はまず、投票登録の要求は運動員として使える人数を減らすからマイヤー判決と同様の制約であるとし、意図的に登録しない人間もいる以上、運動したければ登録すればいいじゃないかという主張は成り立たないし、違法な署名集めへの対処としても住所を登録しておけばいいとする（運動員は宣誓の上住所を登録することになっている。また、州の住民であることの要求は当事者によって争われていなかった）。名前を書いたバッジの要求は、運動員としての参加を萎縮させる効果を持つ。ここでも違法行為への対処としては名前の登録だけですみ、それ以上に一対一のコミュニケーションの際に相手に名前を示さないといけないという言論抑制的な強制をおこなう理由はない。さらに、マイヤー判決から有給の運動員の方が不正を働く可能性が高いとはいえないという箇所が引用されて、有給の運動員とその報酬を公開することの必要性は存在しないとされた。最後に、草の根の支持確認のためには五パーセントの署名要件があり、手続の高潔性を確保するためにも別の手段きが用意されているという、マイヤー判決と同旨の判示が付加されている。

しかし、マイヤー判決とは異なり、今回は投票登録要件と報告要件の違憲について反対意見がついた。オコナーは、運動員がその州で投票登録していることの要求は、「署名集めプロセスへの参加のための中立的な資格」であるとする。署名運動規制には、一対一のコミュニケーションを直接に抑制するもの（名前つきバッジの強制はこれに当たる）と、手続きの公正さのための規制とがあり、後者であれば結果として間接的にコミュニケーションを侵害しても合理的理由があれば許される。投票登録要請は後者にあたるとされたのである。また、有給運動員についての報告要件も不正防止や有益な情報流通の利益に資するとされた。ある提案の運動員が有給だとわかれば、その主張の真剣さへの信頼は低下する。これは公開されているべき情報であり、他方報告によるコミュニケーションへの制約もないといってよい（119 S. Ct. 653-659 (O'Conner, J., concuring in judgement in part and dissenting in part.)）。(19)

レーンキストはさらに別の反対意見を執筆した。そこでは、対象となった州法が、全国組織を持つプロの会社による影響から、特殊利益の政治力への制限というイニシアティブ本来の目的を取り戻すためのものであったことが強調されている。民主プロセスはそのままではカオスなのだから、州はイニシアティブ制度を自分の関心に応じてつくることができるべきである。そして、法廷意見に対して、運動員のプールを少なくすれば違憲というのなら、州の住民要件も、さらには外国人を除外することも違憲となるではないかと疑問を呈する。有給運動員の公開についても、州の主張にもかかわらずその有用性をあえて認めない法廷意見を批判している（119 S. Ct. 659-662 (Rehnquist, C. J., dissenting.)）。

また、法廷意見に対しては、それが審査していないだけで合憲とは確定していない規制に基づいて、問題となった規制を不必要だから違憲としているという批判も投げかけられている。つまり、連邦最高裁は全ての運動員は宣誓して住所を登録しているから違法行為の取締りにそれ以上は必要ないというのだが、しかしこの条件自体の合憲性も控訴裁判所では争われていた。連邦最高裁はこの論点へのサーシオレイライ（裁量上告）を拒否したのである。つまり、連邦最高裁は自分で審査を拒否した条文を前提にして別の条文を違憲といった。ならば、今回審査された条文を前提にすれば逆のことがいえてしまうのではないか。[20]

このようなどうどうめぐりが生じてしまう理由は、本判決がマイヤー判決と同様、イニシアティブ制度に組み込まれた活動として必然的に法的規律を伴う署名活動を、一般の政治活動と同視していることから生じていると思われる。この前提からすれば、本来誰がどのように署名活動をおこなってもよく、外国人であろうが一八歳未満であろうが（コロラド州法は運動員は一八歳以上でないといけないとしており、この点も控訴裁判所で争われていたがサーシオレイライが拒絶されたのである）、誰にも届けずに署名を集めて回ることができるはずということになる。実際、単に議会や州知事に請願するために署名を集める場合には、これで特に問題はない。それは単に決定権者にある民意を伝え要望するというだけのことであり、一般の表現活動による政治への働きかけと基本的に異ならないからである。しかし、イニシアティブはそうではなく、必要条件を満たした提案は必然的に州民投票にかけられ、可決か否決かが問われることになるのである。この、提案がそのまま決定対象とされるという事態からは、提案の適正さの確保という観点からの法的規制が欠かせないはずである。そして現に、このような必要を無視できない連邦最高裁は、ラディカルな前提を徹底することもできず、むしろある程度常識的な規定を実際の判断の前提として選び、それ以上の規律を違憲としたのだといえよう。ただ、本来「カオス」的な自由な活動が理念として掲げられている以上、そこでの基準の選択は必然的に恣意的であり、「どうして投票登録要件はいけなくて住民要件はいいのか」とか「どうして有給運動員の住所報告はだめで全運動員の住所報告はいいのか」とかいった疑問が際限なく提出されることになる。また、本判決による「自由化」で特殊利益集団によるイニシアティブ利用がますます増大するだろうとの予測も存在する。[21]

ただ、逆にいえばこのような理解は、特に西部諸州においてイニシアティブを当然の権利と考える思想の強さを反映しているのだといえるであろう。当然の権利としての政治的活動が政治資金の平等の観点から制約されることが基本的に疑わしいと感じられるのと同様に、一定の署名を集めれば州民投票にかけられるということが人々の当然の権利なのだとすれば、その活動にどのように資金をつぎこもうと、どのような形態で展開しようと自由であり、「一部の声」を高めるための規制は許されない、という結論が導かれやすくなると思われる。約一世紀の歴史をもつ直接民主政は、西部諸州において完全に政治風土の一部となっているということなのだろう。

とはいえ、だからといって署名活動が自由になされ、とりわけ資金力豊富な団体がほとんどオールマイティな提案権を有するようになることがはらむ問題性が払拭されるわけではない。既述の通り、ここでは通常の政治資金の偏在以上に民主政治過程の歪みが問題となると考えることが可能である。どれだけの分量になろうとも州民は問題となっている憲法・法律条文全てについてきちんと理解して投票するだろうという想定を、民主政の規範的要請として維持することは、たとえバックリー判決・ベロッティ判決の立場を受け入れるとしても、困難であるように思われる。そして、イニシアティブの増大とともに、まさにこの点、つまり州民が直接法案について決定することがどの程度まで正当といえるのか、が議論の焦点となりつつあるのである。

第四章第二節の注

（1）Thomas E. Cronin, *Direct Democracy* 3-5（1989）; Philip P. Frickey, The Communion of Strangers, 34 *Willamette L. Rev.* 421, 429（1998）.

（2）David B. Magleby, Let the Voters Decide?, 66 *U. Colo. L. Rev.* 13, 17, 26-31（1995）; Cynthia L. Fountaine, Lousy Lawmaking, 61 *S. Cal. L. Rev.* 733, 755-756（1988）; Hans A. Linde, Practicing Theory: The Forgotten Law of Initiative Lawmaking, 45 *UCLA L. Rev.* 1735, 1737, 1756-1757（1998）.

（3）Richard B. Collins and Dale Oesterle, Structuring the Ballot Initiative, 66 *U. Colo. L. Rev.* 47, 51-53（1995）.

（4）Cronin, *supra* note 1, at 3. ただし、不法移民への社会保障サービス停止の大部分は、連邦地裁により州の権限外として執行が差し止められた。League of United Latin American Citizens v. Wilson, 908 F.Supp. 755（C.D.Cal. 1995）. しかし、アファーマティブ・アクション廃止は結局連邦憲法に違反しないとされている。Coalition for Economic Equity v. Wilson, 122 F. 3d 692（9th Cir. 1997）, *cert. denied*, 522 U.S. 963（1997）. 同判決の解説として、毛利透・アメリカ法二〇〇〇年一号一二九頁参照。

（5）Kimberlé Crenshaw and Gary Peller, The Contradictions of Mainstream Constitutional Theory, 45 *UCLA L. Rev.* 1683, 1684（1998）; Magleby, *supra* note 2, at 31.

（6）David B. Magleby, *Direct Legislation*, 61（1984）.

（7）Frickey, *supra* note 1, at 433.

（8）Elizabeth Garett, Money, Agenda Setting, and Direct Democracy, 77 *Tex. L. Rev.* 1845, 1850-1854（1999）.

（9）Richard Briffault, Distrust of Democracy, 63 *Tex. L. Rev.* 1347, 1351（1985）.

（10）Cronin, *supra* note 1, at 62-66; Magleby, *supra* note 6, at 60-65. 心理学の知見を応用した、中身の説明抜きで署名させるための様々なテクニックについては、*see* Daniel Hays Lowenstein and Robert M. Stern, The First Amendment and Paid Initiative Petition Circulators, 17 *Hastings Const. L. Q.* 175, 194-200（1989）.

（11）Briffault, *supra* note 9, at 1357.

（12）Cronin, *supra* note 1, at 64-65, 216-217.

（13）Garett, *supra* note 8, at 1853; Frickey, *supra* note 1, at 432-434.

（14）Arne R. Leonard, In Search of Deliberative Initiative, 69 *Temp. L. Rev.* 1203, 1218-1219（1996）.

（15）Garett, *supra* note 8, at 1857-1858.

（16）Lowenstein and Stern, *supra* note 10, at 175.
（17）*Id.*, at 200-205.
（18）*Id.*, at 209-219, 224.
（19）とりわけ政党との結びつきが必ずしもないイニシアティブにおいて、金銭情報が重要な判断材料となるとしてその公開を求め、最高裁を批判する見解として、Garrett, *supra* note 8, at 1882-1890.
（20）The Supreme Court, 1998 Term—Leading Cases, 113 *Harv. L. Rev.* 200, 286, 294-296（1999）.
（21）Jennifer Modersohn, Note, 22 *U. Ark. Little Rock L. Rev.* 105, 121-122（1999）.

三　イニシアティブと民主政との緊張

1　直接民主政の憲法問題化

イニシアティブがマイノリティにとって特に危険であるとの指摘は、かつてよりなされてきた。特に批判的人種研究の先駆者でもあるデリック・A・ベルの一九七八年の論文が名高い。ベルは、かつてのような同質性を失った現代のアメリカ社会において、特に裕福な階層が有利に利用できる直接民主政がマイノリティにとって脅威となることを強調した。代表者は公開の討論や調整を経て自らの立場を公に明らかにしなければならず、その際人種主義者との批判を受けることは望まないのに対し、「投票ブースのプライバシー」のなかでおこなわれる直接投票では、法案の成否を決定する投票者が人種的激情を抑制するメカニズムが存在しない。しかも問題がイエスかノーかという単純な二者択一に押し込められるから、議論が理性的というより感情的な訴えかけに支配されることになる。そこで強く働くのは当然、多数派が公然・非公然に有しているマイノリティへの偏見である。たとえ法案が否決されたとしても、このようなキャンペーンがマイノリティおよび社会全体にもたらす傷は重大である。(1)

このような問題意識は決して単なる理論上のものではなく、当時不動産取引規制や公立学校での強制バス通学といった問題に関して下から巻き起こっていた反対のイニシアティブ運動を憂慮してのものであった。しかし、当時はまだこれらは事実上の人種差別の問題として扱われ、直接民主政の問題点として論じられることは少なかったようである。法学界でイニシアティブの妥当性が、論争を引き起こす大きな問題として取り上げられるに至ったのは、一九八〇年代以降のイニシアティブの激増を受けてジュリアン・ユールによって執筆された、一九九〇年の論文の影響が大きい。

ユールは、従来司法審査において議会での立法と直接立法で基準を変える必要はないと考えられてきたこと、および後者を主権者意思の直接の表明ととらえればむしろ司法審査を緩やかになすべきとの帰結が導きうることを確認した上で、あえて逆の結論、つまり直接立法の方が議会での立法よりも厳格な審査に服するべきだという注目すべき結論を導き出そうとする。この、自ら「直観に反する」と認める結論がなぜ求められるのか、ユールは自らが東部からカリフォルニアに引っ越して受けた衝撃を語るところから論述を始める。一〇月のある日、電話帳のように分厚い冊子が送られてくる。何かと思えばそれは一一月の選挙日に投票にかけられる法案の説明文書であった。なかには虫眼鏡でないと読めない字で一〇頁以上にわたる長い法案があったりする。それぞれに州司法長官による要約と、どうやって選ばれたのかわからない団体による賛成および反対の理由書が付されている。その全ての法案につき、有権者は投票所で賛否を投票するわけである。しかし、「いくつかの法案の複雑性と回りくどさを考えれば、自分が何について投票しているのか知っている人がいるというのは、驚きである」。そもそも、各投票者が自分の利害に直接関わらない法案について情報を得ようとするインセンティブは非常に小さい。ましてや「長く、複雑で、技術的で、不注意な言い回しで、あいまい」な提案について、きちんと理解しようとする人がどれだけいるのだろうか。また、そのような提案にあえて投票する人は、特定の階層に偏って存在しているのではないか。しかも、イエスかノーかの選択はしばしば問題を過度に単純化するものであり、その単純化が資金を持つ一握りの人々によって決定されることが多いとすれば、彼らによる「アジェンダ操作」の危険が増大する。(2)

それでも人民意思が多数決で決められれば、それを尊重しなければならないのだろうか。ここでユールは、アメリカ合衆国憲法は決して「単純な多数決主義」をとっているのではないということを、『ザ・フェデラリスト』におけるマディソンの有名な一節を手掛かりに証明しようとする。その第一〇編でマディソンは、党派（faction）の弊害とその除去の方策について論じている。利益・感情において対立する様々の集団へと社会が分裂させられるのは、人間本性上やむをえない。問題は、そのような党派が多数を占め、「公共善と他の市民の権利のいずれをも、その圧倒的な激情（passion）や私益の犠牲にする」ことをどう防ぐかである。「純粋な民主政」――マディソンが想定するのは、少数の市民が全員集会し統治するというもの――にはそれへの防御装置はない。それに対し、「代表という制度をもつ」「共和政」こそ望ましい。なぜなら、選ばれた「賢明な」市民たちによって世論が「洗練され、かつその視野が広げられ」、「自国の真の利益を最も良く認識しうる」からである。そして、この代表者の賢明さを確保するためには、より多数の市民が代表選出に参加する大きな共和国の方が望ましい。その方が、同一の党派が多数を形成することは困難になり、それにとらわれない代表者を選ぶことができるからである。そして実際、連邦の統治機構には多数決主義を慎重に抑制する設計がほどこされている。これをユールは多数者意思へのフィルターと呼んで重視する。その主要なものは代表のフィルターと権力分立のフィルターである。(3)

しかし、これは直接には連邦政府の話である。州の政体については連邦憲法は何もいっていないのであろうか。ここでユールは、「合衆国は、この連邦のすべての州に共和政体を保障する」という、連邦憲法第四条第四節のいわゆる「共和政体条項」を引き合いに出す。もちろん、この条項は州が連邦と全く同じ統治制度を持つべきことを要求するわけではないが、しかし共和政体の中核は守られなければならない。そのなかには、君主制でもないが純粋な民主政でもない、代表による統治という原理が含まれる[4]。

ユールは、このような代表観は決してエリート主義として片づけられるべきではないとする。代表のフィルターは「熟議や議論を促進する機会」を増大させる。これは、人の能力というより、多様な考えを持った同僚議員と日常的に交流し議論するという制度的配置によるところが大きく、これにより公共善に接近することが可能になる。これに対しイニシアティブでは、各有権者が自分とは別の意見と接触する機会が乏しい。おこなわれるキャンペーンも問題を過度に単純化したものである。さらに「最も重要なことは、投票者は自分たちの決定を投票ブースのプライバシーのなかで登録するということである。彼らは、自分たちの選好や偏見について他の人々に責任を負わない」。また、このような熟議の民主政観に立たないとしても、やはり議会立法とイニシアティブには違いがある。前者では同僚たちが継続的に決定をおこなっていくため、孤立した決定の集積では生じないトレード・オフや協力が生じる。特に、議会審議の過程は委員会や公聴会など多くの段階を経るから、議案を成立させるまでには多大な「バーゲニング」が必要となる。このようなメカニズムによって、少数派も自分たちの意見をある程度政治プロセスに反映させることが可能となる。これに対し、孤立した決定の集積であるイニシアティブでは、「連立プロセスはワークしない」。議論のための構造化されたプロセスは存在せず、それぞれの問題についての多数派の選好がダイレクトに示され、勝者と敗者が明示される。フェデラリストの民主政観がプリュラリズムか共和主義かについては議論があるが、これはプリュラリズムが描く民主政像にも反する。もちろん、議会による立法でもマイノリティを差別してしまうことはあり、そのためのセーフティネットとして司法審査が用意されている。しかし、直接立法にはそもそもこのようなフィルターが存在しないのであり、その危険性は「構造的」なのである[5]。

このような論理からすると、イニシアティブについては、それへの唯一可能なフィルターとしての司法審査の出番が議会立法の場合よりも多くてしかるべきだという結論が導かれるのは、むしろ自然であろう。イニシアティブが構造的に、まさに憲法の父たちが避けようとした多数党派の剝き出しの意思を表明する危険を持っているとすれば、その結果として制定された法律・州憲法にも連邦憲法上の嫌疑をもって接するべきだということになる。ユールは具体的には、差別立法の違憲性を示すために通常必要とされている差別目的の証明を、イニシアティブ立法の場合には不要とすべきではないかなどという提案をなしている。(6)

2　共和政体条項と直接民主政

このユールの論文は多大な反響を生み、今日アメリカで憲法学の観点から直接立法について論じる際の基本文献としての地位を占めているといっても過言ではない。ただし、州のイニシアティブと連邦憲法の共和政体保障条項とが齟齬をきたすのかについては、連邦最高裁判所としては一応決着をつけていることには注意しておくべきであろう。すでにイニシアティブが西部諸州に広まり始めた二〇世紀初頭に連邦最高裁は、州によるイニシアティブの使用が共和政体条項に違反するかどうかを「政治的問題」だとして司法審査の対象から除外したのである（Pacific States Telephone & Telegraph Co. v. Oregon, 223 U.S. 118 (1912)）。もちろん、これはそもそも審査をしないということなのだから、合憲であると連邦最高裁が認めたわけではない。ユールは、少なくとも直接立法自体の違憲ではなく、それが議会立法と比べて憲法上疑わしいという前提で審査に臨むことまで本判決が排除しているわけではないと主張する。(7)これに対し、ユール論文の趣旨を徹底させて、州のイニシアティブを違憲と断定する論稿もあらわれはじめている。(8)また、この問題でユールと並んで論陣を張っているハンス・ラインドは、共和政体条項のねらいからして、イニシアティブ全てではなくとも「激情（passion）」によるそれはカテゴリカルに違憲となるとし、裁判所がその区別をなすことは可能なはずだと主張する。ラインドはまた、そのようなイニシアティブは投票よりも前に違憲として投票用紙から除くべきだとする。人々に直接賛否を訴える感情的なキャンペーン自体が、マイノリティを傷つけるからである。例えば、反同性愛法における敵対的激情は明らかであり、「あなたは同性愛に賛成なのか反対なのか」という単純化された二者択一を人々に強いた上で、「多数者はお前たちを敵視している」ということを明示することこそ、発議者の目的である。そもそもこの法案は投票にかけられるべきではなかったのである。(9)

これに対しては、共和政体条項は人民主権と多数決主義を意味するのみであって、代表による立法を要請するものではないというアキル・リード・アマーの反論がある。彼によれば、この条項を反直接民主政のために使おうとする者は、その「中心的意味を裏切」っている。(10)このアマーの解釈にはさらに反論もあるが、(11)ここでは憲法条文の解釈自体を議論の対象とするわけではないので、深入りは避ける。フランク・マイケルマンは、ユールがマディソンによりつつ純粋な民主政と共和政を区別し、イニシアティブは後者に適合的でないと論じているのに対し、そのような迂回路は不要であり、そもそもイニシアティブは規範的に望ましい「民主政」とはいえないのだとしている。共同体が決定をおこなう際には、それが構成員個人個人の積極的自由の結果として、自分たちの決定であると理解されるものでなければならない。それにより、たとえ個々の決定が敗者を生むものであっても、「全員」による自己統治が可能となるのである。そしてそのためには、立法は多様な人々の参加を許し彼らを結びつける一定の法的な手続にしたがっておこなわれる必要がある。イニシアティブにはこのような法的構造が欠けているゆえに、それは決して「純粋な民主政」などではないのである。(12)このように、連邦憲法と関連づけるには共和政体条項に引っかけるしかないという条文上の制約を除いて考えれば、問題の核心はまさに民主政をどのように考えるのか、イニシアティブをあるべき民主政と見なすのかというところに存在するといいなおしてもよかろうと思われる。

3　イニシアティブ懐疑論への批判

まさにユールらのイニシアティブ懐疑論に対する反論の力点は、イニシアティブが健全な民主政として機能しているということを示すことに置かれている。彼らにとっては、ユールらの議論はイニシアティブについてはその欠点を並びたてる一方、議会を現実離れした理想的機関として描いており、フェアではない。多くの議員もまた、自分に関心のない法案についてはほとんど知識などなく、ただ党のリーダーや支持してくれる圧力団体にいわれるままに賛成したり反対したりしているだけである。金銭の偏在の影響は議員の選挙でも重大であるし、選挙を考えれば議員は有権者の決して理性的とはいえない感情に配慮せざるをえない。議員にとって、公共善に沿った法律をつくることと、再選可能性を高めるために選挙区の多数者の支持を得る活動をおこなうことと、どちらが大事かは一目瞭然である。偏見に抗してマイノリティが議会で交渉力を発揮できる保障もない。実際、議会でもイニシアティブに負けず劣らず各種の差別的立法はおこなわれてきた。これは、議会であれイニシアティブであれ結局は多数決でものごとを決める以上、やむを得ない結果であり、いずれにせよ憲法上の権利が侵されているのであれば、裁判所が無効としてくれるはずである。

他方で、イニシアティブ懐疑論者はそれが代表民主政に今にもとってかわりそうに描いているが、これは誇張である。立法数からいっても、議会立法の数の方がイニシアティブによるものよりも圧倒的に多い。今日でもイニシアティブは代表民主政への矯正装置としての役割にとどまっており、そのようなものとして適正に機能している。特殊利益集団にとっては、限られた人数の議員たちへのロビー活動の方が効果的であることには変わりなく、議会で取り上げてもらえない人々の声をイニシアティブによって公にする機能は今日でも重要である。キャンペーンが感情的で意図的なごまかしを含んだものになるというが、それは政治的言論に多かれ少なかれつきものであり、それによってイニシアティブの結果が議会立法より特に劣ったものとなるとはいえない。投票者はいわれるほど愚かではないし、自分が理解できない法案にはノーをいう傾向にある(13)。

4 理論的問題性の検討

しかし、イニシアティブは使われすぎではないという反論に対しては、それによる頻繁すぎる、しかも論争的な問題を含む憲法修正が特に問題であるという再反論が可能だろうし、またやはりイニシアティブによる方が差別的立法が成立する可能性が経験的に高い、といった再反論もなされている(14)。ユールが、自ら「直観に反する」と認める結論を不可避とし、これが多大な反響を呼んでいるという事態が、今やイニシアティブが度をこえて使われており、共同体にとって悪影響をおよぼしているのではないかとの懸念がかなり広まっていることを示しているといえよう。また、反論者は議員が一般の有権者よりも優れているわけではないと主張する。しかし、もともとユール自身、議員が優れているから議会は安全だなどといっていたわけではない。そのような想定は、今日では規範的にも維持することはできまい。問題は、議会という制度が立法に際して持ちうる作用であり、また二者択一を有権者にあまりにしばしば強制する制度が共同体全体に対して持ちうる作用である。結局多数決で決するのは同じであるとしても、マイケルマンの表現を借りれば、その前に人々を「結びつける」機会がどれだけ存在するかは、やはり決定の質に影響を与えるのではなかろうか。

まず、イニシアティブにおいては署名の発議がなされた段階で法案の内容が固定されてしまう。もちろん、まず投票にかけるために必要な署名を集められないといけないが、豊富な資金を持つ者にとってこのハードルが非常に低くなったことが、今日の問題の根幹に存在する。とはいえ憲法修正や法律として成立するにはさらに投票で過半数の賛成を得られなければならないから、それを見越してあまり過激な内容にはしないという誘因も存在するが(15)、しかし大々的なキャンペーンをおこなって政治的議論の方向を規定すること自体が組織的なイニシアティブの主要な目的でもあった。また、いずれにせよそこで働くのは人々の支持分布についての発議者だけの「読み」にとどまり、実際に広い議論を経て案が作成されるわけではない。こうして、圧倒的多数の州民にとっては、イニシアティブの提案は見知らぬ人が勝手に作成したものにすぎないが、それに修正を許さないかたちでイエスかノーかをいわなければならないのである。確かに政治に戦略的キャンペーンはつきものであるが、提案に対し修正可能性が存在する上での議論とそうでない議論とではその内容の豊かさに質的に違いが生じるといえるのではないか。後者においては、いったん必要な署名が集まったら、後は勝つか負けるかしかないのだから――しかも、そのステークスは公権力の発動を規律する法という非常に高いものである――、合理的理由によってであれ妥協によってであれ、意見の対立する相手と合意に達しようとするインセンティブは全く欠けている。特に、強い選好対立の存在する問題について人々にとにかく賛成か反対かと問いかけ、立法というかたちでそれを確定することは、共同体の分裂をより強める恐れが強い。イニシアティブは「構造的に我々を分裂させ、討議をくじき、プロセスよりも結果を強調する」ものだという指摘[16]、その結果として多元的な価値観が共存していく必要のある政治体で多数者のむきだしの感情表明を許してしまい、マイノリティを傷つけるという指摘[17]は、このような懸念の表明である。

既述のように、多くの論者はまた、イニシアティブの多数決が秘密投票でおこなわれるということに大きな問題性を認めている。投票者は自らの選択について誰に対しても責任を負わず、理由を説明する必要もない。このようなイニシアティブの増加によって、重要な政治問題でも自分とは異なった意見に耳を貸さずにどんどん決着をつけることができるようになりつつあることを、ある論者は「公共圏の私化」と指摘している。確かに、議員も法案について知っていることは少なく、また自らの選択の理由の説明でも私的利益を隠すことは簡単である。しかし重要なのは、議会は「熟議による責任を負う制度」という建前からして、意見が闘われそこから創造的解決が可能となりうるようなフォーラムとして機能することである。公共の関心の下に多様な意見が開陳されれば、決定に際してそれらを少なくとも考慮しなければならない。つまり、議員は議論および決定に際して公開の場で自らの態度を示し、それについて一般公衆に向かって説明するよう迫られるのである。そこでは、無関心な態度をとることや、あるいは露骨に特定集団に有利な説明をすることを許さない政治力学が働く(18)。ラインドによれば、政治的共同体を規律する立法とは、「行為者の私的な自己利益を超える何らかの公益に資する行為を擁護するという義務を受け入れることによって正当化される、公的な行為」であるべきである。これは政治過程での私益の追求を禁止しているわけではない。問題は、相対立する諸利益の集計が「集合的な結果について責任を負う、説明責任を負った制度」によっておこなわれなければならないということであり、「投票ブースのプライバシー」での決定にはこの要素が欠けているということなのである(19)。

5　秘密投票での決着とその正当性条件

このような主張は、決して市民の政治的能力を軽視するものではない。表現の自由は民主的な政治体の意思形成にとって決定的に重要である。しかし、それは自由であるがゆえに、私的な意見にとどまることができるし、何もいわなくても全くかまわない。まさにこの点に、民意が自由から発生することの意義が存在する。逆にだからこそ、この自由の行使が何の媒介もなく共同体全体を拘束する法的決定となることはない。それを象徴的に示すのが、投票ブースのプライバシーであろう。今日では、投票権者に公開の場で「自由に決めてください」といって選挙の投票をさせることは、自由な言論とも自由な投票ともみなされていないのである。歴史的に、公開投票は投票の自由を害するとして廃止されてきた。だが、責任ある決定をおこなうためには投票が公開されている必要があると考えられていたのは、そう遠い昔の話ではない(20)。選挙権が完全に普遍化すること、つまり国家的・社会的圧力に抗してそうした責任を負いえない人々が大量に選挙権者となることにより、公開による利益よりも非公開にすることにより決定の自由を守る利益の方が大きいという判断が一般化したのである。しかし、秘密投票とは非常に人為的な制度である。例えば集会での議論の後そのまま挙手で決着をつけるというのと比較すれば、それが投票前の議論と投票とを切断する効果を持つことは明らかであろう。

また、イニシアティブにおいて提案を修正することができないのも、つまりは自由な言論だけでは修正という決定をなすこともできないことによる。修正するにはそのための制度が必要となるのだが、あまりにそのような制度が細かくつくられることは、今度は自由な言論空間という公共の基本的性格に影響をおよぼすことになろう。具体的な修正をにらんだ戦略的な言論活動が支配的となることは、公共圏の権力化を導き民主政の基本的正当性に触れる恐れがある。決定圧力の常態化は決して望ましい事態ではない。

今日有権者一人一人が自らの選択について、議論をふまえて公共の場でそれを正当化することの強制が存在しないことには、こうして必然的な理由がある。しかし、こうして投票がいかなる責任も負わない行為となっている以上、この秘密投票による決定があまり頻繁に用いられることは、必然的に共同体にとって弊害ももたらしうる。理由の示されないまま個別事例ごとの私益の集積によって公的な決定がなされていくという事態は、世論形成に本来必要な人々の表現活動による「結びつき」を減殺してしまう。この事情は、民主政をプリュラリズム的にとらえる場合であっても同じであり、むしろ自己利益のストレートな追及を是認するプリュラリズムこそ、自らの正当性のためには政治過程が諸利益の公正な妥協をうながすように制度化されていることをより強く求めるはずである。イニシアティブでは、個別問題ごとの賛成と反対がキャンペーンされるだけであり、そこには構造化されたバザールの過程が存在しない。その結果はまさにマディソンが避けようとした多数者の専制に近づいてしまうのではないか。ここでは、本書第三章の場面とは異なり、議論の場そのものの維持が問題になっているのだといえる。逆に、そのような構造が存在すれば、そこで公開の下でおこなわれる議論は、自己正当化のためにはたとえ表面的ではあっても公益を標榜せずにはいられないはずであり、これにより政治的決定の共同体全体との結びつきをある程度は確保することができる。[21]

代表民主政は、有権者による秘密投票での決定を議員選出に限定し、具体的な法律などの決定は、決定圧力から逃れた市民の自由な批判にさらされながら、人為的なフォーラムにおいて議員が説明責任を負いつつおこなうというかたちで、自由と決定の緊張を解決しようとしたものだといえるだろう。有権者が愚かだから決定させないのではない。上からの強制ではない民意の自主的かつ反省的な形成のためにこそ、決定圧力から逃れた自由な言論空間が必要となるのであり、拘束的決定を原則としてそれとは別の、しかしそこから影響を与えられるような公開の装置に委ねることに意義が認められるのである。

このように述べることはしかし、純粋な代表民主政が望ましい体制だという結論を必然的に導くわけではない。実際、現在の西部諸州におけるイニシアティブの使用状況について批判的な諸論稿のなかでも、その完全な廃止を求めるのはごく少数であり、批判はそれがあまりにも安易に使われすぎていることに向けられているのである。議会への矯正装置としての直接民主政の価値がまるごと否定されているわけではない。このような観点から、「悪魔は細部に宿っている」としてイニシアティブ手続きの具体的な改革が提唱されつつある。この努力に対し既述の連邦最高裁判決が一定の障害となることは否定できないが、それを前提としても、原案に対する議会や行政府によるヒアリングおよびそのなかでの修正要求、公式パンフレットをできるだけ見やすくする改革、ボランティアのみによる署名運動の優遇、法案の字数制限など多くのアイデアが提示されている。[22]

第四章第三節の注

(1)　Derrick A. Bell, The Referendum: Democracy's Barrier to Racial Equality, 54 *Wash. L. Rev.* 1, 13-22 (1978).

（2）Julian N. Eule, Judicial Review of Direct Democracy, 99 *Yale L. J*. 1503, 1508-1521（1990）. *See also Id*., Representative Government: The People's Choice, 67 *Chi.-Kent L. Rev*. 777 (1991). ユールの議論については、福井康佐「国民審査の研究」法学論集（学習院大学）三号一頁、三一—三三頁、四八—五四頁も参照。ユールによる直接立法の分類と、それぞれのカテゴリーについてユールが検討した具体的な直接立法の司法審査事例が紹介されていて有益である。ただし、そこではなぜユールが直接立法にフィルターが必要だと考えているのか、その憲法上の理由づけの箇所が紹介されていない。また、ユール論文の主たる対象は直接立法のなかでもイニシアティブであるので、本章では彼の分類論は扱っていない。

（3）Eule, *supra* note 2（*Judicial Review of*……), at 1522-1530.

（4）*Id*., at 1539-1542.

（5）*Id*., at 1526-1527, 1549-1558.

（6）*Id*., at 1558-1573.

（7）*Id*., at 1542-1545.

（8）Catherine A. Rogers and David L. Faigman, "And to the Republic for Which It Stands", 23 *Hastings Const. L.Q*. 1057（1996）; Douglas H. Hsiao, Invisible Cities, 41 *Duke L.J*. 1267（1992）. ユール論文以前のものとして、Cynthia L. Fountaine, Lousy Lawmaking, 61 *S. Cal. L. Rev*. 733（1988）もある。

（9）Hans A. Linde, When Initiative Lawmaking Is Not "Republican Government", 72 *Or. L. Rev*. 19（1993）; *Id*., Who Is Responsible for Republican Government?, 65 *U. Colo. L. Rev*. 709（1994）.

（10）Akhil Reed Amar, The Central Meaning of Republican Government, 65 *U. Colo. L. Rev*. 749（1994）. アマーの多数決主義的憲法論については、阪口正二郎『立憲主義と民主主義』二七九—二八四頁（二〇〇一）。また、少なくともこの条項から、憲法制定者たちが州の直接民主政を意図的に拒んだというような結論は導けないとするものとして、Clayton P. Gillette, Is Direct Democracy Anti-democratic?, 34 *Willamette L. Rev*. 609, 615-618（1998）.

(11) G. Edward White, Reading the Guarantee Clause, 65 *U. Colo. L. Rev.* 787 (1994).

(12) Frank I. Michelman, "Protecting the People from Themselves," or How Direct Can Democracy Be?, 45 *UCLA L. Rev.* 1717 (1998). ユールは若くして亡くなったようであり、UCLA L. Rev. のこの号は彼の追悼シンポジウムを掲載している。

(13) Richard Briffault, Distrust of Democracy, 63 *Tex. L. Rev.* 1347, 1357-1375 (1985); Lynn A. Baker, Direct Democracy and Discrimination, 67 *Chi.-Kent L. Rev.* 707, 715-52 (1991); Robin Charlow, Judicial Review, Equal Protection and the Problem with Plebiscites, 79 *Cornell L. Rev.* 527, 579-625 (1994); Thomas E. Cronin, *Direct Democracy* 196-232 (1989); Gillette, *supra* note 10, at 620-635.

(14) Barbara S. Gamble, Putting Civil Rights to a Popular Vote, 41 *Am. J. Pol. Sci.* 245 (1997). 本論文によれば、直接民主政が代表民主政と同程度にマイノリティを保護しているという主張「ほどの誤りはほとんどない」。「記録は、アメリカの投票者は既存の市民的権利の保護を進んで撤回し、選出された代表が新たなそれを可決するのを禁じる法を熱狂的に制定していることを示している」。*See also* Sylvia R. Lazos Vargas, Judicial Review of Initiatives and Referendums in Which Majorities Vote on Minorities' Democratic Citizenship, 60 *Ohio St. L. Rev.* 399, 424-474 (1999).

(15) Gillette, *supra* note 10, at 635.

(16) Eric Lane, Men Are Not Angels, 34 *Willamette L. Rev.* 579, 590 (1998); Emily Calhoun, Initiative Petition Reforms and the First Amendment, 66 *U. Colo. L. Rev.* 129, 135 (1995).

(17) Lazos Vargas, *supra* note 14, at 513-516.

(18) Philip P. Frickey, The Communion of Strangers, 34 *Willamette L. Rev.* 421, 441-446 (1998); Lane, *supra* note 16, at 591-600; Calhoun, *supra* note 16, at 136-138.

(19) Hans A. Linde, Practicing Theory: The Forgotten Law of Initiative Lawmaking, 45 *UCLA L. Rev.* 1735, 1759

(1998).
(20) 有名なものとして、ミルの公開投票制擁護論がある。J・S・ミル（水田洋訳）『代議制統治論』十章（岩波文庫版、一九九七）を参照。
(21) 代表民主政がプリュラリズムと共和主義を結びつける役割を果たす点に注目する論文として、*see* Sherman J. Clark, A Populist Critique of Direct Democracy, 112 *Harv. L. Rev.* 434, esp. 475-478 (1998).
(22) Richard B. Collins and Dale Oesterle, Structuring the Ballot Initiative, 66 *U. Colo. L. Rev.* 47, 64-126 (1995); Arne R. Leonard, In Search of Deliberative Initiative, 69 *Temp. L. Rev.* 1203, 1224-1238 (1996); Elizabeth Garett, Money, Agenda Setting, and Direct Democracy, 77 *Tex. L. Rev.* 1845, 1873-1890 (1999).

四 「人民」への訴えとカール・シュミット

1 「解放」の手段としての直接民主政？

このような改革は、連邦最高裁の考えとは異なって、イニシアティブは代表民主政に対する矯正装置としての役割にとどまるべきであり、そのために適切な制度設計をすることは州政府に許されているという基本的思考によってなされているといえる。本章の論述も基本的にこの立場を支持するものであるが、しかしこれに対しては、一般州民による決定権を原則的に認めないというこのような民主政観は、やはり主権者であるはずの人民の力を過少評価し、そこから権力を取り上げるイデオロギーというべきだという批判がありうるであろう。この点で興味深いのは、アメリカでイニシアティブ懐疑論の民主政観に対する批判を正面からおこなっているのは、保守派というよりもむしろ、通常のリベラル派よりも左に位置する、批判法学派だということである。マーク・タシュネットは「熟議のいったい何がそんなにいいのか？」と挑発的に問うた上で、熟議をおこなえるのは社会のなかで比較的力を持った階層であり、「非合理的あるいは『感情的』」な政治的主張を過小評価することは社会における権力ヒエラルヒーの維持につながるという。政治の場面で「激情」の発露を抑えようということ自体、現状維持のための一つのイデオロギーなのである。(1) さらに別の論者は、ウォーレン・コートが遠く去った今日、社会改革のためには人民の動員こそが求められているのだとした上で、このような運動のエネルギーはもちろん反動的にも用いられうるが、その危険を承知した上でなお「アメリカ社会において劇的な変化が可能であるということの最も希望に満ちたサイン」としての「激情と集団闘争」にこそ賭けるべきであると述べる。「手続的討議は、それ自体が人間の解放への障害物である(2)」。

このような議論の背景には、近年のアメリカの左派内部での違憲審査制と民主政の関係についての問いなおしが存在する。(3) 実際、激しい抵抗運動が展開されたはずの一九六〇年代から七〇年代初頭は、同時にイニシアティブ運動が最も沈静化していた時期でもあった。(4) 従来リベラル派の中心的戦略は裁判所による人権救済の拡大であり、人民への訴えかけは意図的に避けられてきた。論者によってはイニシアティブの激増は行き過ぎた裁判官統治への反動なのだと述べるほどである。(5) その意味で、イニシアティブによる立法に対して裁判所が懐疑的に臨むべきだというユールらの主張は、従来のアメリカ法学のメインストリームの延長上にある。しかしその結果、「人民」のシンボルは保守派のものとなった。はたして従来の戦略が成功だったのか、イニシアティブの激増に対してまたも――あるべき民主政像を描いていただくというかたちで――裁判所に頼るべきなのか、むしろ左派もまた「人民」へと直接訴えるべきときが来ているのではないかという意識が、このような根本的問題提起を求めているのであろう。

2　カール・シュミット再読

このような民主政観は、容易にカール・シュミットの「実質的同質性」に基づく民主政、「喝采」によって自らの一体的意思を表明する「人民」という像を想起させる。むろんシュミットは、公然と現存する「人民」の「喝采」による意思表示という彼にとって本来的に「民主」的な政治フォルムと、ワイマール憲法で認められた秘密投票による直接立法を区別し、後者を本来的に自由主義的な制度であるとしていた。それゆえにこそ、彼は民主政を「現代的な種類の喝采」としての「公論の支配」――理念的にいっても直接立法による支配ではなく――と述べたのである。(6)とはいえ、シュミットも国民投票がこの「公論」の発現として機能することがあることを認めている。タシュネットらの主張は、直接立法が間接民主政よりも人民の「喝采」の表明に適しているとの理解に立った上で、まさにその点にこの制度の長所を見出すものだといえよう。しかしながら、このような民主政観には、やはり重大な懸念を表明しておくべきである。そこには、民主政を、人々を結びつけるよりよい法により共同体を運営していくプロセスとしてとらえる視点が欠如している。今日の多元的社会において人民の一体的意思が一挙に形成されると想定することは全く非現実的であるにもかかわらず、このような思考は、終極的に立法化される意思がどのようにして形成されたかの分析を拒絶してしまう。あたかも最初から「人民意思」が存在しているかのような擬制は、右であれ左であれそれと一致しない考えを民主的正当性をもたない意見として排除する危険を本来的に持つことになる。そうではなく、まさに議論をふまえた決定というプロセスこそ、法が共同体全体を拘束するだけの正当性を得るために不可欠なのであり、あまりに簡単な直接立法に何かが欠けているという直観の根源に存するのもこの配慮であろう。

シュミット自身は、実はワイマール憲法の直接立法制度について詳しく分析した論文のなかでは、集会する人民がたちどころに同一の意思で「喝采」すると述べているわけではなく、その集会での議論の意義を認めている。むしろ、この議論とそれをふまえた議決の可能性が、秘密投票による国民投票との重大な相違点として挙げられているのである。集会での議決と秘密投票との違いは「主に、合議体の内部では審議がなされ、提案への議決が共同の審議とそれゆえまた共同での決定の結果である点に存する」。これに対して、一定数の署名を集めた提案に対する秘密投票での賛否の表明という制度は、審議の過程を含んでいないため提案への「人民」のコントロールが不可能であり、ただ与えられた案に賛成か反対か答えることができるだけである。この限界は重大である。「今日の秘密個別投票という方法によっては、まさに公共の審議や議論が公式の手続きから排除され、法的に把握でき社会的にコントロールできる手続きの外部の、私人によって運営され支配されているプレスのプロパガンダやアジテーションの場へと移されてしまうのである(7)」。

だが周知の通りシュミットは、ワイマール期において「公共の審議や議論」を「公式の手続き」化する機関として議会を位置づけることもまた自覚的に拒否し、むしろやはり指導者に対して合理的分析を許さぬかたちで沸き起こる「現代的な種類の喝采」としての「公論」に民主政の土台を見出すことになった。今日の国家における人民全体の集会での議論を想像できなかったシュミットは、結局この議論を省いても一般意思は出現すると期待することによって自らの理論を維持することになったのである。確かに、今日の国民国家において大規模な有権者集会を催すことに意味があると想定することはできない。しかしこれは、事実上不可能ということだけではなく、公共での議論を「公式の手続き」に吸収してしまうことが、その自由権としての側面を侵害する危険が大きいからである。シュミットは基本権を孤立した個人の前国家的自由としてとらえており、表現の自由など人と人とを結びつける自由(この権利の性格づけ自体は卓越したものである)が政治的性格を有するや否や、それは純粋な基本権たることをやめるとしている(8)。この点にこそ表現の自由の価値があると考えることは、シュミット的理解の対局に位置するが、逆にだからこそ「プロパガンダやアジテーション」もまた原則的には自由の行使として容認しつつ、なお合理的立法の手続きを模索するという困難な課題が課せられることになる。まさにここから、自由権の行使とリンクしつつも、審議と決定を公式に、公開責任を負っておこなう機関が必要だとの帰結が導けるのではないか。このように考えれば、実はシュミットからも、議会外の議論を基盤にしつつ、それを議会内での審議・決定とどのように結びつけていくかが民主政論の基本的課題であることが示唆されるのではないかとも思われる。またそこから、直接立法が国民「共同」の営みとなるための条件への示唆を見出すこともできよう。

第四章第四節の注

（1）Mark Tushnet, Fear of Voting, 1996 *Ann. Surv. Am. L.* 373, 382-383. タシュネットは最近、裁判所の違憲審査権を全く否定するというラディカルな提唱をおこなうにいたっている。Mark Tushnet, *Taking the Constitution Away from the Courts* (1999).

（2）Kimberlé Crenshaw and Gary Peller, The Contradictions of Mainstream Constitutional Theory, 45 *UCLA L. Rev.* 1683, 1714-1715 (1998).

（3）この問題については全般的に、阪口正二郎『立憲主義と民主主義』（二〇〇一）が大変参考になる。

（4）*See* David B. Magleby, Let the Voters Decide?, 66 *U. Colo. L. Rev.* 13, 26-28 (1995).

（5）Richard Collins, Initiative Enigmas, 65 *U. Colo. L. Rev.* 807, 813 (1994).

（6）Carl Schmitt, *Verfassungslehre* (1928), S. 238-252.〔カール・シュミット（尾吹善人訳）『憲法理論』二九四—三一一頁（一九七二）〕。

（7）Carl Schmitt, *Volksentscheid und Volksbegehren* (1927), S. 31-38.

（8）Schmitt（Anm. 6), S. 164-170.〔二〇四—二一二頁〕。

五　自由かつ力ある公共は可能か

1　なにが問題か

直接民主政に対しては、人々がいつでも自宅で機械により投票し、中枢でそれを集計して結果を確定するというカール・シュミットも述べた寓話が、批判的に語られることがしばしばである(1)。今日のテクノロジーによって、これは十分実現可能な制度となっているはずであるが、ではこのような「民主政」の一体何がいけないのかと正面から問えば、それに対して明確な回答を与えることは決して簡単ではない。有権者各人が具体的問題に対して選択をなし、その多数決ですべてを決着させることが技術的に非常に簡単になれば、各人にとっての負担も微々たるものであるし――双方向通信によって、番組間のテレビコマーシャルの間に十本程度の法案の採決をおこなうことは容易であろう。毎週何曜日かの一定時間を投票時間と決めておいてもよい。もちろん、携帯端末も利用可能である――国民から遊離した代表者に立法をまかせるよりもこちらの方がよほど「民主的」なのではないか。この点、シュミットは秘密投票だからいけないという文脈でこの問題を持ち出しているから、彼としては論理を一貫することができる。つまり、公然と集い声をあげる民衆の「喝采」による政治こそ「民主政」なのだから、こんな「直接」民主政は悪い冗談にすぎない。しかし、今日の寓話批判者はこのシュミットの民主政観を引き継いでいるのだろうか。

この「直接民主政」モデルの最大の問題は、むしろそれが民主政と表現の自由との結びつきへの注目を欠いているということにある。そして、日本の学説でも二重の基準論においてこの論点が必ず持ち出されるにもかかわらず、そのことが民主政論にどのようなインパクトを与えるかということについてはあまり議論がなされてこなかったように思われる。つまり、民主政が自由な意思形成過程の保障を含むということは、その過程が共同体全体の意思決定——通常、民主的決定とは多数決を指す——とどのように関連すべきかという問題を当然提起するはずではなかろうか。この問題意識は、個人個人をアメリカの革新主義が前提していたような善良な人間として想定し、その直接の意思表明で共同体を運営できると考える理解からは生まれない。だからこそこの理解にたてば、イニシアティブがどれだけ多くなろうと特に問題は生じないという姿勢をとることができる。しかし、実際にそこで生じてきたのは、有権者は自分の知らないうちに提案された大量の法案について、大部分については全く情報を持たずに、そして少数の問題についてはイエスかノーかという枠をはめられた感情的議論にさらされて、イエスかノーかを決定し、その集計が憲法となるという事態であった。今日において、大量の立法に必要なだけの政治的情報を孤立した個人個人が処理することは不可能であるとすれば、善良な一般市民という想定は、現実の政治過程をリードしている勢力が自己を正当化するためのイデオロギーとして使われているということができよう。

また、このような政治像は、悪く描かれるときのルソー流全体主義的直接民主政の正当化根拠ともなろう。個別の人々は善良なはずであるから、コミュニケーションなどなくとも、正しい見解に到達できる。コミュニケーションによって人々が結びつくことは、むしろ特殊利益の表明として忌避される。少数派にとって、こうして政治問題が自分たちの意見を真剣に考慮するというポーズすら見せることなく、どんどん提案され可決されていくという過程が、自分たちを疎外するものと受けとめられるのも必然的である。より根本的に、今日の多元的社会において、このように個人の能力に負荷をかけて政治制度を維持しようとすることには、当然無理がともない、少数派の人々への抑圧が避けられなくなろう。

2　公共での議論と決定プロセスの結びつけの問題

これに対し、公開の議論と決定というプロセスを民主政にとって不可欠のものだと考えるとしても、両者をどのように結びつけるかには議論がありうる。今日でも例えばフーベルトゥス・ブッフシュタインは、「熟議の民主政」の観点に基づいて秘密投票制度に正面から疑問を投げかけている。彼は、投票者が選択に際して公開圧力の下で反省をおこなうことによってこそ公共善に沿った結果が生じるはずだとして、「熟議の民主政モデルの想定を真剣に受けとめれば、必然的に公開選挙・投票の規範的優位が導かれる」と述べる。だが、この主張の致命的欠陥は、彼が熟議の民主政モデルにおいては「選挙行為が討議的意見形成と関連させられることによって、意思形成と決定確定は意識的に分離されないことになる」と述べる点に存在する。[2] 討議的意見形成は、できる限り各参加者が制約なく意見を論じあうことを求める。そのような自由な意見交換から生まれた世論こそ、民主的正当性をもつからである。むろん制度化されていない公共は、言論の説得力以外の要素の影響力を決して完全に排除することはできない。だがそれをできるだけ少なくするために、その過程が公的な決定装置とは切り離されている必要がある。多数派工作が公共の過程を支配しないためといいかえてもよかろう。この切り離しのために秘密投票が必要なのである。また投票の際に最大となる社会的圧力から公共での議論の影響力を守るためにも、そこでの秘密が要請される。

また、政治的な自由の保障された国における民意の必然的曖昧さ、分裂を指摘して、代表者による討議を通じて初めて国民意思は形成されると説く見解がある。[3] この見解は基本的に妥当と思われるが、代表者の集まりたる議会においても、むしろ代表民主政においてはここでこそ、審議と決定の緊張が最も明確にあらわれることへの留意が十分かは不明確である。一方で議会は「討論の府」だといわれ（だからこそ例えば日本の国会議員には免責特権がある）、与野党対決法案の議決については常に野党から「審議が尽くされていない」という批判がなされる。しかしもちろん、いつまでやったら「審議が尽くされる」のかは全く不明であり、議会は立法権者、つまり法律（および予算など）を確定する機関でもあるのだから、いつまでも議論しているわけにはいかない。与党からすれば多数決による決定を阻害する者は議会制民主主義を破壊しているということになる。しかし、与党が極端に少ない審議しかせずに多数決で法案を押し通そうとすることまで、「多数決が国会のルールだ」といって正当化することは、今度は「討論の府」としての議会の性格を破壊することになろう。議会の存在理由は、公共で自由の行使としておこなわれる言論活動にさらされつつ、多数決での決定に至ることのできるまで集団の意思をまとめあげていくことにある。そのプロセスが公開でおこなわれ、投票に至るまで説明責任が免除されないことが、そこでの議論と議決の共同体関連性を保障しているのである。単なる多数決でどんどん決めていってよいのであれば、議会が準公共空間として制度化されている意味が失われるであろう。決定圧力にさらされているからこそ、議会が民意をくみとり反映するだけの議論を公開の場でおこなうことへの規範的要請は強まる。つまり、公共での自由な言論が法的決定に影響をおよぼすということが、国民に対して示されなければならない。そしてまた、議会での討論が国民の間に論争点を提示し、批評され、つまりは民意形成の核とならなければならない。第二章で示したように、そのような議論の結びつきの後での決定が、初めて憲法の求める「国民意思」の確定という名にふさわしいものとなろう。

既に述べたように、アメリカの西部諸州でのイニシアティブの増大に批判的な論者の多くも、その撤廃までを要求しているわけではなかった。代表機関が立法権を独占するとき、このようなコミュニケーションの結びつきがとだえがちであることへの懸念もまた、無視しえぬものがある。直接民主政的制度は、このような議会の機能を確保するために、代表民主政の補完として用いられる限りで一定の有用性をもとう。まず、行政権の担い手が議会をパスして有権者に法案についての賛否を問うレファレンダムに対しては慎重であるべきだろう。それがプレビシットとして機能することへの危惧は広く共有されているが、(4) その危惧の基礎にあるのは、歴史的経験とともに、国民に対して十分な情報に基づくコミュニケーションの余裕を与えないまま決定を求めることが招きがちな、投票に際しての実質的判断からの逃避——秘密投票はこれを許す——が大々的におこなわれる危険であるといえる。これに対して、イニシアティブには下からの論争をかたちにすることで議会をも動かすという長所があるが、その「かたち」があまりに容易につくられてしまうと、その後の議論がその選択肢に規定されてしまうという重大なマイナスもある。発案の条件を厳しくするとともに、修正も含めた議会の関与を認めるべきであろう。この議会という場における公開の議論により、有権者にも次の投票で一体何が問題として提起されるのか、その情報提供が格段に向上すると思われる。

3 「半直接制」?

ただし、いずれにせよ、日本では国レベルでの法案への直接投票は憲法上認められないとするのが通説であり、私もこの解釈に賛成である。その意味で、以上の論述は国レベルでは理論的な考察にとどまる。日本国憲法において国会が「国の唯一の立法機関である」(第四一条)と定められていることには、多元的な社会における民主政のあり方として一定の積極的意味があることは既に述べてきた通りであり、憲法はその意義を積極的に選択したといえるからである。これに対し、近年憲法が定める民主政の構造を「半直接制」と規定する論稿が増えてきている。確かに憲法は地方特別法についての住民投票(第九五条)や憲法改正についての国民投票(第九六条)の規定を持つから、国民が選挙以外に全く国政上の決定をすることはできないという体制をとっているわけではない。このしくみを「半代表制」ではなく「半直接制」と呼ぶのであれば、それは言葉の定義の問題であって、憲法解釈論として特に問題が生じるわけではない。とはいえ、法律についてのレファレンダムも広範に認めるフランス第五共和制憲法と日本国憲法とを同じカテゴリーに含める概念の有用性に疑問を投げかけることはできよう。だがこの概念を使用する論者は、それにとどまらず、そこから一定の解釈論的帰結を導くのが常である。例えば大石眞は、憲法改正手続を定める法律がいまだ成立せず、国民が直接の意思決定をおこなえない状況が続いていることによって、本来の「半直接制」から「半代表制」への「憲法変遷」が生じているという指摘をおこなっているし、[5] 辻村みよ子も「半直接制」だから法律について諮問的レファレンダムをおこなうことが憲法上認められると述べている。[6]

しかし、このような解釈論は、「半直接制」概念によって憲法条文から離れることを正当化する論理であるように思われる。まず、憲法改正国民投票についての法律がいまだ成立していないのは事実であるが、憲法改正を発議できるのはいずれにせよ日本国憲法上国会のみなのである。国民から発議が可能なのに、その手続きが法定されないために発議権が行使できないというのとは異なる。国会がその気にならなければ、憲法上、国民投票はおこなわれない。そして、国会がその気になれば、つまり衆参両院で総議員の三分の二が賛成するような改正案が通過するのであれば、それよりはるかに簡単な条件で成立する国民投票法も確実に成立しているであろう。現に生じているのは、国会が憲法改正に正式に着手してこなかったというだけのことであり、だとすればまさに日本国憲法の条文上、いつまで待っても国民投票をおこなう機会が訪れないのは当然である。確かに論理的には、国会としては本当は憲法改正をおこないたいのであるが、そうすると国民に投票の機会を与えることになってしまうため、それが嫌であえて改正にふみきらない、ということも考えられる。これであれば、国民の投票機会が奪われているといえなくもない。しかし、日本で実際に憲法改正が発議されてこなかったのは、国会議員の多くが「政治の素人たる国民に投票させるなんて、我々のプライドが許さない」と考えてきたためではなく、衆参両院で三分の二の多数が賛成できる改正案が提案されてこなかったためであろう。だとすれば、国民投票法の不在は「憲法変遷」などという大事では全くない。「半直接制」概念によって、その内部でありうる様々の体制の差異が隠されているにすぎない。日本国憲法の「半直接制」はもともと国会待ちの体制なのである。[7]

同様に、「半直接制」だから法律について諮問型レファレンダムが許されるというのも、適切な論理だとは思われない。日本国憲法の「半直接制」は、あくまで第九五条と第九六条という例外を除いて立法権限を国会に集中させている体制である。それら両条文から通常の立法について国民のできる限りの参加が示唆されるとも到底考えられない。比較憲法的にいえば、第四一条が国会を「唯一の」立法権者とまで規定していることの特異性にこそ目を向けるべきであろう。私見では、この規定は公共での言論活動に最大限の自由を保障するという積極的意義も有する。たとえ諮問的とはいえ、賛成か反対かの二者択一を特定期日におこなうという条件が全有権者に課せられるという状況では、この議論の可能性が大きく制約されるのは明らかである。公共での議論は、決定をにらんでおこなわれる国会での討論をできるだけ説得力あらしめるよう働くべきであろう。また、国会の立法権限を確保するためにも、外部から有権者集団が多数決で一定の意思を示すことには慎重であらねばならない。そのように言論ではなく数として示された意見——秘密投票でおこなわれた投票結果から、「なぜ」その結果が生じたのかを理解することはできない——に対しては、国会は従うか従わないかの選択肢しかなく、結果として議決の合理性をそこなう危険すらある。同じく諮問に応じるといっても、国民投票は通常の審議会等の答申とは性格が全く異なるのである。

4　現行憲法化での国民からの発案の制度化

とはいえ、私は現在の日本国憲法における民主制を前提としても、公共での議論の影響力を高めるための改革策はありうると考える。それが、請願権の強化としての、国民からの法案の国会への提出である。国会に提案するだけであれば、内閣が法律案提出権を持つとしても国会がそれをどう処理するかは全くの自由だから「唯一の立法機関」性を侵害しない、というのと同じ理屈が成り立つはずである。もちろん、だからどの機関でも提出権を持つということにはならない。国会に対して責任を負う内閣には、憲法解釈上法律案提出権を認めることができるわけである。一方、日本国憲法第一六条は何人も「法律、命令又は規則の制定、廃止又は改正」について「平穏に請願する権利」をもつとしている。この請願権の行使として具体的な法律案の提出までを認めることは、十分可能だと思われる。現在でも、国会への請願は受け取るだけ受け取るが後は放っておいてよいという扱いにはなっていない。原則として、それについて受けとった議院の議決が求められる（国会法第八〇条）。つまり、国会に対し一定の行動を求めるだけの正当性が認められているのである。これは、公共での様々の政治的要求に国会は対応すべきだという思想のあらわれであろう。一歩進めて、ある種の請願は正式に法律案として受け取って処理するという制度を導入することにより、この趣旨をより明確にすることができるのではないか。(8)

もちろん、正式な法律案として受け取れる請願には、一人でもできる単なる請願とは異なる条件をつけることが必要となる。具体的には、法案を明示した上で一定の期間に一定以上の署名を集めた請願ということになろう。それでも、国会はこの提案を「国民の意思」として理解する必要は全くない。全有権者からすればごく少数の賛同を得た提案にすぎないからである。ではそんな制度は無意味なのかというと、私はそうでもないと思う。今日の代表民主政では、選挙以外に国民と国会との間に公式のパイプが存在しない。しかし、ますます発達している情報化によって、国民に政治家の活動は逐一報告されている。それが大体国民とは関係なくおこなわれていることが、日々示されるのである。このような社会にあっては、一度選んだ以上政治家を丸投げで「信任」せよといっても無理であり、第二章でも示唆したように、公共での議論が実際に国会の運営に影響を与えることを示す制度が必要となるのではないか。それにより、国会内外での議論の活発化を期待することもできよう。法律案の提案にとどまるのであれば、公共の制度化の行き過ぎを危惧する必要もない。確かに署名活動においては既に存在している法案について賛成するかしないかの選択が求められるだけであるが、その成否にかかるステークスは低い――署名が法案としての請願要件を満たしたとしても、それが国会に提案されるというだけである――ので、戦略的な利害関心からの介入も過大にはならないだろう。規律としては、現行の地方自治法における条例制定請求からの類推で全有権者の一〇〇分の一の署名を求めるというものも考えうるが、本書の立場からは、むしろ一〇以上の都道府県において五〇分の一の署名を集めることというように全国規模での運動を要求しない条件の方が望ましい。本書第二章の末尾でも述べたように、全国規模での署名活動を求めることは、強固な組織的基盤をもつ団体に有利に作用し、必ずしも市民の政治参加の「場」を広げることにならないのではないかと危惧される。むしろ地方において全国的な問題について論じることが一定の効果を生むという制度にする方が、より望ましいというべきだろう。

管見の限りでは、このような提案は意外になされていないようである。その内容が中途半端なものにとどまるからであろうか。しかし、この中途半端さには理論的根拠があり、そしてだからこそ実際的有用性もありうるのではないかというのが、今のところの私の見解である。(9)

第四章第五節の注

（1）Carl Schmitt, *Verfassungslehre* (1928), S. 245f.（カール・シュミット（尾吹善人訳）『憲法理論』三〇二―三〇三頁（一九七二））。高見勝利「代表」『講座憲法学・第五巻』五三頁、七五頁（一九九四）、樋口陽一『転換期の憲法?』一七―一八頁（一九九六）も参照。

（2）Hubertus Buchstein, Geheime oder offene Wahl?, *Leviathan* 1994, S. 1; ders., Normative Modelle der Öffentlichkeit von Institutionen, in: Gerhard Göhler (Hg.), *Macht der Öffentlichkeit — Öffentlichkeit der Macht* (1995), S. 241.

（3）初宿正典「政治的統合としての憲法」佐藤幸治他編『憲法五十年の展望Ⅰ』一頁、三八―三九頁（一九九八）。

（4）最近の文献としては、辻村みよ子「選挙と『市民の意思形成』」公法研究五九号一四〇頁、一四八―一四九頁（一九九七）など参照。

（5）大石眞『立憲民主制』一四六―一七八頁（一九九六）。

（6）　辻村みよ子『憲法』三七九―三九〇頁（二〇〇〇）。

（7）　同旨の疑問は既に岡田信弘「代表民主制の構造」『憲法の争点（第三版）』一八頁（一九九九）で示されている。

（8）　請願権についての最近の理論的検討としては、渡辺久丸『請願権』（一九九五）、特にその第三章、第五章が参考になる。国会法第七九条により請願に議員の紹介が必要とされていることの違憲性の指摘（一九三―一九六頁）は全くもっともである。ただし、同書の主張のように請願権を参政権と位置づけるべきか否かは、参政権の概念規定によるところが大きかろう。本文で私が試みに提起した請願による法律案提出は、請願権の参政権的性格に着目した法律による発展的具体化というべきものであるが、参政権が通常政治上の決定への直接の参加――したがって、その権利の性格論がどうであれ、特定の制度枠組に従って行使される――と理解されていることからすれば、参政権の一部ということはできないだろう。まただからこそ、法律でこのようなしくみをつくることも許されると解する。

（9）　また、このような提案権であれば、一定割合（五～一〇パーセント程度か）までは外国人の署名も含めてよいと解せるであろう。国家権力の直接の行使とはいえないからである。

他方、地方自治体の住民投票については、近年条例による諮問的なものが盛んにおこなわれるようになってきたのは周知の通りである。これについては、憲法の趣旨からしても、国におけるほど制約的に考える必要はなく、現行制度に問題を見出す必要はない。ただし、「諮問的」だからといって議会の審議・可決を経ずに首長が住民投票を提起することは、認められないというべきだろう。議論が不十分なままでの投票は、プレビシットに陥る危険が大きいからである。住民投票については、山下健次「住民投票の憲法上の意義」法と政策一九八二年一一号二頁のバランスのとれた叙述が現在も参考になる。辻村みよ子「『住民投票』の憲法的意義と課題」ジュリスト一一〇三号三四頁（一九九六）も参照。アメリカでも、地方自治体レベルの住民投票には州レベルほどの問題性は指摘されていない。*See* Clayton P. Gillette, Plebicites, Participation, and Collective Action in Local Government Law, 86 *Mich. L. Rev.* 930 (1988).

あとがき

今日の視点から見れば、本書は比較的長い年月をかけた思考の産物だということになる。その発端となっていた問題意識は、憲法学の通常の体系における人権論と統治機構論の断絶（と私には思えたもの）への疑問であった。とりわけ、表現の自由の分野でいわゆる二重の基準論が必ず言及され、その民主政過程にとっての不可欠性が表現の自由制約立法への合憲性審査を厳格にすべきだとの結論を導くのにもかかわらず、統治機構の説明になるとこの問題が消失し、選挙で「民意」が示される（べき）ことが当然の前提のようになっている気がしてならなかった。そして、和仁陽『教会・公法学・国家』（東京大学出版会、一九九〇年）によって、カール・シュミットが、特にその『憲法理論』第一六章においてこの問題に対して極めてクリアーな、しかし二重の基準論の前提とは真っ向から対立する、定式を示していたことも明らかになった。

そのような私にとって、一九九二年に出版されたユルゲン・ハーバーマスの *Faktizität und Geltung* は大きな刺激を与える書物であった。そこで示された公共でのコミュニケーションの自由から発生する Macht と制度化された議会での審議の結びつけは、私には直観的に言って大筋で「乗っかれる」議論であると感じられた。また、私は彼の提唱する「憲法パトリオティズム」の概念に対しても学問的好奇心を抱き、彼の作品を理論的なものから時事的な評論まで読みあさるようになった。まだドイツ統一の興奮も冷めていなかった時期であり、彼の論調にもある種の高まりが感じられ、引きつけられるものがあった。研究としてはこちらの方がまとめやすく、まず「憲法パトリオティズムと憲法学」として発表している（筑波法政一七号、一九九四年）。これが第一章の元となった論文であり、本書では一九九〇年代後半の議論を中心に加筆修正を施している。

その後第一の問題についての試論を、樋口陽一教授に声をかけていただいた『講座憲法学・第一巻』（日本評論社、一九九五年）に発表したが、その過程で、まだ自分がハーバーマスに対して批判的に対応するだけの力量を有していないことを痛感させられた。また、私は憲法の研究者として、この問題意識が重要な役割を果たすはずの具体的な事案について、法学の観点から分析してみたいと考えてもいた。主要な論点は、公共でのコミュニケーションの場の確保の問題およびそこから生まれる世論の力の国政への反映の問題となるはずであった。そこで、理論研究はひとまずたなあげして、前者の分野で興味をもったアメリカ・ドイツの政治資金問題について調べることにし、判例分析を中心にした論文を執筆した（「民主主義の歪みとは何か（上）（下）」筑波法政二〇号、二一号、一九九六年）。これが第三章の元となっており、本書ではその後のアメリカの議論および日本への示唆を中心に加筆修正している。

幸いにも一九九六年一〇月から二年間、ドイツのフランクフルト・アム・マイン大学で在外研究を行うことができた。エアハルト・デニンガー教授やミハエル・シュトルアイス教授の講義を聞くなかで、このフランクフルトを最後に亡命し病死したヘルマン・ヘラーに興味を持ち、ワイマール時代の分裂した社会において民主的な国家意思を形成しようとした彼の苦闘を、ハーバーマスと比較しつつ探究する小論をドイツ語でまとめることができたのは望外の収穫であった。この論文は、その後 Die staatliche Willensbildung in der differenzierten Gesellschaft というタイトルで、*Archiv für Rechts-und Sozialphilosophie* 86（2000）に掲載されている。第二章第四節の内容は、この論文と重なるところが大きい。

帰国後は、何とかこの問題領域にとりあえずの決着をつけようと努力することになった。とはいえ、ここでも理論的な探究とその具体的な事案の法的分析という二方面にわたる作業を自らに課すことになった。まず理論面では、ハーバーマスの批判的摂取のためにキーとなるとにらんでいながらそれまで正面から向き合うのを避けてきた二人の理論家、すなわちニクラス・ルーマンおよびハンナ・アレントとついに格闘することになった。一方、コミュニケーションの力の国政への組み入れを具体的な法的問題として扱うには、代表論というこれまで多くのすぐれた論者が業績を競ってきた分野に分け入るのが王道かもしれなかった。実際、ドイツでこれに関連する文献を収集し、かなり研究を進めたのだが、どうしても抽象的理論――しかも、戦後のものは「ボン基本法下の代表民主制の弁証という関心を前提に」（和仁前掲書二八九頁）していることが明白である――に流れがちであり、あらためて私が論文としてまとめる意義を見出しがたかった。これに対し、むしろ議会なき統治の可能性を示し始めているアメリカの西部諸州の実態が、一九九〇年代から特に深刻な憲法問題を提起し始めていることが関心を引いた。直接民主政がコミュニケーションの自由とどのような関係に立つのかという問題を反省的に分析することにより、民主政のなかで議会が果たすべき役割も透けてみえてくるのではないかと期待したのである。

以上が本書が成立するまでの経緯であるが、むろん私の意図がどこまで表現できているかは、本文から判定されるべきことである。しかしここで一点だけ、ルーマンの位置づけについて補足しておきたい。ハーバーマスに視座の中心を置いたことから必然的に、本書はルーマンに批判的に応対することになった。しかし、私がルーマンを何か克服すべき理論として消極的にのみとらえているという印象を与えるとしたら、それは本意ではない。もしそうなら、あの膨大かつ難解な著作に立ち向かおうなどという意欲をもつことは決してなかったろう。実際、途中何度音を上げそうになり、「ルーマンを読むのはこれで終わりにしよう」と決意したかわからない。しかし、ルーマンは結局私をとらえてはなさなかった。私にとってのルーマンの逆らいがたい魅力は、それが政治システムにおいて個人が無力であるという現実を理論的に明確化するところにある。表現の自由の行使によって民意が形成されるという、憲法学が前提にしている想定が、最高度のイデオロギーであるかもしれないこと、この問題関心なしに本書が――第三章以下を含めて――成立しないことは、明白であろう。そして、第一章で考察した「憲法パトリオティズム」が可能であるとしたら、それはまさしくこの冷徹な社会システム理論に風穴をあけることによってでしかありえない。これが本書の最大の主張である。

それにしても、第二章で扱った四人の理論家は、正当に遇するためにはそれぞれ一冊の著作をもってしても足りないぐらいのビッグ・ネームばかりである。自分としては精一杯の読み解きかたを示したつもりであるが、言い足りない点、不適切な叙述などが残っているであろうことは十分推測できる。それも含めて、本書についてのご批判を仰ぎ、今後の研究の糧とできれば幸いである。

*

本書は、私が単独の文責で世に問う初めての研究書である。公共での議論に少しでも貢献するところがあるのかは、もはや読者の方々の判断にお任せするしかないが、最後に、私が本書を完成するところまでこぎつけられたのは、多くの方々に支えられてのことであることを記しておきたい。

まず、私の研究者としての存在を可能にしてくださったという根本的な意味において、樋口陽一教授（現早稲田大学）に感謝申し上げる。樋口教授を中心とする研究会でヘラーとアレントについて報告し（「ヘルマン・ヘラーの代表民主政論」法律時報七二巻三号、二〇〇〇年および「『権力』と『複数性』」同七三巻七号、二〇〇一年として活字になっている）、そこでの議論から多くの教示をえられたことも幸いであった。東京大学法学部の研究室では多くの先生方、先輩、後輩に恵まれたが、特に高橋和之教授には学問の厳しさを教えていただいた。両教授による多くのすぐれた業績は、その後も常に私の模範であり続けている。高橋教授の「国民内閣制」論に私なりに応対した論稿も存在するが、体系上の配慮から本書に加えることにはしなかった。また、ハーバーマスの *Faktizität und Geltung* 刊行後間もない時期に、同書の読書会に誘っていただいた井上達夫教授にもお礼申し上げたい。なお、deliberative democracy に対する「熟議の民主政」という訳語は、井上教授の名訳を拝借したものであることを明記しておく。

私は、一九九三年の途中から筑波大学社会科学系に赴任した。本書の大部分は、筑波大学在職中に執筆したものであり、私の気ままな研究を許しうながしてくださった諸先生、とりわけ戸波江二教授（現早稲田大学）および内野正幸教授には本当に感謝したい。また、途中二年間のドイツ留学を寛大にも認めていただき、私の人生にかけがえない経験を加えることができた。筑波大学の元大学院生、松澤幸太郎氏（憲法専攻）との日常的な議論も大変刺激的であった。また、若きアレント研究者である大学院生の石田雅樹氏（政治思想専攻）とおこなった読書会がなかったら、敬して遠ざけ続けていたアレントに取り組む「勇気」はえられなかったろう。両氏にもお礼申し上げたい。さらに、この間九州大学および北海道大学の大学院法学研究科から本書の内容に関係する集中講義をおこなう機会を与えていただいた。私の趣味につきあい、議論を提起してくれた方々に感謝する。

二〇〇一年四月から、京都大学大学院法学研究科に勤務することとなった。予想もしなかった異動であり、未だこの重責を担うだけの自信を持つ境地には程遠いのであるが、諸先生に温かく迎えていただいたおかげで、非常に快適な研究・教育環境を享受できている。特に、憲法専攻の初宿正典教授、大石眞教授、土井真一助教授にはいろいろ助けていただき、日々ありがたく思っている。総合人間学部の高田篤助教授から独日の憲法問題について教えてもらっていることも多い。また、本書の刊行に際し、京都大学法学部百周年記念基金から出版助成を受けることができた。着任間もない私のずうずうしい申し出を受け入れてくださった諸先生に、心からお礼申し上げる。

既に述べたように、私は一九九六年からドイツ学術交流会（DAAD）奨学生としてフランクフルト大学にて在外研究をおこなった。「旅の恥はかき捨て」をモットーに、法学部・社会学部・哲学部を回りながら様々の講義やゼミに顔を出し、時には拙い報告をしたりした、夢のような二年間であった。極東の島国からの突然の留学申し出を快く受け入れ、しかも最高の研究環境を準備してくださったインゲボルク・マウス教授、および文字通り公私にわたってお世話になった助手のペーター・ニーゼン博士への感謝の気持ちを日本語で何と表現していいのか、言葉がとても見つからない。

最後に、勁草書房編集部の徳田慎一郎氏にお礼申し上げる。徳田さんからは、まだ私が駆け出しの研究者でしかなかった時期から単独著の執筆を勧めていただいたが、期待に沿うだけのものが書けないまま大分時がたってしまった。ようやく一応の区切りをつけることができて、ほっとしている。

二〇〇一年一一月

毛利　透

Ich danke herzlich Frau Prof. Dr. Ingeborg Maus und Herrn Dr. Peter Niesen für ihre ganz freundliche Betreuung für mein Alltagsleben und meine Arbeit in Frankfurt am Main, woraus der wesentliche Teil dieses Buches stammt.

Toru Mori

索引

あ行

か行

さ行

た行

な行

は行

ま行

や行

ら行

わ行

著者略歴

1967年　京都府に生まれる
1989年　東京大学法学部卒業
現　在　京都大学大学院法学研究科教授
論　文　„Die Meinungs- und Kunstfreiheit und der Strafschutz der Staatssymbole“ *Jahrbuch des öffentlichen Rechts* 48 (2000),「内閣と行政各部の連結のあり方」公法研究 62 号 (2000 年),「行政法学における『距離』についての覚書(上)(下)」ジュリスト 1212 号, 1231 号（2001 年）ほか
翻　訳　ディーター・グリム「基本権を擁護せよ！」法律時報 69 巻 11 号（1997 年）ほか

民主政の規範理論　憲法パトリオティズムは可能か

2002年 3 月20日　第 1 版第 1 刷発行
2008年 7 月25日　第 1 版第 3 刷発行

著　者　毛《もう》　利《り》　　透《とおる》

発行者　井　村　寿　人

発行所　株式会社　勁《けい》　草《そう》　書　房

112-0005 東京都文京区水道2-1-1 振替 00150-2-175253
（編集）電話 03-3815-5277／FAX 03-3814-6968
（営業）電話 03-3814-6861／FAX 03-3814-6854

三協美術印刷・牧製本

ISBN 978-4-326-40205-2　Printed in Japan